Woguo OTC Shichang Zhunru Yu Jianguan Zhidu Yanjiu

—— Jiyu Feishangshi Gongsi Zhili Shijiao

南开大学法学院
学术文存

我国OTC市场准入与监管制度研究
——基于非上市公司治理视角

万国华◇著

人民出版社

目　　录

第一章 导 论

第一节 研究背景与问题的提出

发达国家或地区的场外交易市场（OTC 市场）尽管早而有之，但随市场发展还是问题频出。我国早期证券市场也始于 OTC 市场，几经波折现又重新起航，却仍然重重困难，而其中公司治理与监管制度缺失则是问题的关键。

一、国际 OTC 市场发展及问题

市场经济发展离不开资本市场，健康发达的资本市场又必定是多层次的。在市场经济国家或地区，OTC 市场又称场外交易市场（Over-the-Counter Securities Market，OTC），是资本市场发展并完善到一定阶段的必然产物，是多层次资本市场的重要组成部分，也是最基础的部分。所谓多层次资本市场，经济学上是指与企业发展的不同阶段相对应的分层次市场体系。学理上，狭义资本市场可划分为不同层次：（1）主板市场，是指在证券交易所内进行集中竞价交易的市场，又称场内统一集中交易市场。该类市场主要为大型或成熟期企业提供融资和股票等证券转让服务，主板市场

如同金字塔的顶尖,是资本市场少而精的部分。(2)二板市场①,是指与主板相对应或相区隔的,专门为处于产业化阶段或成长性阶段的高科技中小企业提供融资或股权转让的市场,如美国现在的纳斯达克市场和我国深圳的创业板市场。此类市场构成金字塔的中间部分。(3)场外交易市场(OTC 市场),又称三板市场,主要指帮助处于初创阶段中后期或成长阶段初期的中小企业解决融资和股权等证券转让的市场,在我国包括股份转让市场(包括股份代办与报价市场)、股权交易市场和各类产权交易市场,理论上该类市场位于资本市场体系金字塔的底部(见图1.1)。

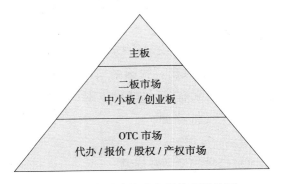

图 1.1　多层次资本市场体系结构图

相较于场内交易市场,OTC 市场的特点主要表现在:一是交易场所无形、分散、开放且边界不清晰;二是交易机制主要为协商定价和报价驱动定价;三是投资交易主体和客体多样化;四是奉行内部和自律监管为主原则。尽管 OTC 市场在不同国家或地区所

---

①　在我国现阶段,二板市场包括创业板和中小板两个分市场,二者的区别与边界一直广受学界与业界的质疑,笔者认为两者并存只能是一个过渡阶段。

面临的市场体系结构和法律制度环境会有所不同,但上面所描述的市场基本特征是相同的,其基本市场功能即满足本国中小企业融资和股权(股份)转让的需求也是相同的。因此,凡奉行市场经济的国家或地区,就一定会有资本市场包括 OTC 市场来满足上述两项市场要求。①

考察国际资本市场发展历史和现状后不难发现,大多数国家或地区 OTC 市场都是伴随其经济发展而发展,二者相辅相成。从资本市场发展顺序看,一般先有 OTC 市场,后有场内交易市场。如美国纽约证券交易所、英国伦敦证券交易所以及荷兰阿姆斯特丹证券交易所,这些市场早期市场形态都是典型的 OTC 市场。即使后来逐渐发展成主板市场的纳斯达克市场早期也是如此。美国多层次资本市场体系应是目前世界上最完整和最发达的,大致经历萌芽阶段(18 世纪末)、分散发展阶段(19 世纪末—20 世纪初)、集中规范化发展阶段(20 世纪初—20 世纪 60 年代)和多层次现代化发展阶段(20 世纪 70 年代至今)四个阶段。除早期纳斯达克市场外,电子公告板(OTCBB)市场、粉单(Pink Sheet)市场、场外衍生证券交易市场以及各州的地方柜台交易市场构成了美国完整的 OTC 市场体系,并且该体系运行非常成功,在满足中小企业融资和证券交易需求的过程中,直接支持和推动了美国经济发展。而这一切又与其科学有效的 OTC 市场准入、交易和监管等制度设计与运行密切相关。

英国作为第三大国际金融中心,OTC 市场也相当发达。1995年,为满足那些处于成长期公司融资与转让股份的需要,伦敦证交

① 谢思全等著:《中国场外交易市场发展的回顾与思考》,社会科学文献出版社 2009 年版,第 1—36 页。

所设立了替代投资市场(Alternative Investment Market,① AIM)。此外,还设立了专门的低层次 OTC 市场和基金市场,其中最具典型意义的 PLUS 与 AIM 一起构成英国 OTC 市场体系。与美国不同,英国 OTC 市场有自己的特色,其主要部分如 AIM 是从主板市场衍生而来。换言之,英国 OTC 市场体系的形成、发展与伦敦证券交易所的支持与呵护息息相关,也可以说是在场内集中交易市场基础上产生与发展的,所以其运行绩效比较高。作为欧盟成员的德国,其 OTC 市场从性质上看与英国相似,由早期独立市场发展到与主板市场互动特征明显的市场,尤其 1997 年"新市场"的启动为投资者和新经济类企业提供了新机会,为德国经济发展做出了重大贡献。

日本早期基本仿效美国 OTC 市场发展模式,即先成立了 JAS-DAQ,在此基础上后又形成东证二部、Mothers 和 Hercules 四个层次 OTC 市场体系,中小企业挂牌为主、个人投资为主、准入制度灵活和特别 OTC 发行等制度构成了日本 OTC 市场特色。后来,日本 OTC 市场经过数年发展,慢慢向低端市场发展,比如绿单市场(Green Sheet)。但实践中,日本资本市场结构体系呈倒金字塔型,这与世界多数国家或地区 OTC 市场金字塔结构不一样。

我国事实上的多层次资本市场体系在结构上与日本基本相似,也呈倒金字塔型。换言之,我国和日本都属于 OTC 市场事实上不发达的国家,与美国和中国台湾地区仍有很大的差距(见图1.2)。

---

① Nicholas A. Vardy, London's Alternative Investment Market: The New NAS-DAQ, The Global Guru, http://www. the global guru. com/article. php? id=63&offer=GURU001 (last visited Jan 15, 2011).

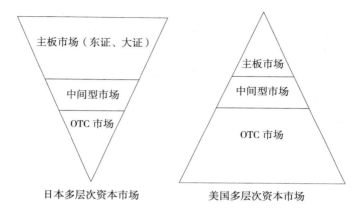

图 1.2 美日多层次资本市场体系结构比较图

我国台湾地区的现代资本市场体系层次,也是先有主板市场,后有OTC市场。中国台湾OTC市场又可分为柜买市场和兴柜市场两个层次。用现代化、市场发达程度和制度完善与创新程度等标准衡量,当今的中国台湾OTC市场也堪称是世界上最发达或最先进的OTC市场,即使当今美国也难望其项背。比如,2007年中国台湾柜买中心的成交值与主板市场之比达到14:86,说明其自身发展迅速,活跃性高,对台湾经济发展贡献巨大。①

综上所述,各国或地区OTC市场在蓬勃发展的同时,也出现或暴露不少问题,主要表现在:第一,OTC市场在各国或地区之间发展极不平衡。从世界证券发展史的逻辑顺序讲,尽管都是先有OTC市场后有场内交易市场,但由于市场特征以及证券法和公司法传统等方面差异,各国或地区的OTC市场规模和成熟度差异极

---

① 参见中国台湾证券业公会网站相关资料(http://www.csa.org.tw/B00/B04.asp)。

大。比如,美日两国长时期虽是世界第一和第二大经济体,其经济发展总水平在伯仲之间,然而两国的 OTC 市场发达程度却有天壤之别。理论上世界所有多层次资本市场结构应呈顺金字塔型。换言之,OTC 市场应占资本市场结构的绝大比例,故应位于金字塔底部,美国如此,OTCBB 及地方 OTC 市场挂牌的非上市公司或证券品种远超过主板与中间型市场之和;而同样发达的日本,其OTC 市场包括 JASDAQ 和低端绿单市场在内的挂牌企业、市值和交易金额只有主板市场的五分之一,甚至更低。第二,一国或地区的金融市场或资本市场的繁荣与发展常常得益于 OTC 市场发展,同时也经常受害于 OTC 市场的繁荣与发展。因为 OTC 市场在为中小企业融资和非上市公司股份或相关证券转让提供服务平台并促进经济发展的同时,常常对一国或地区的资本市场或金融体系效率或安全造成威胁与伤害,2008 年国际金融危机即是 OTC 市场惹的祸,可谓"成也萧何败也萧何"。第三,OTC 市场是资本市场或证券市场的源头和终点。各国或地区资本市场发展脉络无不表明如此,但是在 OTC 市场结构体系、监管模式、监管对象和监管原则等方面却没有统一或具有普遍性的国际准则可遵循,即使一个国家内不同时期和不同区域市场差别也很大。总之,OTC 市场的治理与监管制度的随意性或易变性是其典型特征,美国 OTC 市场也不例外。正因为如此,无论发达的 OTC 市场还是发展中的 OTC市场,均易出现公司治理与监管问题,这正是本书的出发点。

二、我国 OTC 市场发展及问题

(一)我国 OTC 市场发展沿革

如同世界主要市场经济国家或地区的 OTC 市场发展一样,我国 OTC 市场也伴随改革开放的发展而发展,大致经历了三个阶段：

（1）萌芽与发展阶段。该时期又可细分为萌芽、柜台市场前期和柜台市场后期三个阶段[①]，这些阶段实为整体中国 OTC 市场发展的早期阶段，黑市交易和地下市场盛行，但为后期场内交易市场的发展打下了基础。20 世纪 80 年代初，我国开始推进以国有企业为主的股份制改造，初始阶段这些企业多数是向其内部职工发行股票和债券，其中少数企业也开始尝试向社会法人和自然人定向发行股票。随着改制企业股票和债券发行数量与范围的扩大，证券交易开始萌生，逐渐形成了最初的 OTC 市场形态。1986年 9 月 26 日，我国首个股票交易柜台市场——上海静安股票交易柜台市场开锣，标志着新中国 OTC 市场正式起跑；1987 年，中国人民银行上海分行制定了《证券柜台交易管理暂行办法》，这是新中国证券发展史上第一部专门的证券监管法律文件，尽管是地方性法规，但对我国证券市场尤其 OTC 市场而言，具有跨时代的意义。该地方法规对柜台交易标的准入和交易程序等内容进行了规范，这些措施标志着我国有组织和一定程度监管的 OTC 市场正式问世。

该时期是现代意义上 OTC 市场发展的重要时期，[②]其标志性事件是全国各地自发形成的证券交易中心市场和中央政府两网（STAQ 和 NET）市场并存竞争发展，非上市公司股份转让活跃，最重要的成果是催生了场内集中交易市场即深沪证券交易所。

进入 20 世纪 90 年代，随着现代通讯技术与计算机网络的发

[①] 邓向荣等著：《中国场外交易市场发展的回顾与思考》，社会科学文献出版社 2009 年版，第 38—61 页。

[②] 晋入勤：《论股票场外交易市场制度的构建原则》，载《金融教学与研究》2009 年第 6 期，第 12—14 页。

展,由电子媒介或通讯系统(包括电话、电传和计算机网络)构成的新型 OTC 市场开始出现,我国 OTC 市场也逐渐技术化和规范化。1990 年 12 月中国 OTC 市场研究设计中心模仿 NASDAQ 推出了全国证券交易自动报价系统(Securities Trading Automated Quotation System,STAQ),STAQ 系统建立后,先是经营国债现券和国债回购业务;1992 年 7 月 1 日开始,部分国有企业或股份制企业的法人股流通转让试点在 STAQ 系统开始试运行。1993 年 4 月中国证券交易系统有限公司创办的由其管理和运作的全国电子交易系统(National Electronic Trading System,NET)作为法人股市场也正式开通,至此严格现代意义上的全国性 OTC 市场正式自发产生。①

　　加上深沪两个证券交易所、二十六家地方区域证券交易中心和两个电子证券交易网络,我国事实上形成了一个早期的多层次资本市场体系。此外,各省市还出现了不太规范的产权交易中心以及地下股票黑市场与前述市场体系并存格局。但是这种双轨制的市场并存格局时间并不长,因为长期以来我国 OTC 市场基本处于无法可依状态,市场准入及交易行为的治理与监管制度极不规范,违法违规现象严重,导致金融风险隐患极大,也给投资者合法权益的有效保护带来极大障碍。

　　(2)全面禁止阶段。由于不太规范的产权交易中心以及地下股票黑市场的迅猛发展,早期 OTC 市场在促进股份或股权等证券流通并使企业获得融资和发展的同时,也产生了一系列的社会经济问题。1998 年我国开始对场外非法交易场所进行全面清理与治理,重点措施是未流通的上市公司股票和非上市公司股权均不

_____

　　①　STAQ 和 NET 系统分别属于事业法人和企业法人,但均是国有独资性质。

得以任何形式在 OTC 市场交易。几乎所有 OTC 市场包括所有地方股票柜台市场、依托 STAQ 和 NET 等全国性 OTC 市场以及所有证券交易中心等区域性 OTC 市场都被强制关闭。按照 1998 年证券法规定,所有股票等证券现货交易只能在国家规定场所即深沪两个交易所进行,至此 OTC 市场失去了存在的法律依据。这种"一刀切"的做法,忽视了 OTC 市场存在的合理性,中小企业尤其民营中小企业融资出现了严重困难,资本市场全方位的融资及资源配置功能没能在我国很好的发挥。

(3)重新发展阶段。该时期的前半段,我国 OTC 市场体系主要特点是以各地产权交易市场发展为主体,中央政府主要致力于中关村代办市场的培育与发展,制度环境相对宽松,注重制度创新与探索[1],为现代 OTC 市场的试点和发展打下了基础。从 2005 年之前的中国证券市场演变看,我国整体证券市场发展之所以有今天的成就,OTC 市场的试点与发展功不可没。

进入 21 世纪,中国经济改革和开放又面临新机遇。2001 年为了解决 STAQ 和 NET 系统的遗留问题,我国代办股份转让系统开始运行。以此为标志,我国当代 OTC 市场重新发展起来。尤其 2005 年新证券法和新公司法出台后,间接在法律上正式承认了 OTC 市场的合法地位。建立全国性 OTC 市场作为国家建设多层次资本市场最重要的一环,继创业板之后,又成为我国资本市场发展的重点与关键点。到目前为止,我国合法的有影响力的全国性 OTC 市场主要包括代办股份转让系统、代办股份报价系统和天津股权交易所,它们是我国 OTC 市场体系最核心的部分。

---

[1] 顾功耘、朱静秋:《解读上海市产权交易市场管理办法》,载《上海国资》2004 年第 2 期,第 6-8 页。

（二）股份代办和报价系统

股份代办和报价系统分别是北京中关村代办股份转让系统和股份报价转让系统的简称。2001 年，中国证券业协会（Securities Association of China,SAC）所属的代办股份转让系统正式运行,合格的协会会员证券公司以其自有或租用的业务设施,为非上市股份有限公司提供股份转让服务。经中国证监会批准,SAC 发布《证券公司代办股份转让服务业务试点办法》（简称办法）,①该办法规定,允许原在 STAQ 和 NET 系统挂牌交易的 11 家公司委托证券业协会指定的 6 家会员证券公司代办其流通股份的转让,股份转让必须在规定交易时段在证券公司营业部办理,并设有涨跌幅限制。严格来说,代办股份转让系统实质上就是一个小范围、有条件的局部 OTC 市场。从 2001 年 12 月代办股份转让系统接受主板退市的"水仙电器"股票挂牌起,其开始代办主板退市公司的股份转让,主要功能也由解决历史遗留问题转为协助完善主板市场退市机制和化解主板市场退市风险。这一系统简称或俗称为"三板市场",并初具全国性 OTC 市场性质,但是代办股份转让系统的股份等证券转让范围比较狭窄,且不具有融资功能,只是一个两网股票和退市股票的转让市场,有些垃圾股份转让市场的味道。

随着经济体制改革深入和民营企业大量发展,为了解决北京中关村科技园区内中小企业尤其是高科技企业的融资需求和拓宽风险投资退出通道,支持园区内非上市公司发展,中国证监会于 2006 年正式批复,同意中关村科技园区两家非上市股份有限公司进入代办股份转让系统进行股份报价转让试点,即股份报价系统

---

① 该办法于 2001 年 6 月 11 日由中国证券业协会起草并报中国证监会批准生效。

正式运行(新三板)。此后,北京科技园区的非上市股份公司只要满足条件都可以在该系统挂牌交易。由于挂牌企业的范围限定在北京中关村科技园区内,因此其实际上是一个地方性的 OTC 市场。

2006 年 1 月 16 日,SAC 经中国证监会批准颁布了《证券公司代办股份转让系统中关村科技园区非上市股份有限公司股份报价转让试点办法》(简称试点办法)和一系列配套规则,明确了新三板市场市场准入、交易和信息披露等制度设计。该试点办法又于 2009 年进行了修订,其中对挂牌条件或标准也作了相应调整。然而"新三板"与"老三板"同样只是一个股份转让市场,仍不具有融资功能,离真正的 OTC 市场还有一定距离。

(三)天津股权交易所

就在旧三板与新三板的市场定位、功能和性质等问题纠结之际,我国 OTC 市场试点又出现了新突破。《关于完善社会主义市场经济体制若干问题的决定》(2003),首次明确要构建我国多层次资本市场的任务;随后国务院颁发了《关于推进资本市场改革开放和稳定发展的若干意见》(2004),提出要在统筹考虑资本市场合理布局和功能定位的基础上,逐步建立满足不同类型企业融资需求的多层次资本市场体系;紧接着国务院批复了《推进天津滨海新区开发开放有关问题的意见》(2006),鼓励天津滨海新区进行金融改革和创新。在金融企业、金融业务、金融市场和金融开放等方面的重大改革,原则上可安排在天津滨海新区先行先试。

为了落实国家经济转移战略和国务院相关政策精神,2008 年经天津市人民政府批准,由天津产权交易中心、天津开创投资有限公司、天津开益咨询公司等单位发起设立的国有控股的公司制股权交易组织机构即天津股权交易所(简称"天交所"),成为专门从事"两高两非"公司①股权和私募基金②份额等证券或权益交易的场外交易场所(OTC 市场)。为了汲取北京中关村"新三板"与"老三板"的经验教训,天交所自成立时就特别注重其融资功能发挥,其发明的"少额多次"快速融资机制发挥了很好的市场绩效,截至 2011 年 3 月 31 日,在天交所挂牌交易的企业共有 73 家,私募融资总额累计达近 14 亿元人民币。③

　　然而,天交所虽然是依据国务院批复的《滨海新区配套改革方案》④"积极支持在天津滨海新区设立全国统一、依法治理、有效监管和规范运作的非上市公众公司股权交易市场"法律或政策精神成立的,但实践中天交所目前仍不是一个公众市场,主要面向机构投资者,对挂牌公司股东最高人数有限制,即不得超过 200 人。该所尚不能为非上市公众公司提供股权交易服务,距离全国性非上市公众公司股权交易市场即全国性 OTC 市场还有一定距离。但是,天交所采用的以公司治理结构或机制为主的市场准入制度以及做市商制度为主的混合交易制度,在我国现行 OTC 市场体系制度上已经属于先行先试,这也是本书实证研究要重点讨论的内容。

　　2008 年 10 月天交所的成立并运营标志着中国多层次资本市场实践正式开始。此后两年多时间里,在相关部委直接或间接批复下,我国重庆、成都、上海、河南及广州等省市也相继组建或正在

---

① 　"两高两非"是指高新技术产业园区内的高新技术企业和非上市非公众股份有限公司。
② 　私募股权基金包括合伙型基金、信托型基金和公司制的创业风险投资基金等。
③ 　参见天津股权交易所网站(www.tjso.com)。
④ 　国务院:《天津滨海新区综合配套改革试验总体方案的批复》,2008 年 3 月。

准备组建类似天津股权交易所的现代 OTC 市场，一时间中国大地上又呈现一股 OTC 市场兴办热潮。2010 年年底，中国证监会主席指出近期主要任务就是加快推出与发展我国的 OTC 市场，并强调加快市场监管等相关基础制度建设的步伐。至目前为止，尽管争论还比较多，有关认识还不统一，但我国 OTC 市场已在犹豫中前行，并取得了不小成果，市场体系已初步构建（见图 1.3）。

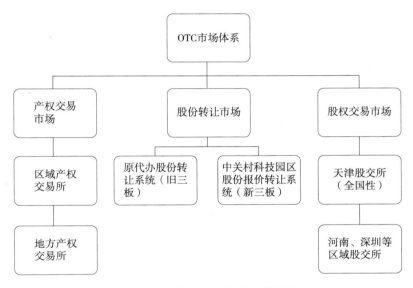

图 1.3 我国 OTC 市场体系结构图

由上可知，我国资本市场经过近二十年的发展，以沪深证券交易市场为主体的资本市场，在国民经济发展中起到了不可替代的作用。然而，单一主板市场格局有其不可避免的局限性，已成为制约资本市场进一步发展的瓶颈。拓宽融资渠道，探索建立能满足多样化投资和融资需求的现代化多层次资本市场体系尤其是尽快构建我国 OTC 市场公司治理与监管制度体系，已成为我国资本市场面临的一项紧迫任务。

三、OTC 市场的公司治理及监管

各国或地区的 OTC 市场发展对本国或地区的经济繁荣发展起到巨大促进作用。但任何事物都具两面性,OTC 市场的发展也不是一帆风顺的,有时还对实体经济的发展造成伤害。

从实证和比较分析角度看,任何国家或地区的 OTC 市场都遭遇了不同的问题或障碍,其中非上市公司治理与市场监管问题最为突出。美国算是 OTC 市场比较发达的国家,仍是问题频出。美国 20 世纪 80 年代的科技股市泡沫破灭,始作俑者也是 OTC 市场——美国早期的纳斯达克市场,该市场泡沫破灭导致无数投资者血本无归的同时,也对以科技企业为载体的实体经济造成了巨大伤害,直接导致美国硅谷中小科技企业长达二十年的萧条。始于 2007 年的次贷危机最终演变成全面的国际金融危机,其导火线就是来自美国 OTC 市场的衍生证券交易。正因为如此,美国紧急出台了《2009 场外衍生品交易市场监管法》,但这对美国整体 OTC 市场而言,也是局部性或个别性制度变革。可以说,美国至今仍缺乏系统性集中统一治理与监管 OTC 市场的基本法律体系。当今日本、韩国和中国香港等经济体的 OTC 市场实践,也表现出其市场的脆弱性和对经济影响的负面性。至今,这些国家或地区的 OTC 市场仍未从萧条中完全恢复过来。一言以蔽之,各国或地区 OTC 市场发展不顺或问题频出与其相关制度供给不足及监管效率不高有很大关联。

我国资本市场发展脉络同其他国家或地区一样,也是走先 OTC 市场后主板市场的路子。比如,深沪交易所市场就是在原有各自柜台市场的基础上发展起来的,此后全国各省市地的 OTC 市

场即证券交易中心纷纷建立,虽说对活跃当地当时的经济发展起了积极作用,但由于挂牌企业尤其非上市公司的市场准入、交易和退出等环节缺乏最基本的公司治理与他律监管制度,导致市场秩序混乱和风险丛生,最终多以失败收场,如淄博自动报价系统和武汉证券交易中心分别于 1998 年被政府监管部门强迫关闭就是典型例子。①

我国进入 21 世纪后,由于国企改革及民企经济发展的需要,各地被迫关闭的证券交易中心又纷纷改换门庭并成立产权交易所,入场交易标的品种范围比证券交易中心更加广泛,包括股权、知识产权以及不动产等,这些举措极大地促进了国有资产的增值保值和地方民营经济的发展。这时期各地方产权交易所和区域性产权交易市场联盟实际上发挥着地方性或区域性 OTC 市场的作用及功能。但与此同时,问题也不少:发展战略思路不清晰,制度供给长期不足,政出多门,监管无序,竞争及效率低下严重,"一放就乱,一管就死"的监管局面交替出现。例如,目前我国除国务院批复的天交所试点 OTC 市场外,各省市地也纷纷组建类似天交所的现代 OTC 市场,由于相关公司治理与外部监管等基础性制度供给不足,政府监管部门的监管竞争与监管协调又出现新的混乱趋势,加之交易所和相关中介机构也缺乏自律监管约束,结果某些 OTC 市场准入与交易秩序险象环生,其中典型例子是 2010 年 11 月 22 日,河南股权交易所由于触及证监会规定的非法证券交易的红线,被迫关停至今。②

---

① 高峦主编:《中国场外交易市场发展报告(2009—2010)》,社会科学文献出版社 2009 年版,第 70-79 页。
② 张华:《"中国纳斯达克"大清盘:谁导演了这场国际玩笑》,载《南方周末》2010 年 12 月 24 日。

综上,世界各国对 OTC 市场发展的态度是既爱又恨,我国也不例外。所以如何最大限度发挥 OTC 市场的正面作用,同时把负面作用或影响降到最低,就成为我国 OTC 市场公司治理与监管制度所面临的急迫课题。所以如何发现、分析并解决 OTC 市场准入和交易过程中涉及公司治理与监管制度的困难与问题,便成为我国 OTC 市场试点与发展的当务之急。

众所周知,在 OTC 市场挂牌交易的证券品种多为流动性较弱的股权、债权、物权及基金份额等(其中挂牌交易的股权占绝大比重),而转让或出售上述证券的主体多为非上市公司或企业。它们在市场准入、交易和市场退出等机制方面产生的公司治理及监管法律制度不同于场内交易场所及其上市公司。换言之,非上市公司的公司治理结构与治理机制与上市公司有很大的区别。然而,多数国家或地区对 OTC 市场非上市公司治理结构或机制与监管制度框架对此并未作严格区分,这也许是 OTC 市场和政府干预经常双双失灵的根本原因所在。

由此看来,OTC 市场监管与非上市公司治理的关系便成为不可回避的话题。从各国或地区 OTC 市场监管法律制度实践看,多在尝试以自律监管为主和他律监管为辅的监管体制。但是,自律监管与他律监管之间是何关系,自律监管与公司治理之间又是何关系,则没有明确的制度依赖路径可循。换言之,非上市公司之公司治理与监管应否是 OTC 市场监管的主要内容或客体,既无直接明确的理论阐述,也无实际案例或实证分析作支撑。

此外,现有研究文献表明,各国或地区似乎还没找到有效方法或途径来处理 OTC 市场健康发展与非上市公司监管法律制度之间的关系,这实际上又涉及 OTC 市场监管模式与监管对象问题。换言之,这实际上涉及非上市公司治理与监管在 OTC 市场监管制度体系中的地位。从规制经济学观点看,OTC 市场健康发展与良好监管之间应该是正相关关系。但什么是良好的市场监管,理论上当然应是有效率监管。然而,有效率 OTC 市场监管含义及标准为何,理论界至今仍未有定论。然而,各国 OTC 市场发展实践(包括成功经验和失败教训)已经反向证明,以非上市公司治理与监管为中心之制度设计与运行可能就是度量有效率 OTC 市场的关键要素与前提。

所以,在比较或规范分析与实证分析的基础上,设计一套符合效率优先、兼顾公平原则的非上市公司等市场主体的市场准入或交易治理结构与治理机制,并在此基础上构建一个科学合理的 OTC 市场监管模式及其制度体系,是本书的出发点或目的。

第二节 基本概念和研究对象的界定

各国或地区 OTC 市场发展道路之所以波折或坎坷,与其治理与监管制度体系设计与构建不周有关联,而 OTC 市场相关主体或对象概念界定则是制度体系设计与构建的基石与起点。

一、OTC 市场及场外交易所

OTC 市场与场外证券交易所是 OTC 市场的两个重要概念,也是本书的起点,故有必要先予厘清。OTC 市场,又称场外交易市场、柜台市场或店头市场,英文为 Over-the-Counter Securities Market, OTC;英文还可称作 Off Exchange Market,它是场内证券交易市场(Exchange Market)的对称。关于 OTC 市场的概念,研究文献见仁见智。有学者认为,OTC 市场是非上市证券在证券交易所外进行交易的市场①。还有学者认为,OTC 市场是柜台交易市场、第三市场和第四市场的总和,即包括股票买卖双方在证券商营业网点内以议价方式进行交易形成的市场,也包括非交易所会员在交易所以外从事大笔和已上市证券交易形成的市场,还包括机构之间利用网络平台直接进行大宗证券交易形成的市场。有学者甚至认为,只要不通过集中交易所进行交易或者不以集中竞价制度(order-driven system,也称指令驱动系统)方式自动撮合成交,而是通过做市商制度(quotation-driven system,也称报价驱动系统)采取议价的交易方式,即指在证券交易所以外进行的非集中竞价证券交易活动的市场,均可视为 OTC 市场②。

　　本书认为,OTC 市场是相对于场内证券交易市场(Exchange Market)而存在的证券交易市场。它在市场主体、市场准入、交易机制、交易品种、市场退出和监管制度等各方面都与场内证券交易市场存在差别。又由于各国或地区经济体制和经济发展水平、OTC 市场发展历史和相关法律包括监管法律制度传统不同,OTC 市场本身称呼、市场结构层次、市场主体、准入退出、交易品种和监管制度等也有较大区别。

　　与 OTC 市场密切相关的概念是场外证券交易所,遗憾的是国内外文献对此至今没有独立、明确和直接的定义。多数文献只是谈及整体 OTC 市场才间接提及③。本书认为,所谓场外证券交易

---

① 赵万一主编:《证券法学》,中国法制出版社 1999 年版,第 1-234 页。
② 邹德文、张家峰、陈要军著:《中国资本市场的多层次选择与创新》,人民出版社 2006 年版,第 27 页。
③ 赵万一主编:《证券法学》,中国法制出版社 1999 年版,第 187-191 页;邹德文、张家峰、陈要军著:《中国资本市场的多层次选择与创新》,人民出版社 2006 年版,第 26-30 页。

所(Off Exchange)①就是 OTC 市场的组织形态或载体,有广狭之分。狭义场外交易所又称股权交易所(Equity Exchange),是指专门提供以非上市公司股权为主,包括非上市债券和私募股权基金在内的证券交易场所。组织形态上有公司制与会员制之分;物理形态上分无形场所与有形场所两种,目前前者占主流。广义场外交易所除狭义股权交易所外,还包括提供各类产权、物权、债权甚至不动产等实物交易的场所。

　　总而言之,本书所指场外证券交易所是指除集中证券交易所以外的证券交易场所的总称。就其表现形式而言,包括各类股权交易所或产权交易所、证券商的证券交易柜台和证券自动报价交易与清算系统等。由于场外证券交易所有组织形态与物理形态之分,而不同层次的场外交易场所的组织形态的治理结构与治理机制又各有不同。所以,我国目前及未来究竟采取何种组织形态与物理形态,其在 OTC 市场公司治理与监管法律制度体系中的地位、功能及本身治理结构和治理机制如何等问题,均是本书关注的重点。

二、非上市公司与非上市公众公司

　　要研究 OTC 市场治理与监管制度尤其市场准入、交易和监管关系及其制度体系,就离不开非上市公司这个最重要主体,同时非

---

①　OFEX 是英国的资本市场中,除了由伦敦证券交易所创办的、为中小企业进行股权融资服务的 AIM 外,还有为更初级的中小企业融资服务的未上市公司股票交易市场——Off-Exchange,简称 OFEX。它是 JP Jenkins 公司为大量中小企业所提供的专门交易未上市公司股票的电子网络的注册商标。而 JP Jenkins 公司作为一个家族性公司则是伦敦证券交易所登记在册的、具有良好经营记录与信誉的做市商。

上市公司及其股份或股权(shares or equity)还是 OTC 市场公司治理与监管关系及其制度体系中最重要的客体。然而,在我国当前学术和法律语境下,非上市公司与非上市公众公司似乎有不同的含义与概念边界。所以,非上市公司概念厘清很有必要。

国外或境外现有研究文献表明,由于公司法或证券法等法律传统的原因,没有非上市公司与非上市公众公司之类型划分,概念界定更谈不上。一般统一理解为非上市公司(Unlisted Company),并且与封闭公司(Close Company or Closely Held Corporations)或私人公司(Private Company or Corporations)含义几乎等同,并且多与民营企业或家族企业相联系①。国外学术界认为,所谓非上市公司是指不在场内交易所挂牌上市的封闭公司,与公众公司(上市公司)相比至少有如下特点:(1)成立的法律依据和程序不同,设立法律依据比较多元,设立和登记程序也比较简单;(2)公司具有较强的人合性,资合性较差;(3)公司运营成本比较低,两权分离程度并不明显;(4)股份或股权转让市场封闭性较强②。同时,美国公司法专家富兰克林(Franklin A. Gevurtz,2000)认为封闭公司实际上是私募持股或封闭持股公司③,所以也有很强的公司治理问题。比如股东意见不合或冲突(dissension)的司法或强制性法律救济问题,其中包括信赖义务的权利主张、公司清算与公司僵局的司法或强制性法律救济。此外,封闭持股公司还包括关于保障少数或中小股东之董事会职位(包括累积投票、股东投票协议、投票信托和类别股东投票等)、控制权、特别经营管理决策和股份转

---

① Erik P. M. Vermeulen,The Role of the Law in Developing Efficient Corporate Governance Frameworks,2006.

② Robert W. Hamilton,The Law of Corporations, West Group, 2002,p. 23.

③ 有些类似我国的定向募集股份有限公司。

让限制等契约型公司治理安排①。

国外或地区对非上市公司与非上市公众公司两者概念没作严格区分，是基于其公司法或证券法等法律传统及现实的缘故。而我国的公司法和证券法等法律的传统及现实环境则完全不同，尤其我国 OTC 市场和证券法传统及实践对上市公司、非上市公众公司和非上市公司等概念之使用，一方面有严格限制，另一方面迄今为止法学或法律没有作科学的界定。换言之，非上市公众公司和非上市公司两者的边界是不清晰的，或者说在我国现行法律制度和法律语境下两者还有重大区别，但又不知道区别性在哪里。

这就给我国 OTC 市场发展和制度体系构建带来严重困扰，因为它们两者或其中一者将是我国 OTC 市场最重要的市场主体或客体，所以厘清与界定非上市公司与非上市公众公司的概念，十分必要。目前，我国学术界对二者概念理解与界定以及界定的意义也存在重大分歧。首先，公众公司是私人公司的对称。根据是否在交易所上市交易，公众公司又可细分为上市公众公司和非上市公众公司。由于数量众多、公司治理问题特殊和监管困难等原因，非上市公众公司治理与监管非常必要与重要②，而概念厘清或界定又是监管的前提。正因为如此，我国公司法或证券法学者甚至监管者都试图给非上市公众公司下定义，认为所谓非上市公众公司是指向不特定对象发行股票后股东累计超过 200 人的非上市股份有限公司，其中包括曾经在原地方证券交易中心挂牌交易的股

①　Franklin A. Gevurtz, Corporation Law, West Group, 2000, pp. 449-529.
②　刘洁、程明著:《非上市公众公司监管研究与政策建议》，中信出版社 2010 年版，第 106-121 页。

份有限公司和股东超过 200 人的定向募集股份有限公司①。但也有学者认为,我国现阶段法律环境下两者概念区分或界定理论依据不足,现实意义也不大且又没有相关实证研究作支持。

　　笔者根据现有文献研究成果的各种定义并结合我国现行公司法和证券法规定理解,认为非上市公众公司至少有如下特征:一是组织形态必须是股份有限公司,有限责任公司除外;二是股东或股份持有者必须超过 200 人(法人、其他实体和自然人);三是如果向不特定对象定向募集资本的股份有限公司,哪怕股东或股份持有人未超过 200 也不行②。如果按照此标准衡量与界定,我国非上市公众公司数量也是惊人的,但我国 OTC 市场由于落后,容量要小得多(见表 1.1)。

表 1.1　境外主要市场与中国之非上市公众公司数量比较

国家或地区	非上市公众公司		上市公司		公众公司总数
	数量	占比	数量	占比	
美国	55834	86%	8800	14%	64634
中国香港	8913	89%	1100	11%	10013
英国	9900	84%	1900	16%	11700
中国	12000	86%	2031	14%	14031

资料来源:根据《中国资本市场战略性问题研究》(中国证监会编,中信出版社 2010 年版)相关内容整理

　　综上所述及上表分析,可得出两点结论:其一,国外或地区对非上市公众公司与非上市公司并未作严格区分或者根本没区分,

---

① 中国证监会:《中国资本市场战略性问题研究》(下),中信出版社 2010 年版,第 208-210 页。
② 参见我国《公司法》和《证券法》有关条款。

所以表1.1中美英和中国香港非上市公众公司数据应理解为非上市公司;其二,与上市公司相比,非上市公众公司或非上市公司的绝对数量和比例都大得惊人。但是,遗憾的是没有与非上市公司的数据进行比较分析。原因有二:一是国外或境外没有对非上市公司与非上市公众公司作区分;二是即便是有区分的我国,由于边界不清导致数量难以统计等原因,[①]至今也没有相关非上市公司的统计数据。

至此,我们可以认为,非上市公众公司与非上市公司的区分在国外或境外是没有意义的,因为他们的立法和法理均没有这样的规定与理解。但在我国,这种区分与辨析却异常重要。有学者认为,非上市公司就是非上市股份有限公司包含非公开发行股票的股份有限公司、发起设立的股份有限公司和公开发行股票而未上市的股份有限公司[②]。本书则认为,非上市公司(Unlisted companies or closely held corporations)是上市公司(Listed companies or publicly held corporations)的对称。非上市公司在西方是偏公司法的一个概念,一般统称封闭公司或私人持股公司;在我国正好相反,非上市公司与非上市公众公司一起却是偏证券法的一个概念,或是没有达到证券交易所上市标准或不想在证券交易所上市的企业组织形态,理论和逻辑上应包括所有未上市的有限公司和未上市的股份有限公司。法理上讲,非上市公司多少都有些人合性特征,所以其治理结构、治理机制和股权流动性等方面与上市公司都有较大区别;非上市公众公司治理结构、治理机制和

---

① 我国非上市公司数量难以统计,其中重要原因与我国工商登记制度双轨制及分割制有很大关系。

② 吴弘:《非上市公司股份转让与产权市场法制完善》,公司法结构性改革前景(21世纪商法论坛第十届国际学术研讨会),2010年,第34页。

股权流动性等方面是介于前两者之间的一种表述,尽管现有研究文献关于其定义与外延还没有统一说法。但无论如何,非上市公司或非上市公众公司及其股权或股份转让交易都是 OTC 市场公司治理及监管制度的主要研究对象,其市场地位包括主体与客体两部分。

综上,除非特别说明,本书不再对非上市公司与非上市公众公司进行区分,统称为非上市公司,既包括有限公司也包括股份有限公司,既包括发起设立也包括募集设立。总之,凡未在证券交易所(我国专指沪深证券交易所)挂牌上市的公司,统称为非上市公司。

三、非上市公司治理与 OTC 市场监管

非上市公司概念与边界界定清楚后,接下来本书必须界定的是非上市公司治理的内涵与外延,因为本书主旨是 OTC 市场之非上市公司治理与监管研究。换言之,OTC 市场如需要监管,监管的主要对象或内容是什么,就是非上市公司及其治理,或者干脆就叫非上市公司治理。那么,什么是非上市公司治理呢? 理论上,似乎有两派观点:一是与上市公司治理一样,从理念、定义、外延、特征以及边界等方面都没有区别;①二是与上市公司有区别,甚至有本质区别②。笔者认为这两种观点均有偏颇。因为我国对非上市公司概念本身还有争议,非上市公司治理研究也才刚刚开始,所以

---

① Baron Buysse, Corporate governance Recommendations for non-listed enterprises, Corporate governance for non-listed enterprises, 2009.

② The Corporate Governance Framework of Non-listed Companies. in: Joseph A. McCahery, Erik P. M. Vermeulen. Corporate Governance of Non-Listed Companies: chapter one, UK: Oxford University Press, 2008.

至今没有明确界定非上市公司治理相关边界,更没有与上市公司治理作区分,实属正常现象。本质上讲,这两种类型公司都是营利性组织,都因不同程度两权分离导致委托代理成本发生,因而必然引发公司治理问题,这是相同之处。然而,非上市公司由于其人合性与契约性、所有权属性、股权属性与结构、内部治理结构和治理机制与外部法制环境等要素或变量,与上市公司或公众公司有很大区别甚至天壤之别,所以非上市公司治理如果也是一种制度安排①的话,那么这种制度是偏私法性、契约性和自治性的,与公众公司的偏公法性、行政性和强制性治理特征完全不同。换言之,非上市公司治理的治理结构和治理机制的特色比较高②。所以,由于治理特色高,相应的制度安排也应有所区别或特色。

针对非上市公司治理特色高的问题,对其治理与监管制度(包括模式、机制与措施)就不能完全套用上市公司治理与监管制度安排,应有区分度乃至构架一个独特的治理与监管制度体系。另一方面,OTC 市场既然是多层次资本市场的重要组成部分,那么其发行、交易及退出等运行机制必然直接或间接涉及公共利益或经济秩序,所以对其进行偏公共利益的治理与监管是必要的。既然有必要对 OTC 市场进行治理与监管,那么相应的治理与监管制度构建又是必须的。众所周知,证券市场(主要指场内证券交易市场)监管模式在国际上有多种,目前流行的有集中统一监管、自律监管和综合监管三种模式,分别以美国、英国和法国为代表,并在此基础上形成了不同的监管法律制度。但是各国或地区的 OTC 市场监管模式并没有完全随场内 OTC 市场监管模式或监管

①　李维安著:《公司治理学》,高等教育出版社 2009 年版,第 3—5 页。
②　类似范博宏教授有关"资产特色高"的观点。

机制"起舞",另起炉灶的较多。根本原因就是 OTC 市场监管原则、路径和内容等有很强的自律性和契约性,在效率与安全、形式与实质的价值选择上一般偏好前者。

基于上述比较分析与推理,本书认为非上市公司治理与 OTC市场监管都具有较强的内部性和自律性,价值取向基本趋同即偏向效率原则和形式(程序)正义。正是基于这样的逻辑,从非法上市公司治理角度,研究 OTC 市场准入、交易和监管制度体系构建与运行,是本书总的出发点和落脚点。

第三节 本书的意义及主要创新

一、本书的意义

运用规范分析及实证分析的方法,在比较研究主要发达国家或地区 OTC 市场以及我国 OTC 市场发展历史、现状和问题的基础上,从非上市公司治理视角研究我国 OTC 市场治理与监管制度体系框架设计及相关实践操作规则,有较重要的理论价值及现实意义。

首先,本书通过融合法学、经济学和公司治理学相关理论观点,尝试提出与我国 OTC 市场非上市公众公司的市场准入、交易和监管等机制相匹配的公司治理与监管制度理论及体系,其研究结论有利于直接推动我国非上市公司治理和 OTC 市场监管理论研究的发展,同时有助于丰富并推动相关公司治理理论和证券市场监管理论的进一步深化研究。

其次,在回顾和比较目前世界主要 OTC 市场之非上市公司治理机制与监管制度现状、问题和趋势,并总结或借鉴现有相关理论研究成果基础上,尝试构建具有中国特色的 OTC 市场公司治理与监管制度选择模型,并通过 OTC 市场的市场准入、市场交易和监管制度等方面的实证分析或经验检验,为构建一个效率优先、兼顾公平的又具中国特色的 OTC 市场治理与监管制度体系提供框架性理论和实证支持。

再次,本书继续研究并得出内部性、任意性或自律性为主的公司治理与监管法律机制应在 OTC 市场监管制度体系中占主要地位并起主要作用的结论,这就为合理科学的 OTC 市场公司治理与监管制度体系设计提供路径支持,并在此基础上为构建具有中国特色的 OTC 市场公司治理与监管制度理想模式及规则体系,提供相关政策或立法建议,如建议尽快制定《非上市公司监管条例》和《非上市公司治理准则》等 OTC 市场规则体系,因而具有较强的实践和现实意义。

二、本书主要创新

(一)公司治理法律制度理论性观点的提出

本书在总结、归纳和借鉴经济学、公司治理学和法学相关理论基础上,尝试提出公司治理法律制度理论性观点。

我国近年来尝试研究公司治理法律制度的法律学者主要有赵万一(2004)[①]、李建伟(2005)[②]等人,但由于他们研究视角单一和研究路径狭窄等原因,都未能对公司治理法律制度的内涵及外延作出界定,更没有提出相应的理论或实证模型。正是基于此,本书在总结、归纳和借鉴经济学、公司治理学和法学相关理论基础上,

---

① 赵万一著:《公司治理法律制度(问题)研究》,法律出版社 2004 年版,第 1-2 页。

② 李建伟著:《公司制度、公司治理与公司管理:法律在公司管理中的地位》,人民法院出版社 2005 年版,第 332-381 页。

认为公司治理法律制度是指基于经济学或管理学与经济法学互动的视角对公司组织、营运、管理及监管中的行为所作的一系列强制性和非强制性的法律制度安排，其制度核心不仅包括但不限于公司法和证券法等强制性规范，而且也包括但不限于公司治理原则、行业规则、企业间的协议等非强制性的规范，其范围可分为公司内部治理规范与外部治理规范两部分。该理论性观点是以法学尤其公司法学视角，在总结与借鉴公司治理理论的基本框架包括公司内外部治理机制基础上形成的。

总之，本书基于法学、公司治理学和经济学关于公司治理的研究成果，尝试提出公司治理法律制度理论性观点，旨在研究公司治理结构或治理机制对非上市公司市场准入、交易和监管制度绩效的提升，以促进公司治理结构或治理机制的互动性、制度性及可操作性，力求为构建效率优先、兼顾公平而又具中国特色的 OTC 市场公司治理与监管制度体系打下理论基础。

如果把公司治理法律制度的理论性观点运用到 OTC 市场具体制度设计上，则可以表现为以公司治理之规则、合规与问责[1]三要素为视角，涵盖内部和外部治理机制的公司法、证券法、合同法、金融法、行政法、民法和刑法等法律制度（包括实体法和程序法），以及交易所、证券业、实体产业、会计和律师等行业自律规则两个维度的规则体系。由此得出结论，公司治理法律制度理论如果运用在制度设计层面，更像一系列或一套规则体系的综合，而非一个具体的法律部门。

（二）OTC 市场公司治理与监管模型的构建

本书另一个创新是受班纳德孙—范氏（Bennedsen-Fan）模

---

[1]　李维安：《公司治理：规则合规问责》，载《企业家信息》2007 年第 1 期。

型①的启发,如果上述公司治理法律制度理论性观点成立,那么在国家强制性制度(比如公司法、证券法和合同法)和自律性制度之供给状况给定的(制度欠缺与制度完善)情况下,相对上市公司而言,非上市公司分别对其外部治理与内部治理机制需求情况是不同的。反过来,这种需求状况(反应)对制度(公司治理与监管强制性或自律性制度)的诱致性变迁方向或路径发生改变。比如,可通过非上市公司在 OTC 市场准入制度的样本分析,解析非上市公司治理特色要素或变量组合状况,并结合我国 OTC 市场交易所实际样本进行检验,得出符合本书提出的公司治理与监管制度选择模型的结论。通过研究结论,最后可给出相关政策与制度搭配及制度体系构建之政策及立法建议。

(三)OTC 市场治理与监管制度体系的设计

创新部分是基于公司治理法律制度理论性观点和 OTC 市场公司治理与监管制度选择模型两个创新基础上的创新。从逻辑上讲,OTC 市场公司治理与监管法律制度体系构建是前两个创新点的必然要求与结果:理论基础(公司治理法律制度理论性观点)→发现与分析问题(公司治理与监管机制选择模型)→解决对策(公司治理与监管制度体系构建)。

现有文献多是研究场内交易场所及其上市公司的监管法律环境构建,相关评价也多是建立在法律风险防范基础上的,这是制度次优选择。而对于公司治理语境下的法律环境尤其是 OTC 市场治理监管法律环境构建以及符合市场效率兼顾公平的最优公司治

---

① 班纳德孙—范氏(Bennedsen-Fan)模型是中国香港中文大学范博宏教授创建的,其主要贡献在于家族企业要永续经营应该如何设计股权结构的研究。参见范博宏、梁小菁:《企业永续经营如何设计股权》,载《新财富》2010 年第 5 期。

理与监管法律制度体系构建,并没有给予系统研究与关注。所以本书从法学、经济学和管理学视角对涉及 OTC 市场各主体活动及相互关系之契约、政策和法律关系进行系统解析,在总结归纳现有相关理论的基础上,提出 OTC 市场公司治理与监管法律制度的树状结构网络或框架体系,并为在此架构下的监管模式包括监管原则、监管主体和监管规则内容的确定提供理论路径和实证支持,确保 OTC 市场在效率优先、兼顾公平的市场治理与监管制度体系下运行。

特别需要指出的是,监管模式或制度体系运行时如要达到前述价值目标必须遵循 OTC 市场反欺诈原则。本书认为,反欺诈原则(Antifraud Doctrine)应替代传统民商事法律关系中视为圭臬的诚实信用原则,作为 OTC 市场准入、交易和监管规则制定、执行和裁判的最基本原则之一。这对丰富和推动证券监管和公司治理理论研究及相关立法和司法实践,具有一定理论与现实意义。

第四节　本书研究路径与研究方法

一、研究路径

本书基本思路是:首先,结合现阶段我国面临多层次资本市场体系构建与相关治理与监管法律制度体系构建的双重任务大背景,根据 OTC 市场及其核心主体非上市公司治理及监管法律制度有别于场内证券交易市场(主板市场)及其上市公司的特点,以证券市场监管经济学、法律非完备性及政府有限理论、法与金融理论和公司治理监管等理论为基点,以系统科学论为方法,以 OTC 市场公司治理法律制度理论为理论框架,对 OTC 市场治理与监管制度选择机制问题进行一般性理论分析;其次,对中国 OTC 市场及非上市公司治理与监管现状、特征及问题进行规范分析,并选择典型样本进行实证分析,随后对其治理与监管市场绩效进行客观评价;最后,依托法与金融理论和公司治理监管等理论模式,结合前文的实证结论,并借鉴西方发达国家 OTC 市场及非上市公司治理与监管制度改革的经验,提出我国 OTC 市场及非上市公司治理与监管制度改进及完善的政策建议与制度设计。

二、研究方法

（一）规范分析与实证分析相结合的方法

由于本书主要是制度比较研究,所以规范研究方法最为适合,同时辅以一定的实证研究,并通过典型案例或样本分析而最终归纳得出研究结论。

规范研究是运用价值概念或标准对某事物应该怎样作出判断。但是这种判断绝不是凭空捏造出"应该是什么",而是在遵循客观规律基础上经过推演得出的"是什么",其本身就是对事物发展客观规律的揭示。通过文献回顾、实践考察与逻辑推演,研究 OTC 市场公司治理与监管机制形成时,对其相关维度与变量之间内在及外在联系及作用机理进行理论分析。既要借鉴现有的成功经验,又要运用最基本理论来探讨适合我国国情的 OTC 市场治理与监管制度体系。特别需要指出的是,本书重点讨论在现行或未来 OTC 市场治理与监管法律环境下非上市公司等市场主体与其他市场参与主体之间的治理与监管关系和市场运行绩效关系及其他相关问题,其中又要重点分析非上市公司对监管法律环境的适应性反应,然后得出改进及完善的结论。

实证研究方法是通过科学归纳,从大量经验事实中总结出具有普遍意义的结论或规律;或者从大量经验事实中提炼出某些具有典型性的前提假设,然后以科学的逻辑演绎方法推导出某些结论或规律,再将这些结论或规律拿回到现实中进行检验的方法论思想。体现这种方法论思想的经济学研究,其目的在于分析经济问题"是什么",侧重于廓清经济体系如何运行、经济活动的过程和后果以及经济运行的发展方向和趋势,而不是使用任何价值标准去判定"是什么"或者是否可取。由于 OTC 市场涉及的公司治理与监管制度体系主体多元化,各个主体尤其是非上市公司主体涉及的治理与监管变量繁多,因此选择特定国家或地区 OTC 市场的实践及我国现有 OTC 市场典型样本,并对非上市公司治理与监管机制对整体 OTC 市场监管法律环境的反应进行有针对性的实证研究,从而探索出具有操作意义的 OTC 市场治理与监管的基本原则和规则体系,最终构建科学合理而具有中国特色的 OTC 市场公司治理与监管法律机制体系。本书在对国内外文献等相关理论回顾与评述基础上,采用案例或样本分析、抽样调查与统计分析等方法,探讨影响 OTC 市场治理与监管制度的各种变量以及它们之间可能存在的关系。

(二)比较研究与案例研究相结合的方法

比较分析方法,就是通过对不同时空条件下的相似对象、事件或者同一时空维度的不同对象进行对比研究,分析异同并发现其本质,从而探寻一些共同规律的方法。本书研究的重点是 OTC 市场公司治理与监管制度实然和应然状态及相互关系。本书以国际和我国典型 OTC 市场治理与监管制度"是什么"、"为什么"和"应是什么"为问题,最适合的研究方法是比较研究。

本书运用比较方法,首先考察美国、日本和我国台湾地区等经济体 OTC 市场历史沿革、市场模式及监管体制整体发展现状等内容,并指出 OTC 市场是资本市场发展并完善到一定阶段的必然产物,是多层次资本市场的重要组成部分。其次,从市场主体角度比较上述国家或地区 OTC 市场中非上市公司的定义、特征和治理结构与治理机制情况,指出非上市公司治理由无序向规范发展的规律,由自律监管向混合监管模式变迁的趋势。在构建我国非上市公司基本制度的前提下,探讨其走向 OTC 市场时公司治理与监管问题,并指出这些问题将成为 OTC 市场治理与监管制度主要内容的原因。

本书通过研究不同时空背景下 OTC 市场运行情况,并结合它们各自政策、制度等特定社会条件与 OTC 市场之准入和交易治理与监管机制联系起来,以揭示出其共性与个性,通过对特定资本市场发展状况和相应的社会法治条件下的不同情境和脉络进行相互参照,从中发现具有比较优势的 OTC 市场公司治理与监管机制模式,并找出蕴含其中的本质和规律。此外,由于国内目前对 OTC 市场及其非上市公司治理与监管制度体系的研究刚刚开始,还没有形成比较成熟的理论,制度设计尤其是公司治理与监管法律机制设计几乎处在空白状态。而欧美 OTC 市场发展历史较长,不同层次的资本市场制度设计与运行比较先进与成熟,相关研究也较为深入和全面,在此基础上形成的有关规则制度对于我国 OTC 市场治理与监管制度的设计和运行具有重要借鉴意义。

本书在比较主要发达国家或地区有关 OTC 市场治理与监管模式的基础上,借鉴美、日和中国台湾等有关 OTC 市场公司治理与监管法律制度体系的相关理论要义和成熟经验,同时结合我国国情及 OTC 市场特色,提出从公司治理角度入手构建非上市公司及其他市场主体共同治理与监管政策或法律路径,从而构建以非上市公司市场准入和股权交易为主的 OTC 市场治理与监管制度体系。但由于世界经济体制、社会经济发展水平和法律文化传统差别较大,OTC 市场的成熟程度也有较大差别,因此比较分析时必须结合我国 OTC 市场实际情况和特性进行研究。

(三)系统科学与跨学科研究方法

本书的核心问题是基于非上市公司治理视角构建 OTC 市场公司治理与监管法律制度体系。这一问题的复杂性、跨专业性和跨领域性特点,决定了系统科学方法使用的必要性。系统科学方法是研究复杂经济和制度问题的有效方法,其中"型态模型"系统方法比较适用于本书研究。与目前在经济学研究中居于主导地位的"数理模型"不同,型态模型更为注重整体,强调系统化,它一般由几个具有内在联系的、相对独立的部分连结在一起。每一部分理论独立于其他部分并首尾相连,首先在特定的情境中被发展、理解和检验,然后再以某种形态连结在一起。基于型态模型这种方法,能够提供有关特定研究主题的多层面的、全方位的和复杂的图景,完全适用对公司治理监管法律环境的构成,以及分析各种因素在监管法律环境评价体系中作用的研究。

总之,本书以非上市公司治理为视角,以规范分析为主导,实证、比较和系统分析为辅助方法,在分析、归纳和总结法学、经济学和管理学理论研究基础上,比较分析发达国家或地区 OTC 市场制度的经验或教训的前提下,结合中国国情 OTC 市场准入和交易治理与监管制度的问题与特色,以促进我国现代 OTC 市场的繁荣发展为目标,尝试为构建具有中国特色的效率优先、兼顾公平的现代 OTC 市场的公司治理与监管制度体系提供理论依据和政策建议。

第二章 OTC 市场及其监管 相关文献综述

第一节 OTC 市场发展与监管研究

一、关于多层次资本市场与 OTC 市场

国外或地区关于多层次资本市场与 OTC 市场的定义及关系之研究与论述，不是太重视。现有研究文献主要集中在定义 OTC 市场和场外衍生证券交易市场体系构成方面。美国传统定义 OTC 市场产生与发展时期，常根据上市条件和性质的不同进行分类，比如美国 OTC 市场从高到低可分为第一层次的可信任的市场（OTCQX）（上市条件介于 OTCBB 和 NASDAQ 之间），第二层次的透明市场（OTCBB），第三层次的警戒性市场（有限信息），第四层次的灰色市场（无任何信息披露）（WIKIPEDIA，2010）。另外，由 AMEX 演变而来的 NYSE Amex Equities 目前是中小型企业和交易首要股票市场（Reena Aggarwal，James J. Angel，1999[①]；Aggarwal，Reena and Williamson，Rohan G. ，2006[②]）。值得一提的是，纳斯达

[①] Reena Aggarwal, James J. Angel, The Rise and Fall of the Amex Emerging Companies Marketplace, Journal of Financial Economics, 1999.

[②] Aggarwal Reena and Rohan G. Williamson, Did New Regulations Target the Relevant Corporate Governance Attributes? Available at SSRN: http://ssrn.com/abstract=859264, February 12, 2006.

克市场(NASDAQ)是个另类,1975 年之前是纯粹的 OTC 市场,是引领全美 OTC 市场发展的翘首。随着时间的推移,2006 年纳斯达克市场被批准注册为全国性的场内交易场所(NASDAQ Stock Market LLC),随之细分为全球精选、全球市场和资本市场三个部分,其中只有后一个层次还勉强属于传统意义上的 OTC 市场的概念(SEC,2006)。此外,有学者专门从 OTC 的估值角度,探讨美国 OTC 市场的品种范围包括债务凭证、银行信贷债权、掉期交易、不动产和私募股权等(emerging-market debt, bank loans, swaps, real estate, private equity and many other derivatives),继而探讨了这些产品市场准入和市场交易活动及制度设计对经济发展的正面作用,但仍未涉及 OTC 市场在多层次资本市场的地位、作用与功能等基础性制度问题(Darrell Duffie, Nicolae Garleanu and Lasse Pedersen,2007)。①

关于多层次资本市场概念的界定,国内学者目前也没有统一的定义。通常把多层次资本市场描述为金字塔式的模式,从下至上包含柜台交易市场(OTC)、二板市场和主板市场三个层次。各层次之间或各类型之间呈现或递退或递进关系,金字塔最顶端是主板市场,最底层是 OTC 市场(代办/股权/产权市场),两者中间是二板市场(创业板或中小板)。不同层级市场,其准入标准、企业规模、投资群体和监管模式均有不同。一般讲,企业进入主板市场应从柜台市场挂牌交易开始,具备条件后再逐级而上;已进入高级层次资本市场的企业由于业绩等因素向下变化,不宜继续留在顶端市场,也应逐级下降到低层级市场。总之,多层次资本市场是

---

① Darrell Duffie, Nicolae Garleanu, Lasse Pedersen, Valuation in Over-The-Counter Markets, Review of Financial Studies, 2007, pp. 1865-1900.

一个可升可降的互动式的资本市场体系①。

有学者认为,所谓多层次资本市场根据资产存在的形式,可分为证券资本市场和非证券资本市场两个层次。前者主要指证券化的产权交易场所,按照不同的上市标准的要求依次可分为主板市场、二板市场和 OTC 市场;后者主要指尚未证券化的企业进行整体交易的市场,例如我国传统意义上产权交易市场②。还有学者指出,中国多层次资本市场体系应包括三个层次:高级市场,包括沪深 A 股和 B 股市场;次级市场,建议在全国的大区域(如东北、华北、西南和华中等地)设立区域性股票交易市场;基础市场,即在省会城市和中型城市设立一般股权、企业债券等柜台交易市场③。更有学者认为,所谓多层次资本市场,是指针对质量、规模和风险程度不同的企业,为满足多样化投融资要求而建立的股票交易市场。按照不同上市标准,可依次分为主板、二板和区域性OTC 市场。④

综上,本书认为现有国内外文献在界定或分析多层次资本市场与 OTC 市场关系时,重点均放在其分类和 OTC 市场交易品种的范围上,这对初学者厘清相关定义有一定帮助,但有三点明显不足:一是没有厘清二者之间的本质区别和逻辑发展关系;二是没有

---

① 周放生:《资本市场应构建金字塔式的体系》,载《中国经济快讯》2003 年第 6 期;高峦主编:《中国场外交易市场发展报告(2009~2010)》,社会科学文献出版社 2009 年版,第 1-37 页。

② 吴弘、刘迎霜:《〈证券法〉修订与多层次资本市场的制度建设》,载《中国商法评论》2006 年第 2 期。

③ 张宝林、严震、夏智灵:《构建累进退出的多层次证券市场体系》,载《上海金融》2001 年第 9 期。

④ 徐洪才著:《中国多层次资本市场体系与监管研究》,经济管理出版社2009 年版,第 1-35 页。

阐述二者对当时当地经济发展的影响(包括正面和负面影响),以及 OTC 市场发展及运行绩效对整体资本市场体系构建的影响;三也是最重要的一点,几乎没有讨论 OTC 市场运行制度(包括市场准入和交易制度)与非上市公司治理与监管之间的关系。所以,OTC 市场治理与监管制度设计运行与 OTC 市场发展关系如何,应是研究的重要起点。

二、关于 OTC 市场发展与 OTC 市场监管

传统研究范式表明,国外文献关于 OTC 市场发展与 OTC 市场监管关系的研究成果,主要集中在 OTC 市场内幕交易等违法违规行为及其监管制度构建的改善方面。比如美国学者通过实证分析指出,在早期 NASDAQ 及其他 OTC 市场挂牌企业内部人士从事内幕交易而非法获利的可能性极大,建议监管部门通过外部投资者监督机制的介入及加大其交易成本方式,来及时预测与防范非上市公司及内幕人员进行交易的可能性。[1] 近年来此方面的研究视角有所变化,如美国证券法专家认为 OTC 市场如果要健康发展,如同资本市场之其他层次市场发展要求一样,也离不开良好公司治理与 OTC 市场监管,包括他律与自律监管。[2] 这是国外学者首次提出把 OTC 市场发展与 OTC 市场的治理与监管制度联系起来研究的文献,格外引人注目。

美国次贷危机引发的国际金融危机发生后,美国证券监管专

---

① Ji-Chailin and John S. Howe, Insider Trading in the OTC Market, Vol. 45, No. 4, The Journal of Finance, 1990, pp. 1273–1284.

② Thomas Lee Hazen, The Law of Securities Regulation, Thomson West, 2006, pp. 645–649.

家及学者马克·亚罗普①在谈及 OTC 市场的未来前景（The Future of the OTC Markets）时指出,OTC 市场在各国国民经济乃至国际经济发展中仍起着重要的推动作用。例如从 1990 年初到 2009 年 6 月,美国 OTC 市场发展迅猛,仅衍生品一项发行在外的证券总量就已达到 4500 亿美元,所以 OTC 市场的健康稳定发展十分重要。而要做到健康稳定发展,灵活而高效的监管机制或制度尤为重要。恰恰全球尤其美国 OTC 市场发展最令人担忧的就是监管机制或监管制度设计问题,由次贷危机继而导致国际金融危机最初也来自 OTC 市场,所以笔者认为是时候对整个 OTC 市场的交易制度和监管制度进行大修或调整了,其中衍生市场的透明度和金融消费者保护等基础制度尤其需要检讨。②

　　在讨论 OTC 规模及在证券市场体系中地位时,马克·亚罗普认为过去 25 年其市场之所以迅猛发展,在于其交易品种的范围无所不包,从开始的互换交易（Swap）到外汇、利率、信贷、股权等金融品种,甚至还涉及能源和商品等。之所以如此,有两个原因:其一,产品量身打造和个性化的契约设计机制,众所周知,证券交易所市场的产品及合约都是标准化的,而现实中实体经济却千变万化,因此 OTC 市场合约隔离或防范风险的作用就十分明显;其二,相对证券交易所市场而言,OTC 市场信息不对称的可能性要小得多,因为该市场的买者与卖者多数是老练的机构市场参与者或投资者,所以市场交易制度运行绩效较高。

　　在讨论 OTC 市场和交易所市场监管地位或特征时,OTC 市场

---

①　Mark Yallop, The Future of the OTC Markets, ICAP WHITE PAPER, Nov. 10, 2008, pp. 1-5.

②　Mark Yallop, The Future of the OTC Markets, ICAP WHITE PAPER, Nov. 10, 2008, pp. 2-4.

的监管特征早期主要表现为自律管理,目前正逐步向他律监管与自律监管相结合的方向发展。其中一些基础性(infrastructure)的技术规则如清算、登记和交割等制度仍起着重要作用。未来能影响这些规则变革主要有电子交易广泛采用、OTC 市场之间清算交割循环快捷、衍生证券成交快速或自动确认和大量现金结算等因素。但是,影响市场主体、市场准入和交易治理与监管制度之地位与特征并未被提及。而正是此方面制度设计疏忽,最终导致了2007 年国际金融危机的爆发。

美国证监会主席玛丽·夏皮罗在国会审议《2009 场外衍生品交易市场监管法》作证时,①指出近来的金融危机充分暴露了美国金融监管体制的缺陷包括现行监管制度之间不衔接且存在不少缺陷,执法措施和标准未能有效实施,面对现代交易市场或品种未能改进传统的监管理念与规则(Mary L. Schapiro,2009)。所以,危机来临时,监管漏洞百出。其中重大缺陷之一就是对 OTC 市场衍生证券(OTC derivatives)缺乏监管规则。换言之,《2002 年商品期货现代化法案》(Commodity Futures Modernization Act)排除或遗漏了对 OTC 市场衍生证券的监管,所以才导致了如今的金融大危机。这表明美国正在检讨其在 OTC 市场外部监管制度存在的漏洞,但从公司治理角度看,美国似乎仍然停留在强制性或外部性制度缺陷方面寻找原因,离标本兼治的制度设计还有一定距离。

我国国务院自 2004 年首次正式提出要构建多层次资本市场

---

① See Chairman Mary L. Schapiro(U. S. Securities and Exchange Commission), Testimony Concerning the Over-the-Counter Derivatives Markets Act of 2009, September 22,2009, http://www.sec.gov/news/testimony/2009/ts092209mls. htm.

体系后,关于多层次资本市场体系与监管制度体系如何构建之研究进入到百家争鸣阶段,其中王国刚在对比美、英、德、日四国的多层次资本市场体系的同时,对中国证券市场运行机制进行分析,提出建立多层次股票市场主导机制观点①,但何为主导机制却没有交代;有专家提出我国应尽快培育与建立多层次资本市场体系,对指导原则及市场结构体系构建提出了相关建议,但构建何种制度体系及规则结构才能与 OTC 市场发展特征相适应,或者何种治理与监管制度体系才能最有利于我国 OTC 市场的健康发展,也没有明确②。

综上所述,国内外现有研究文献虽然注意到了 OTC 市场发展与 OTC 市场监管之间存在一定关联,其结论也指出目前 OTC 市场的外部或他律监管制度供给不足,是导致 OTC 市场问题频出进而引发金融危机的重要原因。但是上述文献结论不足之处也十分明显:一个效率优先、兼顾公平的 OTC 市场监管制度体系设计与运行究竟是什么样子的,以及该监管制度体系对 OTC 市场准入、交易及监管活动的影响等问题都缺乏合理的理论解释和实证支持。

所以,本书认为尽管影响和限制 OTC 市场发展的因素很多,除了政府强制性外部监管制度供给不足外,OTC 市场准入和交易治理与监管制度体系之内部性或自律性规则欠缺也是重要原因之一,而其中非上市公司市场准入与交易之治理与监管规则欠缺又居首位。

---

① 王国刚著:《建立多层次资本市场体系研究》,人民出版社 2006 年版,第 1-17 页。

② 张育军著:《深交所新使命——创业板市场探索》,中国金融出版社 2005 年版,第 3-23 页。

三、关于非上市公司治理与 OTC 市场监管

非上市公司市场准入与交易之治理与监管规则欠缺是 OTC 市场治理与监管制度供给不足的重要表现。然而,非上市公司治理及其监管法律制度研究是全球公司治理领域近几年来才兴起的热门研究话题。关于非上市公司治理框架,西方学者指出 21 世纪将是公司治理理论及其法律制度充满活力与巨变的时代。正基于此,公司法和公司政策的制定者总是倾向于尽量消除非上市公司治理缺陷或失误①。但事实并非如此,反倒因为公司治理运动反应过度,导致治理法规泛滥,结果非但没有挽救公司治理的失效②,反而还可能妨碍企业创新的企业家精神及经济的长期成长,劝诱中小企业到股票交易所包括 OTC 市场交易所挂牌上市的结果就是如此③。所以,西方学者针对非上市公司治理特殊性和其法律制度框架变量的多元化,提出了"三个支柱"(Three Pillars of the Governance Framework)治理法律机制的理论观点:(1)公司法支柱。即所谓公司法有关市场准入、组织结构和权力机制配置等强制性规则;(2)契约法支柱。包括合营企业协议或风险创投企业协议、公司发起人协议以及公司法中的违约条款等;(3)公司治理准则和原则支柱。主要指向那些非强制性的自律

---

① Ferrarini and Guido A, Corporate Governance Changes in the 20th Century: A View from Italy, March 2005, ECGI -Law Working Paper No. 29/2005.

② Abe De Jong, Douglas V. DeJong, Gerard Mertens, Charles E. Wasley, The role of self-regulation in corporate governance: evidence and implications from The Netherlands, Vol. 11, Journal of Corporate Finance, 2005, pp. 473–503.

③ Ehud Kamar, Pinar Karaca-Mandic and Eric L. Talley, Going-Private Decisions and the Sarbanes-Oxley Act of 2002: A Cross-Country Analysis, November 2005, USC CLEO Research Paper No. C06–5, USC Law Legal Studies Paper No. 06–10, UC Berkeley Public Law Research Paper No. 901769.

规则。① 总之,西方学者对非上市公司的治理与监管活动及其监管制度设计,主张应偏向自律型和契约型制度设计,主因可能就是非上市公司及OTC市场均具有很强的个性与特色,这就是本书下面要论及的非上市公司治理特色与相关治理与监管机制问题。此外,还有少数国外学者从OTC整体制度设计包括市场主体、市场准入、做市商的权利义务、交易方式、交易品种、监管机关的职责、信息披露要求和处罚措施等维度出发,对非上市公司治理与证券监管关系进行了介绍或分析。

我国学界与实务界关于非上市公司治理与监管法律制度的研究也是近几年才开始的,几乎与世界同步。但我们的研究主要集中在股权登记制度、股权转让制度和强制性监管制度等表层次问题。有学者从市场准入即股权登记内容及意义入手,分析我国非上市公司股权登记制度现状及存在的问题,认为有尽快建立全新股权登记制度的必要性及可行性②。还有学者从非上市公司股权转让的必要性与可行性出发,研究我国不同时期和不同区域之非上市公司股份转让沿革与实践,指出非上市公司发展需要产权市场,同时认为治理非上市公司股份转让与规范产权市场为相辅相成关系,最后提出应建立全国规范统一的产权市场③。只有少数学者从非上市公司治理与监管角度出发,在比较非上市公司国际监管实践经验以及我国建立非上市公司制度的必要性与可行性基

---

① Joseph A. McCahery and Erik P. M. Vermeulen, Corporate Governance of Ulisted Companies, Oxford University Press, 2008, p. 280.

② 王子军:《上海农村合作性金融重构之探索——基于台湾农会信用部经验》,载《上海农业学报》2010年第4期。

③ 吴弘:《上海国际金融中心建设的法制环境研究》,载《上海商学院学报》2010年第2期。

础上,最后给出了我国非上市公司法律制度设计的建议①。此外,我国也有部分学者从 OTC 市场准入和交易制度入手,重点研究 OTC 市场之外部强制性法律层面监管,但与非上市公司治理及其监管联系不多②。

特别值得一提的是,目前世界范围内的 OTC 交易所即股权交易所多数也采用非上市公司形式,其本身也涉及治理与监管问题。③ 其组织形态、治理结构及市场参与者等内容应是 OTC 市场体系构建研究的重点。早期研究重在介绍 OTC 市场在国外的发展概况,并多以经济学的视角分析 OTC 市场及其交易所的做市商制度、交易工具和交易品种等,旨在为我国 OTC 交易所建立作理论准备。后来学者们开始关注并讨论包括 OTC 交易所在内的各类证券交易所之公司化运动中所形成的自律监管规则及其发展趋势④。由于场内交易所市场与 OTC 市场在具体制度上存在着诸多差异,这些文献的作用还只能是重在比较与参考。

总之,国内外现有文献关于非上市公司治理与 OTC 市场监管

① 刘洁、程明著:《非上市公众公司监管研究与政策建议》,中信出版社 2010 年版,第 106-121 页。

② 卢圣宏著:《纳斯达克指南》,上海财经大学出版社 2000 年版,第 265-266 页;王海东:《日本 JASDAQ 市场的改革及未来前景》,载《日本研究》2001 年第 2 期;汤欣:《论场外交易及场外交易市场》,载《法学家》2001 年第 4 期;过文俊:《台湾发展场外交易市场的经验及其对大陆的启示》,载《当代亚太》2005 年第 12 期。

③ 李维安:《证券交易市场自身首先要构建现代治理结构》,载《南开管理评论》2008 年第 2 期。

④ 文宗瑜著:《证券场外交易的理论与实务》,人民出版社 1998 年版,第 22-60 页;方流芳:《证券交易所的法律地位——反思"与国际惯例接轨"》,载《政法论坛》2007 年第 1 期;谢增毅著:《公司制证券交易所的利益冲突》,社会科学文献出版社 2007 年版,第 143-183 页。

制度的研究成果虽然进步不少,但相对而言这方面研究还处于起步阶段,所以无论是二者各自特点还是它们相关性研究的广度与深度均不够。这也是本书要特别予以关注与改进的地方。

四、关于 OTC 市场监管价值取向及制度体系

关于 OTC 市场治理与监管制度体系构建是法学、经济学和管理学交叉研究的领域,是本书主体研究结构的第三个部分。在遵循 OTC 市场监管三论即为何要对 OTC 市场进行监管,由谁监管并监管什么,以及采取何种方式监管的基础上①,进一步探讨 OTC 市场公司治理与监管制度价值取向和体系构建,十分必要。

此外,由于证券监管涉及政治、法律和经济等诸多因素,其制度形成也比较复杂。在证券监管制度发展史中,专家学者们的监管理论与具体监管实践交叉推进,共同促进了监管制度的完善与演进。1929 年股市大危机之前,国家公权力很少干预 OTC 市场,市场运行是纯粹自律性的。故很多文献在论述这种自律监管制度时重点放在了其优势与缺陷两个方面,Thomas(1986)、Daniel(1986)和 Wallman(1998)等都在这方面作了大量的研究。股市大危机之后,以美国为代表的市场经济国家介入了 OTC 市场监管,克林顿政府时期金融自由倾向泛滥导致对 OTC 市场监管有所放松;2007 年次贷危机爆发后,政府公权力再次强力介入。所以,西方国家 OTC 市场形式上虽是自律组织监管市场,但监管理念和原则的实质已偏向政府公权力一方。对于这一所谓混合制度价值趋势的研究,学者们要么将此作为既定的事实,要么只是指出自律

---

① 万国华著:《证券法若干理论与实务问题研究》,天津人民出版社 1999 年版,第 1-26 页。

或混合监管制度的优势。

　　国内大多数文献①都侧重于法学和比较经济分析角度研究 OTC 市场监管价值取向和制度体系。综合国内研究文献,主要有三个不足:其一,关于 OTC 市场监管价值取向始终不明确,公平和效率价值哪个优先,平衡点在哪里,其中效率又包含哪些因素,文献很少涉及;其二,研究成果主要集中在 OTC 市场整体监管制度及法律体系的分析,对制度细分市场尤其 OTC 市场不同层次市场的治理与监管制度及其体系研究很少涉及;其三,研究主要侧重于法学和经济学的比较分析的视角,制度经济学和公司治理学鲜有涉及,就 OTC 市场监管理念、主体、原则和客体而言,几乎与非上市公司治理和监管无关。

　　进入 20 世纪末期尤其 21 世纪后,学者们开始关注 OTC 市场监管与公司治理监管关系。比如,Erik P. M. Vermeulen 在"法律在发展有效率的公司治理机制的作用"(2006)②一文中,从企业契约和不完全契约以及封闭公司所有者多元化三种理论角度,首先对非上市公司之治理为何受关注的缘由进行了梳理,并指出它们具有股东人数不多、没有现成公司股票转让市场和大股东直接参加公司经营与管理的三个特点;其次对非上市公司治理的法律制度框架进行探讨,列举非上市公司治理法律渊源和重要地位,其中

---

①　杨志华著:《证券法律制度研究》,中国政法大学出版社 1995 年版,第 1-78 页;顾功耘:《论金融危机的防范及其法制对策(下)》,载《法学》1999 年第 1 期;屠光绍:《资金市场变化中的形式和作用》,载《中国外资》2000 年第 6 期;尚福林:《中国资本市场改革发展和对外开放》,载《中国投资》2006 年第 11 期。

②　Erik P. M. Vermeulen, The Role of the Law in Developing Efficient Corporate Governance Frameworks, Corporate Governance of Non-Listed Companies in Emerging Markets,2006,p. 91.

关于退出规则(Exit Rules)阐述具有一定的现实意义;随后指出新兴加转轨国家或地区(transition and emerging markets)应构建非上市公司治理法律制度框架的重要性。同时认为非上市公司治理是否需要一套专门的公司治理原则或准则,确实需要再探讨。最后还提出了公司法的特点,其中有关公司法自律履行机制模型概念、公共信息和私人信息的区隔而导致的不同知情权也须引起重视。Amina Benjelloun 在其《公共政策框架》(2006)①一文中从公司治理定义出发,认为所谓公司治理框架是指包括法律、惯例、规则和机制在内,以调节公司内部人和外部投资者之间的关系的一组制度。他列举了摩纳哥非上市公司治理的特点和问题,强调法律及司法环境对非上市公司治理的影响,并且特别强调公共政策在促进非上市公司治理改进方面具有独特作用。Jose M. Mendoza 在谈及低层次资本市场监管时,也认为自律监管包括非上市公司治理水平的提高和改进与 OTC 市场(如英国的 AIM 市场)健康发展呈正相关关系。②

　　目前,我国学者主要是从各自部门法律制度③角度对整体OTC 市场监管制度进行研究,OTC 市场治理与监管制度及其法律体系很少涉及。也有学者只是从制度经济学角度比较分析英美等发达国家的证券监管制度体系后,认为比较科学完整的证券监管体系应包括五个方面:一是证券监管制度与其同层次的监管法律

---

① Amina Benjelloun, Moroco: Public Policy Framework, Corporate Governance of Non-Listed Companies in Emerging Markets, 2006, p. 227.

② Jose M. Mendoza, Securities Regulation in Low-Tier Listing Venues: The Rise of the Alternative Investment Market, Vol. 13, No. 2, Fordham Journal of Corporate &Financial Law, 2008.

③ 部门法是法学上的特有概念,源于苏联的法律制度传统。

制度关系。二是作为一项特殊经济制度,证券监管制度与其高层次宏观经济制度以及低层次的证券微观市场结构(制度)的关系,它们决定了证券监管制度的间接摩擦成本。三是证券监管制度内部的运行机制,对于这一问题的探讨有助于我们分析降低监管制度的直接成本。四是综合考虑到对监管制度上述关系的动态调控,就必须引进时间变量。五是在开放的世界中各国证券监管制度之间是相互联系、彼此影响的,因而将空间变量纳入到系统体系的分析框架中也是必要的。显然,只有将上述五方面都考虑到了,才可能深入认识证券监管制度的实质,为其高效的发展提供理论支持[1]。不过仍有少数证券法专家学者开始涉及 OTC 市场治理与监管法律制度体系问题。如有学者主张我国在建立全国统一OTC 市场框架下,可以思考一些具体制度性建设问题,如监管机构职能与义务界定与划分,监管机构与各地方政府监管或支持如何衔接,OTC 市场与公开市场或场内交易市场建设有哪些区别,但制度设计原则必须是"车同轨与书同文"[2]。还有学者主张我国OTC 市场应从市场准入、交易制度和市场退出三方面着手监管制度构建,并建议尝试引入非上市公司治理与监管理念构建 OTC 市场监管制度体系[3]。

各国或地区关于 OTC 市场治理与监管制度的诸多问题之研究成果不太成熟,其理论和实践指导意义也相当有限。主要表现在三个方面:其一,OTC 市场与资本市场整体关系研究不够,尤其有关 OTC 市场准入、市场交易和监管制度三项细分制度体系在整

---

① 曹潇、张弓长:《证券监管制度及效率分析的新思路——基于新制度经济学与系统理论的视角》,载《江淮论坛》2007 年第 3 期。

② 祁斌著:《中国资本市场的改革方向》,中信出版社 2010 年版,第 7-9 页。

③ 万国华、王玲:《中国 OTC 市场治理缺位》,载《董事会》2011 年第 1 期。

体 OTC 市场监管体系中的地位与相互关系涉及很少。其二,OTC
市场监管与非上市公司治理之研究很少结合或关联。换言之,从
非上市公司治理视角研究 OTC 市场准入、交易与监管规则或制度
的文献则更少。其三,多数有关 OTC 市场监管与非上市公司治理
研究常常套用场内交易市场监管与上市公司治理的方式,病急乱
投医式应急对策研究特征十分明显,缺乏科学与系统的理论与实
证研究,结果不佳也在情理之中。

　　因此,从我国实际出发,结合挂牌非上市公司治理与 OTC 市
场监管之联系,围绕非上市公司包括股权交易所本身在内的公司
治理与监管法律制度核心,尝试构建具有中国特色又符合国际惯
例,效率优先、兼顾公平的现代 OTC 市场公司治理与监管法律制
度体系寻找理论和实证支持,是本书的应有之意。

第二节　OTC 市场基础理论研究

一、公共利益理论与监管经济学

　　在 1929 年之前,并不存在专门或狭义的证券监管与监管机
构,也没有专门强制性的证券法律,证券市场秩序一般靠君子协
定和道德劝告等方式来维持。但 1929 年大危机,政府和学术界
开始对造成"市场失灵"的"罪魁祸首"进行思考与讨论,同时民
间要求政府打击非法证券活动与保护投资者利益的呼声很高,
于是打着维护公共利益和纠正"市场失灵"的旗号,Burk
(1985)、Coffe(1984)等学者开始把投机、欺诈和价格操纵纳入
监管理论的研究客体。由此可以看出证券监管理论的理念和框
架研究始于"市场失灵"。所谓"市场失灵",就是与完全竞争市
场偏离,市场投机、欺诈和价格操纵都是"市场失灵"的表现,因

为这些行为既不符合竞争规则也不符合市场效率,相反还会损害市场效率。这时就需要一个外力来矫正"市场失灵"现象,于是政府身影就出现了。

皮古(Pigou,1932)和贝特(Bator,1958)认为政府对市场的干预是出于"公共利益"(Public interest),便形成了公共利益学说理论。波斯纳(Posner,1974)总结"市场失灵"与证券监管关系时指出,"市场失灵"假定市场机制本身的作用就可能导致社会资源配置无效率或低效率以及收入分配的不公甚至经济不稳定①。而政府监管的目的就是通过提高资源配置效率,以增进社会福利。总之,关于"市场失灵"与公共利益的讨论对证券监管存在理由、可能监管范围和监管总目标给出了合理解释,认为"市场失灵"会自然而然的产生监管需求。换言之,政府对经济监管是基于其在解决下列问题上有比较优势:一是在组织费用方面。建立一个新自愿组织去解决"市场失灵"的某一问题是无用或成本高昂的,政府却是现成的能集合公众意志的机构,无设立成本,运行成本较低;二是节省交易费用方面。在没有政府的情况下,市场中搭便车、信息不完全和逆向选择问题会提高交易费用,而政府则可通过公共品供给和建立社会福利制度节约这些费用②。钱颖一认为,证券市场行为人的机会主义天性最容易滋生和蔓延,因此政府的干预与监管就很有必要③。

到了 20 世纪 60—80 年代,上述理论观点遭遇空前质疑:其

---

① Posner R. A, Theories of Economics regulation, Vol. 5, No. 2, Bell Journal of Economics, The RAND Corporation, 1974, pp. 335—358.

② 斯蒂格利茨著:《政府为什么干预经济》,中国物资出版社 1998 年版,第56 页。

③ 钱颖一:《市场与法治》,载《经济社会体制比较》2000 年第 3 期。

一,"市场失灵"的逻辑推理并不清晰;其二,监管者自称监管目的是为了维护公共利益或提升社会福利的理由难以令人信服(Coffe,1984)。① 从激励理论来说,监管者或政策制定者的目标并非社会福利最大化,相反则可能是自身利益最大化,相关经验也证明了证券监管成本远远大于收益的结论(Stigler, 1964; Benston, 1969,1973; Manne,1984)。而这一结论是从公共政策的制定过程中被利益集团俘获的论据而得出的,故称"俘获理论"(Capture theory)和"利益集团理论"(Interest group theory)。在这两个理论的基础上,斯蒂格勒(Stigler,1971)发表的《管制经济论》奠定了监管经济学基础。② 该理论阐述了监管原因,主要强调了监管成本和危害。与"俘获理论"和"利益集团理论"相比,监管经济学有更多理论基础和相应实验支持。该理论有两个基本假设前提:其一,国家是强制权的基本源泉,与分散化普通投资者相比,利益集团确信他们更有能力去影响监管者,使其处境得以改善;其二,监管者犹如普通人也是理性的,会选择使用效用最大化行为。而这两个前提又导致一个结论性假设:即监管供给是为了满足利益集团效用最大化的需求。由于愿意接受监管的利益集团能够在政府监管中获得好处,因此他们愿意承担相应成本,这就形成了监管供求规律。根据供求法则,监管也是一种稀缺资源,监管需求者一定会付出成本或价格,根据波斯纳和斯蒂格勒分析,监管会造成包括道德风险成本、守法成本、福利损失以及保护无效率生产结构等四类主要成本,它们不仅数额巨大而且都还是隐含的。此外,它们还可以

---

① 以 Stigler,Benston 和 Manne 教授为代表的"修正主义"学者认为证券法导致了高额的成本支出而毫无收益可言。

② Stigler G. J, The theory of economic regulation, Vol. 3, Bell Journal of Economic and Management Science, 1971, pp. 3–18.

互相联系或转化,比如基于道德风险成本考虑,有可能引发逆向选择成本①。又如,道德风险成本→守法成本→福利损失→保护无效率生产结构(→表示导致)(见图 2.1)。

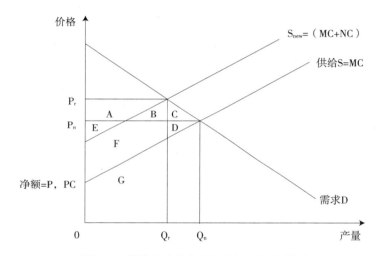

图 2.1　监管守法成本和经济福利损失模型

资料来源②

图 2.1 中,显示了一个竞争行业在接受监管前后的均衡情况。原始均衡点 E_1 是需求曲线 D 和供给曲线 S(也是该行业的边际成本曲线)的相交点。在引入监管以后,有效供给曲线 Snew 等于原

---

① 由于监管减少了利润,会使那些不守法或不谨慎企业(潜在被监管者)放松企业内部风险管理去占领市场;而那些谨慎守法的企业会更加注重风险控制而导致成本较高,会因"优质不能优价"而选择退出市场以逃避损失。结果是那些不守法或不谨慎甚至冒险的企业占领并留在了市场,这就是所谓"劣币驱逐良币"现象。

② 刘春长著:《中国场外交易市场监管制度及其变迁研究》,中国金融出版社 2010 年版,第 21—23 页。

来的边际成本曲线加上监管的守法成本 RC(假定监管的守法成本 RC 与产品产量呈反比例变化),它与需求曲线 D 形成了一个新的均衡交叉点,其位置是 E_2(推导过程略)。总之,公权力监管供给增加的结果是,社会付出的成本更多而获得的公共收益相对减少。上述成本还不包括因监管而导致的动态成本。

由于公共利益理论与监管经济学理论对 OTC 市场公司治理及其监管制度体系的理论性框架构建十分重要,所以有必要把其演变表列出来(见表 2.1)。

表 2.1　公共利益理论与监管经济学理论的演变

时间年代	主要代表人物	理论名称	主要内容
20 世纪 70 年代前	Pigou(1932) Bator(1958) Posner(1974)等	公共利益理论	政府监管的目的是通过提高资源配置效率,以增进社会福利
20 世纪 60—80 年代后	Coffe(1984) Posner(1974)	俘获理论或利益集团理论	监管者或政策制定者的目标并非社会福利最大化,相反则可能是自身利益最大化,证券监管成本可能远远大于收益
20 世纪 70 年代至今	Stigler(1971) Becker(1985) Baron(1989)	管制经济论或规制经济论	主要强调监管的成本和危害。不能从市场万能主义滑向政府万能主义,充分认识政府监管或他律监管的局限性

资料来源:作者整理

总之,监管经济学认为监管通常有害于公共利益。这个结论有助于我们科学分析政府监管过程中的利益冲突和影响,从而为有利于评估政府监管措施的合理性以及为制衡监管者提供思路。如果应用在本书有关 OTC 市场公司治理及其监管制度研究路径中,应充分认识政府监管或市场外部他律监管的局限性。

二、证券监管的法金融理论

尽管政府监管或他律监管有一定局限性,但又不可否认政府制定的政策或法律的确影响着资本市场包括 OTC 市场的发展。这方面的研究可以追溯到兰德斯(Landis,1938)、弗雷德和黑尔曼(Friend,Herman,1964),他们认为法律与监管对证券市场发展有长期影响。LLSV①1997②、1998③、2000④、2002⑤ 发表了一系列相关成果,从法律起源角度研究金融市场的发展路径问题。他们起初专注研究不同的法律起源以及不同法系对投资者保护的不同。投资者保护的不同或差异解释了各国或地区证券市场和金融中介发展的差异,也解释了各国公司治理结构的差异。随后有关法律条文和契约实施机制,以及信息披露系统等机制,都会影响金融市场包括证券市场的发展,从而影响整体经济增长的速度与质量。这些结论为各国或地区的资本市场包括 OTC 市场治理与监管正

---

① LLSV 是 Laporta,Lopez-de-silanes,Shleifer 和 Vishny 四人名字的缩写,他们近些年发表了一系列关于法与金融方面的文章,解释法律对一国证券市场乃至整个金融体系的影响,是该研究领域的领军人物。

② La Porta, Lopez-de-silanes, Shleifer and Vishny. Legal Determinants of External Finance,The Journal of Finance, 1997,pp. 1131-1150.

③ La Porta,Lopez-de-silanes,Shleifer and Vishny. Law and Finance,Vol. 106, Journal of Political Economy, 1998,pp. 1113-1155.

④ La Porta, Lopez-de-silanes, Shleifer and Vishny. Investor Protection and Corporate Governance, Vol. 58, Journal of Financial Economics, 2000, pp. 3-27.

⑤ La Porta, Lopez-de-silanes, Shleifer and Vishny. Investor Protection and Corporate Valuation,The Journal of Finance, 2002,pp. 1147-1170.

当性提供了理论支持。Mahoney（1990）①、Fox（1989）、Blac（2001）
和 Silanes（2003）都对此进行了验证研究。

受该理论影响，20 世纪 70 年代后资本市场包括 OTC 市场监
管研究领域相继出现了有效市场理论和行为金融理论。前者是证
券监管理论发展的里程碑，其核心是证券或股票能有效地反映所
有信息（Faman，1970；Jensen，1978）。监管者的主要任务是如何保
证所有证券信息都能真实呈现在投资者面前。所以，高质量的会
计等金融法律能有效提高流动性并降低投资成本，最终将提升市
场效率。该结论也得到了相关监管立法者、学者甚至国际组织的
认可（Arthur Levitt，1997②；IOSCO，2002③）。有效市场理论对资
本市场包括 OTC 市场监管影响体现在：一是成为有用的法学研究
工具；二是大量法规制定与修改均受到其影响；三是源于有效市场
理论的事件研究法在证券监管分析中得到广泛运用。

目前国外对于运用法律政策制度实现有效市场的公司治理理
论，即把市场监管与公司治理结合起来的理论，主要源于法律经济
学流派和以 LLSV 为代表的法金融学派的投资者保护研究。他们
的研究主要考察了市场经济国家，那么在经济转轨国家中，法金融
理论是否同样能够成立呢，以及能否很好地解释经济转轨国家的
金融发展？霍夫和斯蒂格利兹认为在经济转轨国家，法律制度与

---

①　Paul G. Mahoney, Securities Regulation by Enforcement：An International
　　Perspective，1990.

②　Arthur Levitt. The Importance of High Quality Accounting Standard，Vol. 3，
　　Accounting Horizons，1998.

③　1998 年 5 月 28 日国际证券事务委员会（IOSCO）发布了《证券监管的目
　　标和原则》的咨询文件，该文阐述了证券监管的三大目标和三十条原则，
　　于当年 9 月《证券监管的目标和原则》正式对外颁布。该文分别在 2002
　　年 2 月和 2003 年 5 月两度更新。

金融发展的关系更为复杂,其法律改革往往存在着更大困难。一是转轨初期建立真正法治的动力不足(Karla Hoff and Joseph E. Stiglitz,2001)[1];二是法律改革往往受到政治和家族企业集团的阻碍(Pistor,Raiser,Gelfer,2000)[2];三是即使立法上对投资者权利保护条款有了很大完善,但它面临的主要问题仍在于法律执行上的困难(Pistor,Raiser,Gelfer,2000)[3]。

我国证券市场本来就具有典型的新兴加转轨特征,OTC 市场更是如此。如何扬长避短并创造性地把证券监管理论和法金融理论相结合运用到我国 OTC 市场治理与监管制度体系理论性框架及具体市场准入和交易制度设计当中去,是本书下面要重点解决的问题。

三、法律非完备性与政府有限理论

证券市场监管的制度路径不能从市场万能主义滑向政府万能主义,应充分认识到政府能力有限性和其制定的监管法律非完备性。换言之,政府干预或监管也有失灵的时候。

所谓法律非完备性是指法律内在本身是不完备的,法律非完备性对于立法和执法设计有深远影响,并决定了剩余立法权在立

---

[1] Karla Hoff and Joseph E. Stiglitz, Obstacles to the Emergence of the Rule of Law in Post-Communist Societies, The World Bank Development Research Group, policy research working paper, 2001.

[2] Katharina Pistor, Martin Raiser and Stanislaw Gelfer, Law and Finance in Transition Economies, Vol. 8, No. 2, Economics of Transition, 2000, pp. 325-368.

[3] Katharina Pistor, Martin Raiser and Stanislaw Gelfer. Law and Finance in Transition Economies, Vol. 8, No. 2, Economics of Transition, 2000, pp. 325-368.

法者、执法者(监管者)和法院之间的分配。它由美国哥伦比亚大学法学院教授皮斯特和伦敦经济学院教授许成钢提出①,该理论最初源于哈特(Hart,1995)的契约不完备性(GHM 模型)理论。该理论出现在法经济学领域,首先与私人执法(Private enforcement)和公共执法(Public enforcement)关系有关,即在已经存在法庭和私人诉讼情况下,公共执法(监管)是否还有存在必要。前者被定义为公民个人利用法庭行使诉权以维护自己利益的形式;后者指政府利用雇佣机构如监察官、税收官和警察来识别违法主体及违法行为,并施加制裁。于是,监管者产生后便被视为公共执法的一种形式。

早在 18 世纪后期,政府公共执法就被亚当斯密认为是能被容忍的为数不多的政府功能之一,原因是有时私人执法被破坏,反倒成为了保护富人与权势的工具。卡普罗和夏瓦尔(1999)、Euickson(1991)和 Greif(1989)等人认为,何时使用公共执法,关键是身份识别、私人执法障碍是否存在以及公共执法目的何在。如果用公共执法来保护市场秩序和社会秩序,那么它与私人执法一样都是执法的具体实现形式。如果政府监管与法庭都有效,它们该如何分工。

面对这个问题,杰出思想家边沁(Jevenvy Bentham)提出了所谓最优法律与最优阻吓理论②。经过经济学家贝克尔和施蒂格勒

---

① Katharina Pistor and Chenggang Xu, Law Enforcement Under Incomplete Law: Theory and Evidence from Financial Market Regulation (December 2002), LSE STICERD Research Paper No. TE442. Available at SSRN: http://ssrn.com/abstract=1160987.

② 如果每一种有害行为都能被法律设计考虑到,法律就会有效地阻吓各种有害行为的发生。

（1968）的继续研究与改进，后来便形成了贝克尔—施蒂格勒模型（BS 模型）。该理论的直接结论是，一个好的司法体系只要有法庭执法就足够了，寻找其他执法方式没有意义。前提是法律要把什么是违法定义清楚，把对违法者的惩罚设计为最优。换言之，只要制定法律是最优的，法是由独立法庭执行的，就不存在其他更好方式。也就是说，执法体制同执法效率不相关。但现实中最有法治传统的国家或地区，也同时存在法院和监管执法形式。BS 模型最优法律与最优阻吓理论主旨是，通过致力于法律最优设计和法院司法，就可以有效解决市场经济运行中发生的失灵问题，政府干预与监管是完全不必要的。换言之，法律是可以达到完备的。

　　针对 BS 模型，皮斯特和许成钢（Pistor&Xu，2002）认为法律不可能达到完备。法律完备性只是一种假想状态，实际中法律是不可能完备的。并且这种法律非完备性可分为两种情况：法律没有对特定行为给予界定，或是对行为结果限定过于宽泛；法律虽然确定了应予制止的行为，但没有覆盖所有行为。[1] 在此理论框架下，立法权与执法权分配和法律不完备情况下监管者介入条件是什么，换言之，赞成或反对政府监管介入执法领域的理由，是否与公共利益假说和利益集团假说之间激烈争论的分析基础即"市场失灵"有关？但如果"市场失灵"是唯一担心的话，那么监管便可能成为不必要，因为只要法庭认真而有效司法或判决就可以解决"市场失灵"带来的全部问题，前提是法律条款必须足够完备。但事实上，法律是不完备的。这是因为法律永远存在空白，即法律不能处理特定的损害行为；或者因为法律条款开放性质导致法律边

---

①　刘春长著：《中国证券市场监管制度及其变迁研究》，中国金融出版社 2010 年版，第 12—40 页。

界未清晰界定。另一个重要原因是,法律制定在先,案件发生在后,立法者(政府)不可能对所有未来发生的损害作出准确预期,因此设计出完备法律是不可能的事情。所以,在法律不完备时,现行法律之解释与执行必须适应环境变化,并赋予它扩大到适用新案例的权力,称为"剩余立法权或执法权",它可由立法者保留,也可授予法庭或监管者。该理论的结论是,市场监管者出现就是源于法律非完备性。

法律非完备性理论从剩余立法权和执法权分配角度提出制度设计,指出监管存在的合理性。因为该理论认为,完备法律体系可以对证券市场包括OTC市场之舞弊行为产生有效阻吓,但现实中法律是不完备的,法律阻吓作用也因为其内在不完备性而削弱,此时引入监管者主动而灵活的执法可以强化法律阻吓效果,提高执法效率。另外,实践中法律总是滞后于市场发展,仅靠制定更完备的法律,是无法充分预防未来损害行为的。监管机构灵活主动对市场作出反应的特点,是其相对于立法的一个重要优势。但该理论仍存缺陷,比如假定立法者和监管者均大公无私,只注重制度设计而不关注如何激励立法者和执法者的监管积极性,以及忽视相关政治环境可能导致法律不完备性等问题,这时就引出了所谓的政府有限理论问题。标准西方政府管制经济学理论认为有效政府管制假设前提是:第一,监管者是追求社会福利最大化的,是大公无私的;第二,监管者是无所不知和无所不能的,拥有完全信息及驾驭市场的能力,比如知道消费者的偏好和企业的生产成本等等;第三,管制者说话是算数的,管制政策具有公信力。

然而现实社会并非如此。换言之,基于这些无效的假设前提得出的无效结论,必然会造成政府管制的内在与外在缺陷。政府管制方式的内生失败原因包括管制竞争可能产生经济非效率性、管制本身会引发扭曲的竞争乃至非效率、非对称信息也会造成政府管制挫败和僵化官僚与政治体制介入,等等。

所以,本书认为基于上述原因,导致管制最终失败可能性极大。只要条件具备,政府就应放松管制,引入竞争机制,放手让市场机制包括自律机制去发挥作用,形成政府监管和自律监管结合起来的混合监管机制,公司治理与监管机制就具有此特征。从各国或地区证券市场包括 OTC 市场的发展历史和现实观察,其监管机制体系无不体现了政府公权力监管的局限性。所以,适时构建 OTC 市场之非公司治理与监管相结合的混合监管机制及规则体系,势在必行。

第三节　监管制度变迁与公司治理理论

由法律非完备性及政府有限理论推理,导致由政府独揽证券监管权的监管机制逐渐向政府监管和自律监管相结合的混合或共同监管机制方向变迁,从而使公司治理理论尤其公司治理法律制度理论性观点导入证券市场包括 OTC 市场监管机制成为必然。

一、证券监管与公司治理理念

根据制度经济学理解,制度非均衡性会导致制度变迁。诺斯认为,如果预期净收益超过预期成本,一项制度安排就会创新①。制度变迁可分为强制性制度变迁和诱致性制度变迁两种。前者指由加强规制或政府命令推动或实现的制度变迁,又称国家或政府

---

① Douglass C. North, The New Institutional Economics and Development, 1993 working paper, pp. 1–7.

主导性制度变迁;后者指由个人或自愿性团体或组织为响应获利机会而自发倡导、组织和实现对现行制度的变更、替代或新制度安排。简言之,如不考虑获利动机与推动主体的话,制度变迁或制度创新是指用一种效率更高的制度取代原有制度或是一种更有效的制度的产生过程,是制度主体解决制度短缺,从而扩大制度供给以获得潜在收益的行为。

　　一些国家或地区包括我国在内的证券监管制度变迁历史表明,政府主导性的制度变迁活动似乎占了主导地位,诱致性制度变迁处于辅助地位。比如,早期的证券市场由最初零散的店头市场形式发展到现今高效的电子股票市场形式,由寥寥无几到成交量敢与场内证券交易所市场比肩,由其生存和发展受到政策法律限制到已经成为多层次资本市场不可或缺的一环,政府几乎主导了市场发展与监管体制的变化过程。随着市场发展,监管制度变迁模式也在发生变化。众所周知,证券市场运行与监管由无序向有序不断发展,由低效向高效不断演进,才使得证券市场不断发展和繁荣。而其中一个重要因素是证券市场监管制度轨迹,已然由政府主导性制度变迁为主与诱致性制度变迁为辅的格局,逐渐呈现强制性制度变迁和诱致性制度变迁并行的发展趋势,而其中最突出的变化是把公司治理理念与机制引入了证券监管制度,这对证券市场监管制度完善与创新以推动证券市场自身的发展有重大意义。

二、证券监管与公司治理法律机制

　　目前把证券监管与公司治理结合起来的理论,主要源于波斯纳的法经济学流派和以 LLSV 为代表的投资者保护和法金融理论。这些学派研究特别强调用微观经济学观点来分析法律制度。经济分析法学派以"效益"为中心,以"理性人"为依托,采用收益成本方法,以有效利用社会资源、最大限度增加社会财富为目的,对违法犯罪活动进行了精辟分析,建立并发展了研究违法犯罪行为的新理论,并为以后违法违规的预防提供了全新的方法论,这也为建立公司治理与监管理论体系及政策评价之经济分析提供了研究基础。与上文密切相关的是,关于监管制度的经济学分析研究也经历了三个发展阶段:第一个阶段研究集中从"市场失灵"出发分析监管作为一种重要政府干预手段的必要性。学者们认为市场不是万能的,证券市场本身是脆弱的和有缺陷的,信息不完全及信息不对称、外部性、无序竞争等将导致证券市场运行的低效率乃至无效率。而监管可以弥补"市场失灵",提高运行效率,维护投资者利益。这一阶段的监管理论被称为"公共利益论"。第二阶段研究开始思考,监管能够弥补"市场失灵"只是政府法律政策等手段的必要条件,而监管充分条件必须说明与非监管的市场自治和公司自律相比,监管是最有效率(或更有效率)的选择。第三个阶段开始对监管制度制定的政治过程和执行的具体程序进行深入细致的经济学分析,即公司治理与监管关系研究。梅尔①将这一过程主要参与者纳入各个监管的子系统中,以分析参与者之间的互动关系和影响,为公司治理与证券监管制度体系构建及相互关系打下了理论基础,也为本书研究的理论性结构指明了方向。

近些年来,经济学家开始从法律制度尤其是公司法和证券法视角来解释国际间金融发展的巨大差异,以 LLSV 为代表的学者提出法律体系在投资者保护方面至关重要②,是决定投资者保护

① Meier, K. J., Regulation: Politics, Bureaucracy, and Economics, New York: St. Martin's Press, 1985.

② La Porta, Lopez-de-Silanes, Shleifer and Vishny, Corporate Ownership around the World, The Journal of Finance, 1999, pp. 471-517.

水平差异的最重要因素。他们认为有效的私人产权保护,有力的
投资者(股票和债权持有者)权益法律保护,增强了投资者的投资
信心,增大了他们在金融市场的参与度,增加了金融体系中资金的
供给数量;同时有效法律制度还提高了公司治理水平,提高了公司
绩效与价值,有利于企业获得其成长所需要的外部融资,支撑了金
融体系的发展,进而促进了经济的长期增长。在分析了众多国家
投资者保护水平情况后,发现法系差异决定了投资者保护水平的
差异,并认为普通法系在投资者保护方面比大陆法系更为有利。
LLSV 还对德国、智利和波兰投资者保护的法律制度变迁情况进行
了实证分析,发现法律规则的改进有效减少了市场违法行为,提高
了投资者保护水平和公司融资能力。S. Johnson,P. Boone,A.
Breach, E. Friedman (2000)分析了经济转轨国家产权法律保护
状况对企业融资和公司治理的影响①。他们研究发现,经济转轨
国家的公司治理与监管机制对投资者权益的保护程度,同样对资
本市场包括 OTC 市场发展有着重要影响。

三、公司内部治理与外部治理机制

正因为公司治理与监管机制对投资者权益保护程度影响着
OTC 市场发展。那么顺着此逻辑,就有必要对公司治理理论尤其
是公司内外部治理机制进行简要回顾。经典公司治理理论认为公
司治理可分为内部治理与外部治理,包括治理结构与治理机制。②
公司治理机制又称控制机制, 可细分为内部控制机制和外部控制

---

① S. Johnson,P. Boone,A. Breach E. Friedman, Corporate Governance in the
　　Asian Financial Crisis, Vol. 58, Journal of Financial Economics, 2000,pp.
　　141-186.

② 李维安著:《公司治理学》,高等教育出版社 2009 年版,第 57-262 页。

机制。① 内部治理机制如董事会和监事会的监督、内部管理人员之间的相互监督。在内部控制机制中,尤以董事会监督机制最为重要。当企业所有权与控制权相分离时,董事会代表股东行使股权,而董事会作为名义委托人或转委托人将管理和经营权授予经理人。当真正(实际)委托人与代理人的利益产生矛盾时,董事会监督职能有效发挥将起到降低代理成本的作用。当然,董事会或董事本身作为名义委托人或转委托人时也需要监督与激励,这时成本降低效应才能发生。因此,只有具备此前提,董事会才可以通过任免或者奖惩高级管理人员起到监督和激励作用。具体来说公司内部治理机制包括股东会治理机制、董事会治理机制、监事会治理机制、控股股东治理机制和经理层治理机制。

除了公司内部治理机制外,良好的外部治理机制也是实现有效公司治理的保证。外部治理机制主要有资本市场治理机制(包括但不限于控制权争夺和强制性信息披露等机制)、经理人市场治理机制、行业自律或中介组织市场治理机制以及公共政策或法律市场机制等,是整体公司控制机制的重要组成部分。

特别需要指出的是,相对于公司内外部治理机制,利益相关者治理机制的边界不是那么清晰,逻辑上是介于内、外部之间的一种混合治理机制。② 利益相关者治理机制理论的中心思想是,公司是由不同要素提供者组成的一个系统,他们提供的要素有许多是公司专用资产(例如专用性人力资本),他们是公司利益相关者。公司经营不仅仅是为股东利益最大化服务,同时也为公司利益相

---

① 为了便于与本书可能创新点之一即公司治理法律制度理论性观点相衔接,倾向于采用公司内部治理机制与公司外部治理机制的表述。

② 混合治理机制的提法主要是基于其治理主体、客体和权利义务内容范围边界或经常交叉或模糊不清。如公司债权人的治理机制就是如此。

关者创造财富服务。为此,就应当让利益相关者分享公司相应权利。在利益相关者理论中,公司治理并非公司本身一种封闭的运行机制,而是一种开放的与外界广泛联系的系统。该理论认为,在一家公司里有合法利益的所有个人和群体,都应该得到这些利益上的好处,没有哪一个人或哪一组人的利益和好处要比别人占先。为此,利益相关者理论提出两个核心原则:其一,必须根据利益相关者在公司里的利益来确认其身份;其二,所有利益相关者的利益都具有内在价值。利益相关者理论关键论点在于它削弱了公司所有者或者公司股东地位,这样利益相关者理论实际上就是动摇了公司是由持有该公司普通股的个人和机构所拥有与支配的传统概念。主张利益相关者理论的学者指出,企业的目的不是单纯的股东利润最大化,公司是利益相关者相互之间缔结的"契约网",各利益相关者或在公司投入物质资本或投入人力资本,目的是获取单个利益主体无法获得的合作收益。公司利益相关者治理机制理论对本书涉及非上市公司和股权交易所等重要主体之治理与监管机制构建意义非凡。

此外,公司外部治理机制与 OTC 市场监管到底是何种关系。进言之,非上市公司外部治理与 OTC 市场监管到底是否一回事,不同视角有不同的解释。从传统公司治理角度看,证券市场包括 OTC 市场之监管制度就是公司外部治理机制和治理结构的一部分或者是公司治理的重要外部条件;①但从 OTC 市场监管制度体系及结构分析,公司外部治理机制与 OTC 市场监管是既有联系又有区别的概念,本书采用后一理念。

---

① 李维安著:《公司治理学》,高等教育出版社 2009 年版,第 245 页。

第三章 OTC市场运行治理与监管制度理论分析

第一节 OTC市场运行与市场主体关系

一、OTC市场运行与市场主体关系模型

由于市场经济发达程度、资本市场发展状况和法治传统不同，OTC市场在不同国家或地区资本市场体系结构及其监管法律制度中的地位和作用也有所不同，但市场基本功能和法律制度的基本理念还是趋同的。根据证券市场之农贸（产品）市场理论，市场主要参与主体由卖方（非上市公司）、买方（做市商/合格投资者）、交易场地或摊位（股权交易所）、工商部门（证券或产权等职能监管部门）和中介机构（律师/审计/评估）组成。[1]

在OTC市场运行格局中，这些市场主体各司其职并围绕非上市公司及其挂牌的股权或相关证券品种（包括债券和权益类基金等），在监管机构（政府或行业）、场外交易所（股权交易所和产权交易中心）和投资者之间形成稳定的支持与监管、保护与引导和指引与服务三组市场运行法律关系，而它们又分别与非上市公司的治理边界相切形成OTC市场公司治理与监管主体制度关系。

---

[1] 万国华主编：《证券法学》，清华大学出版社2010年版，第1-10页。

这种OTC市场公司治理与监管主体制度关系分别由非上市公司治理与监管、监管者治理与监管、股交所治理与监管和投资者治理与监管四个独立系统,以及政府与股交所之间、政府与投资者之间、股交所与投资者之间、政府与非上市公司之间、股交所与非上市公司之间、投资者与非上市公司之间和做市商或中介机构与非上市公司之间七组法律/交易关系系统所组成。①（见图3.1）

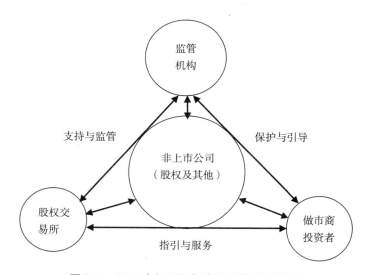

图3.1　OTC市场运行与市场主体关系模型

资料来源:作者设计

从公司治理与市场监管角度而言,一国或地区的OTC市场如

---

① OTC市场主要参与主体的七组相互关系,法学上称法律关系,主要指权利义务关系,比较强调契约或法定方面的性质;经济学上则指交易关系,主要指成本与收益关系,一般不强调法律性质。

要健康稳定发展,上述市场主体与相互关系等要素在 OTC 市场治理与监管制度体系中既不能缺位也不能越位。凡是 OTC 市场不发达或经常出现"一放就乱与一管就死"等问题时,一般是没有处理好这些市场主体及其相互关系。换言之,欲构建一个稳定繁荣包括 OTC 市场在内的多层次资本市场体系,必须理顺与处理好上述主体之间的治理或监管关系。发达经济体如此,我国也是如此。

一个效率优先、兼顾公平的 OTC 市场之参与主体地位、功能及特征是什么,它们相互之间的关系又是什么,这些关系在市场准入、交易治理和监管制度框架中重要性如何,是本书首先要明确的。而要达此目的就必须先厘清 OTC 市场各主体在运行过程中的治理与监管关系。

正如图 3.1 所示,OTC 市场运行过程(主要包括市场准入、市场交易和市场监管三个层面或维度)中的治理与监管关系网中,最重要市场主体就是非上市公司,它位于三角关系网的中间位置,是 OTC 市场主体体系中最核心的部分。该部分本身也可自成一个独立的治理与监管系统即非上市公司及其产品(股权、基金和其他衍生产品)的治理与监管关系系统。从公司治理边界看,非上市公司与其他三个关联市场主体即监管机构、股权交易所和合格投资者或做市商有两个层次关系。

一是直接关系,包括与监管机构或部门(金融监管部门、国资委和发改委等)、股交所(代办系统、报价系统和天交所等)和合格投资者(包括做市商)形成的三组关系。前者更多是监管与被监管的关系;中者是服务与监管关系;后者主要是交易关系同时兼有服务关系。二是间接关系,即非上市公司治理与监管系统边界分别与其左右和下边三条直线相切形成的关系也有三组:左边与监管部门和股交所之直线相切形成的监管与支持关系;右边与监管部门和投资者直线相切形成保护与引导关系;下边与股交所和投资者(做市商)直线相切形成指引与服务关系。

在市场准入与交易关系部分,主要涉及非上市公司与监管机构或部门(金融监管部门、国资委和发改委等)、非上市公司与股交所(代办系统、报价系统和天交所等)以及非上市公司与合格投资者(包括做市商)形成的三组直接关系。

在非上市公司与监管机构或部门关系部分,由于非上市公司数量庞大,且治理特色较高,加之政府监管部门包括但不限于证监会、国资委以及地方政府的金融办公室①的法定职能和人力资源所限,不可能对非上市公司设置科学且具可操作性的准入标准,并对其进行实质性审核和形式审查,只能委托交易所与其他具有监督与评鉴职能的相关主体如保荐人、会计师和律师共同进行。所以,监管机构在非上市公司市场准入过程中属于监管与支持中间状态的作用。即一方面,希望控制风险以便保护投资者(金融消费者)②,另一方面,又要鼓励与支持中小企业到 OTC 市场挂牌交易并进行直接融资,这是低层次资本市场特点和地方政府职能范围所决定的,同时也符合法律非完备性及政府有限理论假说。所以,结论是非上市公司与监管机构或部门之间是一种具有他律与自律混合性质的治理与监管关系,既不是纯粹纵向的行政关系也

---

① 目前,国内多数 OTC 市场包括天交所市场在内行使监管权部门为地方金融办公室。例如,凡欲在天交所挂牌的企业都必须到天津市政府金融办公室进行备案后,才能在天交所挂牌交易。参见天交所网站及相关法规信息。

② 自 2008 年国际金融危机发生后,各国尤其以美国为首的立法例开始使用金融消费者来替代以前的投资者称呼,这标志着金融监管或证券市场监管理念的重大转折,将产生深远的影响。

不是纯粹横向的契约关系①,这是与主板市场政府监管机构差别最大的地方。

在非上市公司与 OTC 市场交易所即股交所关系部分,理论上性质比较容易界定,但由于制度变迁理论的路径依赖特征②,有些 OTC 交易所曾经一度向主板场内交易所看齐扮演"二政府"的角色(制度供给稀缺尤其如此),结果导致 OTC 市场运行效率极低,市场发展大起大落。可喜的是,目前大部分国内外 OTC 市场交易所(股交所)对非上市公司的市场准入和市场交易活动或行为采取的自律监管价值取向是"服务优先与监管随后",或两者并行。具体来说,股交所在非上市公司市场准入的治理与监管主要以服务为主;在市场交易方面,OTC 交易所则稍微侧重自律监管。

在非上市公司与 OTC 市场投资者(做市商)关系部分,③理论上如果比照主板市场逻辑,就应该是平等主体间的民事买卖法律关系。但由于 OTC 市场的特殊性,投资者中最活跃部分是做市商,因为基于相关权利义务约定与法定,它们必须担任既是投资人也是市场流动性维护者的双重角色,前者是权利配置,后者是义务规定。所以从公司治理与监管角度看,前者属内部治理机制范畴,后者属外部治理机制范畴。总体而言,非上市公司与 OTC 市场投资者(做市商)关系在 OTC 市场交易治理与监管中具有更大的理论与实证分析价值。

---

① 这是法学领域界定平等主体之间和非平等主体之间法律关系的重要理念,直接影响各类民事主体的权利义务配置与司法救济收益。

② [美]道格拉斯·诺思著:《制度、制度变迁与经济绩效》,上海人民出版社 1994 年版,第 23—75 页。

③ John F. Gould & Allan W. Kleidon, Securitie Litigation Reform: Market Maker Activity on NASDAQ: Implications for Trading Volume, Stanford Journal of Law, Business & Finance, 1994.

在非上市公司与 OTC 市场中介组织关系部分,主要是被服务与服务关系,同时隐含着自律监管关系。这里的中介组织主要指做市商以外的审计、评估和律师等机构或组织。从非上市公司治理与监管视角分析,它们主要属于外部治理机制,所形成的制度体系也属于外部自律性规则,其作用领域或环节主要是市场准入和信息披露监管和敦促制度的构建。

二、OTC 市场运行有效性及其要素

从规制经济学视角考察,一个效率优先、兼顾公平的 OTC 市场必须有良好的公司治理及监管制度配合。换言之,有效 OTC 市场就是制度设计与运行成本收益比最佳的市场。① 这就涉及两个问题:一是有效市场的标准或标志是什么;二是如何保证这些标准或标志的实现。

从制度经济学或规制经济学理论分析,一个 OTC 市场运行是否有效率与其交易成本、流动性和透明度等制度变量有关。换言之,市场运行效率是交易成本、流动性和透明度制度变量的函数,其模型表达式如下:

效率$= f(x,y,z)$,x,y,z 分别代表交易成本(C)、流动性(L)和透明度(T)。这样,其数学方程就是:$E = f(C,L,T)$。

由上述制度安排与运行模型分析,理论上一个治理与监管制度运行效率最高的 OTC 市场,应该是交易成本最小、市场流动性最高和透明度最高的 OTC 市场。但制度设计与运行实际情况并非如此,换言之,现实中可能并不存在效率最高的 OTC 市场治理

---

① Nisar A Khan and Saghir Ahmad Ansari, Application of New Institutional Economics to the Problems of Development. A Survey, Journal of Social and Economic Development, 2008.

与监管制度设计与安排。所以,转而应寻求效率最佳的制度设计与安排。

什么是效率最佳的制度设计与安排。从制度安排看,如果要确保 OTC 市场运行效率最佳,就必须重点保证市场准入、交易和监管等环节之非上市公司治理及其监管制度设计的科学合理。具体来说,就是要处理或设计好政府与股交所治理及监管、政府与投资者治理及监管、股交所与投资者治理及监管、政府与非上市公司治理及监管、股交所与非上市公司治理及监管、投资者与非上市公司治理及监管和广义利益相关者与非上市公司治理及监管等七个组合关系(如图 3.1)。从公司治理法律制度理论性观点分析,上述七组制度关系可分属于公司内部和外部治理与监管制度的范畴。但其运行的组合与搭配,是否符合最佳原则,除通过非上市公司治理与监管制度选择模型检验外,应该考虑下列因素。

首先,是交易成本(Cost)。[1] 按照规制经济学和制度经济学逻辑,任何交易都是有成本的,成本越高收益越低,反之亦然。一套良好制度安排的最大目标就是尽量降低制度设计与实施成本,提高制度运行收益。OTC 市场准入和交易之治理与监管制度安排,也必须遵循这一基本原则。比如,如果市场准入治理与监管是以自律为主原则,其准入标准应放在公司治理特色是否得到改善与提高;在市场交易治理与监管方面,应重点考察交易规则安排是否能够提升交易量、改善流动性和提高透明度。

其次,是流动性(Liquidity)。众所周知,世界范围内 OTC 市场是低层次资本市场,其发展瓶颈问题之一是流动性缺乏,如果流动

---

[1]　赵晓丽、邓荣霖:《交易成本经济学理论与企业的制度变迁》,载《经济问题》2006 年第 11 期。

性泛滥又极易引发金融危机①。因此，各国或地区OTC市场的立法与监管实践相当重视这个问题，爱德华兹（Edwards，2006）等学者认为它事关一国或地区资本市场包括OTC市场竞争力的提升。② 比较而言，流动性问题在OTC市场交易制度设计方面会更重要，因为交易制度目标主要就是解决交易秩序畅通与成本降低两大问题。当然，如何控制或降低交易成本，又主要依赖于交易制度设计。从公司治理与监管角度看，交易制度主要涉及非上市公司和股权交易所关于股权及其他衍生产品的市场准入、挂牌和转让等制度设计是否科学合理。换言之，需要设计一套行之有效的交易制度或交易机制来促进OTC市场的流动性。

再次，是信息透明度（Transparency）。这是上述两个环节或维度之目标达到或实现所必须解决的问题。国内外学者认为，投资者和监管者都要十分注重OTC市场透明度问题，因为它常常是导致流动性枯竭和交易成本高涨的根源③。理论上讲，透明度是所有层次资本市场都必须面对或要解决的问题，但OTC市场更为突出一些，这会涉及非上市公司及其股权转让和其他衍生产品交易信息透明到何种程度的问题，因为非上市公司本身具有封闭性与契约性特征，如果透明度要求过高，则会影响非上市公司走进资本市场直接融资的积极性。从公司治理与监管制度体系构建角度看，信息透明度即信息披露属于公司外部治理机制与外部监管机

---

① Ricardo Lagos, Guillaume Rocheteau and Pierre-Olivier Weill, Crises and Liquidity in Over-the-Counter Markets, 2009.

② Amy K. Edwards, M. Nimalendran, Michael S. Piwowar, Corporate Bond Market Transparency: Liquidity Concentration, Informational Efficiency and Competition, 2006.

③ Larry Tabb, Be Careful of The Transparent OTC Market, Wall Sreet and Technology, 2007.

制范畴。

三、非上市公司治理和 OTC 市场监管

非上市公司是 OTC 市场最重要主体,但它与 OTC 市场监管是何关系,或者非上市公司治理机制安排与 OTC 市场监管制度是何种关联关系,是 OTC 市场运行主体关系应解决的第三个问题。换言之,OTC 市场要在效率前提下健康稳定发展,制度安排上如何对非上市公司进行治理与监管显得非常重要。从现有文献看,一个国家或地区的非上市公司可划分为两大类:一是入场(OTC市场)交易的非上市公司,又称挂牌非上市公司,这类公司占非上市公司的小部分;另一类是不入场交易的非上市公司,这类公司占非上市公司的绝大比例。

现有研究文献表明,上市公司治理与监管水平与证券市场运行效率成正相关关系。换言之,上市公司治理水平提高能给其股票带来较高的市场溢价,并且实证研究表明中国二十多年证券市场发展显示,深沪上市公司公司治理水平高的股价基本跑赢了深沪市场大盘的走势①。然而,OTC 市场非上市公司治理水平与其挂牌股权或股票市场绩效(市场走势)是否也有同样关联呢,我国目前似乎没有相关理论及实证研究文献作出合理解释。国际上,OECD 组织以及美英等发达国家或地区近些年开始关注非上市公司治理研究,并得出结论认为虽然非上市公司与上市公司治理结构和治理机制有所不同,但仍然可以遵循与上市公司同样水准的非上市公司治理准则(Corporate Governance Guidance and Principles

---

① 李维安著:《公司治理评价与指数研究》,高等教育出版社 2005 年版,第1～20 页。

for Non-Listed Companies）①。虽然欧盟董事会联盟试图制定一部
不同于上市公司的新治理准则，但其内容和形式与上市公司治理
准则仍然大同小异。② 英国虽有学者认为，有必要对非上市公司
治理特色制定特殊对策，但也没有必要制定专门的非上市公司治
理准则。③ 尽管如此，近年来英国董事协会（Institute of Directors）
还是制定了非上市公司治理准则，对非上市公司治理水平提高有
很大推动作用，引起国际社会广泛关注（见本书附录 D）。

上述国际组织和英美等国家学者有关非上市公司治理研究文
献有两个共同缺陷：一是认为没有强调单独制定非上市公司治理
原则或强制性制度的必要性，原因是非上市公司治理特色还不是
很明显，其治理问题还未严重到威胁社会公众利益的程度；二是没
有把非上市公司治理制度设计与 OTC 市场监管或发展联系起来，
似乎并不认为这两者之间有必然联系。

中国台湾情况却大不相同，不仅积极推动非上市公司治理研
究，并且还把这些研究成果付诸实践，其目的是鼓励投资者将非上
市公司治理水平或标准作为投资决策的依据。为达此目的，中国
台湾制定了可操作的公司治理水平评鉴标准，对非上市公司治理
水平进行评价与认证。④ 中国台湾此举在国际社会产生了广泛的

---

①　OECD, Corporate Governance of Non-Listed Companies in Emerging Markets,
　　2006.

②　ecoDa（European Confederation of Directors' Associations）, Corporate Gov-
　　ernance Guidance and Principles for Unlisted Companies in Europe-An initia-
　　tive of ecoDa, www. ecoda. org, 2011－3.

③　Institute of Directors, Corporate Governance-Guidance and Principles for Un-
　　listed Companies in the UK. www. iod. com, 2011－3.

④　参见中国台湾中华公司治理协会网站：http://www. cga. org. tw/index.
　　php? content＝eval&type＝intro（2011－3）。

影响,亚洲和欧盟等地区的国家或国际组织纷纷跟进,也准备制定类似中国台湾的公司治理评鉴规则,以提高非上市公司治理水平,最终推动 OTC 市场的监管与发展。中国台湾之所以如此重视非上市公司治理与监管活动,有两个根本的原因:一是中国台湾公司企业结构中,中小公司企业始终占据了巨大比重,当局要想推动社会经济发展,就必须关注与扶持它们的成长,而推动非上市公司治理及其评鉴活动,是既扶持又监管的一箭双雕的制度设计;二是中国台湾 OTC 市场是除美国以外世界上最发达的 OTC 市场,而个人或散户投资者比重很大,政府有义务和责任保护中小投资者利益。所以,中国台湾目前采取的评鉴制度,在促进非上市公司治理水平提高的同时,也把非上市公司治理与 OTC 市场监管水平联系了起来,最终促进了中国台湾 OTC 市场快速稳健发展。

但是,中国台湾非上市公司之治理与 OTC 市场监管或发展之研究与实践,也有不足之处:其一,非上市公司与上市公司之治理和监管也没有作严格区分,可能受了 OECD 的影响,忽视或模糊了上市公司与非上市公司治理和监管边界,这样不利于 OTC 市场的监管与发展;其二,中国台湾 OTC 市场尤其兴柜市场的非上市公司治理特色和治理水平,与上市公司治理应有本质区别,使用同一治理原则下评价标准,不仅有逻辑上的困惑,也有操作上的不便;其三,只关注非上市公司治理整体评鉴,但没有针对市场准入和市场交易等环节进行治理与监管研究与评价,有制度设计不周之嫌。

第二节　OTC 市场参与主体治理与监管机制

一、非上市公司与场外交易所的关系

场外交易所,又称 OTC 交易所或股交所。从实证角度考察,

各国或地区立法、执法和司法实践还是相当重视 OTC 市场监管的。但由于监管理念、原则和范式过于依赖或照搬主板市场，最终导致效果不佳。比如，传统公司治理理论主要围绕上市公司委托代理及相关成本效益分析，来探讨公司治理结构和治理机制，以及在此基础上形成公司治理法律制度。而非上市公司由于其公司治理要素的特殊性，在市场准入和交易等方面很难完全适用上市公司治理与监管制度模型。我国非上市公司内部与外部治理与监管机制相互关系及现实状况如何，科学合理的治理与监管关系应该是什么，这些问题都需要进一步探讨。本书将从市场准入、市场交易和市场监管三个维度入手，利用法金融和公司控制等理论，选择国内几家有影响的 OTC 交易所及其非上市公司样本进行实证或规范分析，以此说明 OTC 市场治理主体和监管客体重点均应放在非上市公司方面。①

　　作为 OTC 市场非上市公司治理及其监管的一部分，还应包括公司制股权交易所本身。股权交易所的地位与功能犹如场内证券交易所一样，也具有服务与监管的双重特征，所不同的是股权交易所的服务角色与功能更重一些。但由于在 OTC 交易所挂牌标的多为非上市公司股权包括少量企业债权或私募股权基金等证券品种，又由于非上市公司相对于上市公司在市场准入、交易机制和市场退出等方面公司治理与监管特殊性，反过来要求场外交易所在营利模式、组织形态、治理结构或治理机制方面也应有其特殊性。

　　本书利用制度变迁或制度创新理论和公司治理法律制度等理论，在市场准入、市场交易机制和市场监管法律制度体系等层面，

---

① OTC 市场治理主体与监管客体的划分，是基于法学与管理学交叉视野进行的。

讨论场外交易所(股交所)作为企业在追求合理利润的基础上是如何平衡服务与监管功能的,并抽取多个国家或地区场外交易所样本为例,以其服务并监管的非上市公司为视角,对其本身治理结构及治理机制实然状态进行分析,并得出应然状态的公司治理与监管机制,尤其是监管部门和投资者之间的关系与治理监管机制更值得重视。在此基础上形成有价值的结论,为我国 OTC 市场非上市公司与场外交易所之治理与监管制度体系构建提供政策或立法建议。

二、场外交易所的治理与监管机制

我国现有文献对 OTC 交易所本身的公司治理研究并不多,仅有李维安教授等少数学者有所涉及,认为构建我国现代化的 OTC 市场的首要任务是选择合理科学的组织形式与治理结构,特别强调在借鉴美国等发达国家经验的基础上,注重股权结构和市场准入制度设计。[①] 专门对场外交易所的治理结构和治理机制研究文献则更少。这里主要涉及三个问题:一是场外证券交易所营利目标;二是市场监管与服务价值取向;三是组织形态与股权结构。

关于场外交易所营利目标,国内外现有研究文献均表明是走两个极端:要么倾向营利最大化(公司制),要么倾向公益化(会员制)。目前世界上所有类型化的证券交易场所非此即彼,所以营利目标也随之固化为公益与私利。那么有没有可能存在一种组织形态的证券交易所的营利目标是处于两者中间的呢?本书认为是可能的,那就是公司与股东营利目标应合理化(Reasonable),这是

---

① 李维安:《证券交易市场自身首先要构建现代治理结构》,载《南开管理评论》2008 年第 2 期。

其兼具公共性和私人性企业性质的必然结果。

　　至于场外交易所监管与服务价值取向,本书认为应以提供市场准入和交易技术机制服务为优先价值取向,以提供监管制度服务为次要价值取向。事实上,基于市场竞争压力,目前世界上所有类型化证券交易所都有提升市场准入与交易规则服务的数量和质量倾向。作为流动性较差的OTC市场,更应该把提供服务包括达成交易和监管服务放在首位,这样才能更多地吸引非上市公司进场挂牌交易或挂牌转让股份,并以此吸引更多机构投资者进场交易。

　　至于场外交易所组织形态公司化和股权结构多元化(参见本书附录C)①,带来OTC市场治理与监管制度市场绩效最大化或最优化状态,是如何影响市场准入、市场交易和市场监管制度体系构建与运行的,将在后面章节予以论述。

三、OTC市场投资者治理与监管机制

　　除场外交易所外,基于上文市场主体及其相互关系模型结构,OTC市场的投资者也是影响OTC市场治理与监管制度运行效率的重要主体。鉴于OTC市场功能及地位的特殊性,其投资者特质性也很明显,除了机构化与适格性外,其治理结构和治理机制的理论基础也很特别,主要基于双重委托代理理论运行②。与传统上市公司治理双重委托代理理论含义有所不同,作为OTC市场主要投资者之一的有限合伙私募股权投资基金企业的双重委托代理在

---

　　①　附录C《天津市交易所监督管理暂行办法》(草案),是笔者主持起草的,可能是我国第一个地方性有关OTC交易所监管的法规。

　　②　传统双重委托代理理论含义主要解释为公司内部股东与董事会、董事会与经理层之间的委托代理。

公司治理上表现为内部委托代理和外部委托代理,法理上类似为民法上的复代理或转委托,①二者之间有何区别,是否符合公司治理与监管制度之成本效益比控制机制,能否由契约安排转为非契约及法定安排,后文将有论述。

第三节　OTC 市场公司治理与监管制度体系

一、政府监管者的治理结构与治理机制

根据公共利益理论与监管经济学观点②,证券市场包括 OTC 市场监管者(主要指政府)的监管行为可能导致两种结果:一是促进市场运行效率,增加国民(所有利益相关者)的福利;二是增加交易成本,阻碍市场运行效率,造成国民福利损失。这实际上是一个事物的两面,市场监管体系既不能缺少政府,也不能完全指望政府。所以,监管者要发挥其应有作用,其本身治理与监管至关重要,尤其要构建一个效率优先、兼顾公平的 OTC 市场更是如此。

从上文所述 OTC 市场公司治理与监管机制的主体关系图看,除非上市公司外,监管者等也是重要主体。然而,有关监管者与交易所等主体之关系或功能研究文献多局限于公开场内交易市场。

---

① 民法上的复代理或转委托,转委托是指代理人为了被代理人的利益需要,将其享有的代理权的全部或一部分转委托给他人行使的行为。其中,接受转委托的人叫做复代理人或再代理人。相应地,代理人选任复代理人,并向其转授代理权的权利称为复任权。从各方当事人之间权利义务关系的总体讲,称作复代理关系。

② Peltzman,Toward a More General Theory of Regulation. Journal of Law and Economics,Vol,19,No. 2,University of Chicago Press,1976,pp. 211 - 240;Becker,A Theory of Competition Among Pressure Groups for Political Influence,Vol. 98,No. 3,The Quarterly Journal of Economics,1983,pp. 371 - 400.

相对而言,OTC 市场治理和监管制度与主板市场有很大不同,所以各市场主体地位或功能及相互关系差异也很大,随之其本身治理结构和治理机制也应所有区别。简言之,OTC 市场治理与监管体系内,监管者本身也涉及治理与监管问题。

由于制度变迁而导致的法律环境改变,监管制度竞争与协调、监管者职能定位、监管者范围与层次等问题在 OTC 市场公司治理和证券监管环境下如何解决,具有挑战性。在 OTC 市场环境下,根据国际经验及我国国情分析,监管制度竞争与协调是非常严肃的话题,监管价值取向是朝下还是朝上(Race to the bottom or to the top),[①]长期存有争论。国际经验表明多数情况朝下,这似乎也符合竞争价值规律;而按我国国情和法律路径依赖,监管制度竞争趋势可能是朝上,其结果当然不利于 OTC 市场快速发展,进而满足中小企业融资和投资者需求。另外,过度或无序竞争(无论朝上还是朝下)又可能导致监管成本提高与市场运行效率降低,所以监管制度合理竞争与协调就会成为必然。我国证券监管制度中竞争与协调问题有特殊含义:监管竞争主要指中央证券监管权控制与地方金融监管权创新之竞争;监管协调主要指中央各部委、会之间有关证券监管权和行业职能监管权的竞争与协调,如证监会与工信部有关 OTC 市场设置与监管权之争,就是典型例子。[②]

我国证券监管者及其职能长期处于不稳定状况。经过市场发展和历史演变,我国资本市场监管体制格局好不容易有了证监会一统天下的局面,但金融危机后又面临金融统合监管的趋势,加之

---

① Robert W. Hamilton,The Law of Corporations,Vol. 14,West Group, 1998.

② 我国工业与信息化部在主导科技型中小企业场外交易市场监管权方面与中国证监会一度发生冲突,典型例子是因两家有关监管权协调出问题,最终导致河南省股权交易所非上市公司股份转让市场试点失败。

OTC 市场本身低层次性、监管结构多元化和多层次性特点,所以 OTC 市场监管者地位和职能的界定又处在十字路口。从公司治理视角分析,我国 OTC 市场面临所谓的监管者范围与层次问题,实际也是监管者治理结构与治理机制问题。比如,监管结构方面目前主要是地方政府及中央相关行业或职能部委会联合主导,OTC 市场早期阶段如各省市产权交易市场之监管也是如此。至于监管者治理机制方面,主要表现为面对同一市场时,中央与地方、中央金融监管部门与非金融监管部门,以及金融监管部门本身涉及的银行、保险与证券三者之间的竞争、协调、制衡与监督问题。

二、OTC 市场公司治理法律制度理论路径

国内外关于公司治理理论体系与发展趋势之研究已经较为成熟。[①] 学术界公认,公司治理学是跨经济学、法学、管理学和社会学等学科研究领域的一门新兴学科,从现有文献成果看它与法学联系应最为密切。然而,在一些关键概念比如委托代理关系、公司董事会地位与职能等理论之理解与运用方面,公司治理学与法学之间还是有相当落差。比如管理学或公司治理学在阐述董事会的地位与职能时均强调"决策和监督"地位与职能,[②]这与公司法学和证券法学之定义差距较大;法学在谈及董事会属何种性质公司机关时认为,董事会主要属性是公司的执行机构,具备"执行或行政"地位与职能,[③]决策和监督职权只能分别由股东会和监事会行

---

① 李维安等:《公司治理研究的新进展:国际趋势与中国模式》,载《南开管理评论》2010 年第 6 期,第 13–24 页。

② 李维安著:《公司治理学》,高等教育出版社 2009 年版,第 1–99 页。

③ 王保树、崔勤之著:《中国公司法原理》,社会科学文献出版社 2006 年版,第 104 页。

使。至于董事会在日常经营活动中的行使"决策和监督"职能,仍需要决策机构即股东会授权。换言之,董事会"决策和监督"的权力属民法上委托代理范畴,绝不能独立行使。所以,经济学与管理学研究成果最终还是很少变成可操作性的公司法或证券法条款,原因就在于这些成果缺乏法学思维。

何谓公司治理,也是法学尤其是公司法和证券法近几年来关注的焦点。但法学研究的视野和路径则似乎更加局限,表现在:其一,关注公司法中有关公司治理问题几乎完全受公司治理学研究影响,甚至是简单模仿,比如有些公司法学文献在阐述公司治理问题时只关注公司"三会一层"组织结构,而治理机制却鲜有提及①,国外公司法学家甚至干脆把公司治理学框架拿过来就用(Franklin A. Gevurtz, 2000)。② 其二,关于公司治理范围及框架研究视角或方法论完全还是法学研究范式,把原视为公司机关或公司组织机构的"三会一层"改称"公司治理结构"就完事③,没有考虑经济学或管理学研究方法与路径差异。其三,多数情况下,法学研究还是规范研究,缺乏实证支持。比如,股份有限公司董事会人数上限为何是19人而不是17人或21人等等。④ 所以,法学研究结果,最终也很难以成为相关公司或证券立法、执法和司法层面(法律市场)具可操作性的高质量法律条款。

所以,基于法学、管理学或公司治理学和经济学有关公司治理

①　经济学与公司治理学家对此理解不同,但均可俗称股东会、董事会、监事会和经理层。

②　Franklin A. Gevurtz, Corporation Law, West Group, 2000, pp. 179−273.

③　范建、王建文著:《公司法》,法律出版社2009年版,第344页。

④　我国公司法第109条规定,股份有限公司设董事会,其成员为5人至19人。

研究成果,有必要进一步研究公司治理结构或治理机制对公司绩效、监管绩效和市场绩效的提升,尤其增加公司治理结构或治理机制的互动性、制度性及可操作性,尝试构建公司治理法律制度研究领域。公司治理法律制度包括与此相关的公司法、证券法、合同法、金融法、行政法、民法和刑法等强行法律制度(包括实体法和程序法),也包括交易所、证券业、实体产业、会计和律师等行业自律规则,涵盖公司内部和外部涉及市场准入、市场交易和市场监管三个层面的规则体系。由此可知,公司治理法律制度更像一系列或一套规则体系的综合,而非一个具体的法律部门。公司治理法律制度理论观点特点有:其一,内部性与外部性规制边界互延;其二,强制性(正式)与任意性(非正式)规制相伴;其三,规制的微观性与宏观性互溶;其四,规则定性性与定量性结合;其五,规则可操作性大幅度提升。

三、OTC 市场公司治理与监管制度选择模型

OTC 市场公司治理法律制度理论路径确定之后,在此路径下以非上市公司为核心的市场主体对 OTC 市场治理与监管制度体系环境是如何反应及市场效率如何,事关市场准入、市场交易和市场监管体系的构建与运行有效性。

本书受班纳德孙—范氏(Bennedsen-Fan)模型启发[1],如果公司治理法律制度理论观点成立的话,那么在国家强制性制度(比如公司法、证券法和合同法)供给状况给定的(制度欠缺与制度完

---

[1]　班纳德孙—范氏(Bennedsen-Fan)模型是香港中文大学范博宏教授创建,其贡献在于家族企业要永续经营应该如何设计股权结构的研究方面。参见范博宏、梁小菁:《企业永续经营如何设计股权》,载《新财富》2010年第 5 期。

善)情况下,非上市公司相对上市公司而言,分别对外部与内部治理机制需求情况(反应)如何呢? 反过来,这种需求状况(反应)对制度(公司治理监管法律制度)的诱致性变迁的方向或路径又应该如何? 此外,如何评价非上市公司(与上市公司比较)根据自己的治理特色要素或变量组合(见表3.1)作出的反应;同时各个内、外部治理与监管法律机制组合与搭配又是怎样的。我们可以通过以下公司治理监管制度选择模型(见图3.2)对上述问题进行分析并得出结论,最后可得出相关政策及制度建议。

表3.1 公司治理特色变量比较

公司治理特色	低(趋同)	高(个性)
1. 股权结构	分散	集中
2. 治理结构	完整	残缺
3. 公司章程	趋同	个性
4. 内部细则	趋同	个性
5. 风险控制	法定	随机
6. 透明度	较高	较低

资料来源:作者设计

表3.1所列公司治理特色变量比较,低(趋同)代表上市公司治理特色;高(个性)代表非上市公司治理特色。本章下列OTC市场公司治理与监管制度选择模型(见图3.2)主要是检验非上市公司在面临自律监管与他律监管混合环境下,其内部治理机制与外部治理机制的相互搭配组合及对监管环境的反应。

A区表明自律监管程度最高和他律监管程度最低,基本与场外交易所及其非上市公司治理特色相吻合。此时,公司治理与监管法律机制供需两旺,表明该区域公司治理内外部机制急需改进。

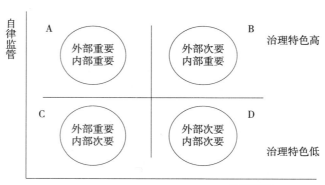

图 3.2 OTC 市场公司治理与监管制度选择模型

资料来源:作者设计

由于公司治理特色较高,自律监管程度也高,所以内部治理结构或机制改进空间很大;同时其所依赖的外部强制性法律环境十分欠缺,改进空间也很大。从实然角度看,OTC 市场公司治理与监管法律机制仍处于稀缺状态;从应然角度看,公司治理机制构建与完善任务相当繁重,如目前各国或地区包括我国在内的非上市公司市场准入、市场交易和市场监管制度供给十分稀缺就是例子。

D 区表明自律监管程度最低和他律监管程度最高,与场内证券交易所及上市公司治理特色相吻合。由于上市公司治理特色较低,自律监管程度也低,内部治理机制比较完善,改进空间不大,由于传导机制作用而导致内部契约约束有强制化或法定化倾向;又因为其所依赖的外部强制性法律制度供给比较充分,外部法律环境任何改变,都会导致内部治理机制作出同向反应。比如上市公司章程条款的法定化、趋同化及完善化,一般都要受制于公司法或证券法原则和条款的制定与变化。

B 区与 C 区组合或搭配,以及对法律环境的强制性或诱致性反应,理论上可以移位甚至可能互换与对调。

　　总之,本模型对 OTC 市场非上市公司之公司治理与监管制度的贡献在于,通过实证分析,检验我国非上市公司在 OTC 市场准入、市场交易和市场监管制度体系之治理与监管机制搭配及运行规律,并提出制度构建与完善的建议。

第四章 OTC 市场准入制度比较及实证分析

第一节 OTC 市场准入制度概说

根据证券监管学和法金融理论,证券市场准入之所以要监管,是基于证券市场机制本身常常失灵和投资者合法利益常常被侵害之假设。所以,传统场内证券交易市场准入制度一般带有公权力性质,OTC 市场准入制度则不然。

一、OTC 市场准入制度概念

所谓证券市场准入制度,是指市场主体进入市场之实体规则和程序规则体系,主要指公权力(他律)机构或前者授权机构对市场主体和其客体进入市场资格的审核和确认规则,包括实体规则和程序规则两部分①。OTC 市场准入制度则是指 OTC 市场组织者或监管者或者第三方,对市场主体及其客体进入 OTC 市场的资格予以审核和确认的规则体系。由于 OTC 市场主体和客体(包括股权和债权等)与场内集中交易市场的情况大不相同,所以一个效率优先、兼顾公平的 OTC 市场应构建或设计其特有或专门的市

---

① 实体规则和程序规则是任何市场法律制度所必须具备的逻辑结构。

场准入标准规则。由于本书理论性框架主要是围绕市场主体展开的,故逻辑上应以非上市公司市场准入为主要线索对 OTC 市场准入规则及其监管规则进行研究,为构建中国特色 OTC 市场治理与监管制度提供理论和实证支持。

非上市公司往往是 OTC 市场股权等证券供应者和资金需求者,处于 OTC 市场各主体的中心地位。一旦非上市公司股权获准进场融资与交易,即其行为被称为"挂牌"或"上柜",其发行的股权等证券则可以在 OTC 市场挂牌交易,该企业被称为"挂牌或上柜公司"。传统 OTC 市场对入场交易的非上市公司及其证券没有严格要求,市场主体基本凭借自身意愿入场挂牌融资与交易;而现代 OTC 市场为了防止过多垃圾证券入场,尽可能将市场资源优先配置给具发展潜力的中小企业,则需要对欲挂牌的非上市公司设定相应的实质规则与程序规则,这就是所谓的 OTC 市场准入制度。

由于非上市公司治理特色高及所处市场监管环境与上市公司不同,所以 OTC 市场准入制度的内容和形式也颇具特殊性,即可分为内部规则与外部规则两部分。前者包括挂牌标准、股权结构、治理结构和治理机制等,后者则包括审核监管机构、审核程序和挂牌程序等。

二、内部治理机制与准入标准

所谓内部治理机制与市场准入标准是指非上市公司将其股权及相关证券在 OTC 市场挂牌融资或转让股份所必备的内部形式要件和实质要件。非上市公司准入标准设计科学合理与否,不仅直接影响企业或投资者入场募集资金或转让股份,也关系到 OTC 市场的稳定和健康发展。挂牌公司实质要件和形式要件又可细分为数量标准和非数量标准。数量标准主要体现在资产净值、股本总额、盈利水平、股东人数和经营期限等指标;非数量标准包括股权结构、治理结构、治理机制和信息披露等方面。

国际经验表明,不同层次的 OTC 市场,其市场准入标准有所不同。如美国的 OTCBB 与粉单市场,日本的绿单市场和东证 Mothers 和 JASDAQ 等在诸如资产规模、盈利额等内部治理与准入标准等方面都有所不同。根据我国现行关于 OTC 市场发展规划或政策取向推断,总体设计是建立统一监管体制下的全国性 OTC 市场,但也可能分出若干区域层次。高层次 OTC 市场定位于为非上市公众公司提供融资和股份转让服务,我国中关村股份代办市场以及正在建设中的天津股权交易所市场应该属于此类标准市场。原则上,较高级层次 OTC 市场应以定量标准为主,较低层次市场则以定性标准为宜。所以,OTC 市场整体则应奉行定性标准为主和定量标准为辅的价值理念,因为 OTC 市场体系中低层次市场占了绝大部分。

三、外部治理机制与准入标准

各国或地区的中小企业对融资和股份转让需要都很急切,由于 OTC 市场容量有限,不可能满足所有企业的市场准入意愿,为了降低市场风险使其有效率地运行,同时有效保护投资者利益,市场组织者或监管者会对拟挂牌公司进行必要的筛选和甄别。从非上市公司外部治理机制角度看,其外部准入标准规则由监管机构与监管程序等部分组成。

通常市场监管者或组织者会采用一定控制手段,例如设立专门审核机构作为 OTC 市场准入评判者,同时依据设定的挂牌(法定性或契约性)规则对非上市公司的入市条件、入市行为和入市形式是否合规等情形进行实质审核,以确定哪些企业可以进入 OTC 市场融资或转让其股权。一般而言,审核机构是 OTC 市场准入把关人,不同国家或地区由于市场发展状况和证券监管制度传统不同,评判者的设置、审核模式及审核内容也有所不同。所以,如何发挥审核机构的作用不仅关系非上市公司的利益,而且也关系着市场运行的安全与效率,因此作为外部机制的审核机构之功能或职能也是 OTC 市场准入的重要关切点。

谁有权设立 OTC 市场审核机构或者审核机构如何产生,应具体情况具体分析。根据国际经验,评判者既可以由证券监管机构自行设立,也可由其授权相关市场组织者设立市场挂牌审核委员会,如天交所的专委会就是此类机构,[①]也可以将审核权限交给行业协会等独立的第三方如公司治理协会,[②]甚至也可由 OTC 市场的保荐人或做市商等参与者自律管理非上市公司的市场准入,如日本的绿单市场和我国中关村股份代办系统的市场准入的主要把关者就是券商。

与市场准入审核者密切相关的是审核模式确立。各国或地区 OTC 市场对私募发行股份及公开转让股权都有一定审核程序,由于非上市公司股份发行和股权转让是进入 OTC 市场过程中同时发生或先后发生,所以其审核模式及原则与上市公司区别较大。

---

① 天津股权交易所设立专家审核委员会(专审会)对欲挂牌非上市公司进行审核,通过对保荐人、律师和审计等中介机构出具的相关挂牌文件所载内容进行审核,重点审核非上市公司公司治理、重大事项和经营管理三方面内容,把好市场准入关(见本书附录 F《专家审核委员会机构评价表》)。

② 公司治理协会是否可充当独立第三方的评判者,目前实践中仍未有定论。参见中国台湾证券及期货发展发展研究会:《台湾公司治理研究报告》2007 年,第 3-60 页。

　　理论上,按照程序要求严格程度不同,审核制度主要可分为注册、核准和审批三种模式。但目前OTC市场实践中只有核准和注册两种基本审核模式。

　　所谓核准制是指非上市公司申请挂牌时,不仅要提供与股份私募发行有关的信息,并且要符合法定的实质条件,审核机构对其市场准入资格以及提供的材料进行实质性和形式性两项审查。[①]一般核准制下的审核机构为OTC市场主管机关,例如中国台湾早期的柜台买卖中心对包括减少资本及发行转换公司债等行为实行核准制,公司挂牌申请经过柜台买卖中心审核后,须报中国台湾证券委核准发行。

　　所谓注册制是指证券监管机构或授权机构事先不对挂牌申请人做出实质条件限制,申请人在挂牌交易前要向证券监管机构按照法定程序申请注册登记,提交并公开申请文件,并对文件真实性、完整性和可靠性承担法律责任,监督机构只进行形式审查,有的国家甚至实行货架形式注册审查。[②] 按接受注册申请的监管机构的权力性质来划分,注册制又分为自律型和他律型,前者由市场组织者(如股权交易所)对申请公司提供的材料是否完备进行形式审查,若手续文件完备,就可以直接接纳其挂牌申请。后者则由证监会或授权机构受理非上市公司注册登记申请,形式审查完毕后如果没有相反意见,注册就自动生效。例如企业在美国NASDAQ市场挂牌,则必须向美国证券交易委员会(SEC)提出注册登记的申请,登记有效后再向纳斯达克市场提出挂牌申请。中国台湾柜台买卖中心同样对现金增资发行新股、发行普通甚至申

---

① 理论上,核准与批准在中文语境下一直没有明确科学的定义与区隔。

② Stephen J. Choi and A. C. Pritchard, Securities Regulation, Foundation Press, 2008, p.482.

请公司于最近一年内取得经主管机关认可之信用评级机构评价报告者公司债及发行转换公司债案件实行申报生效制,注册机构可免审阅。可见中国台湾 OTC 市场准入制度的主体还是倾向于注册制。此外,注册制还有强制性注册和自愿性注册之分,也有强制性备案与自愿性备案之说。

第二节　OTC 市场准入制度的国际比较

一、国际 OTC 市场沿革和层次比较

（一）OTC 市场沿革比较

众所周知,美国是资本市场最为发达的国家,其 OTC 市场也不例外。美国 OTC 市场一般分为全国性市场和地方性市场,前者主要经历了纳斯达克市场（NASDAQ）[①]、电子公告板（OTCBB）和粉单市场（Pink Sheets Market）等主要演变发展过程。

但自 2006 年 1 月 NASDAQ 正式注册为全国性证券交易所后,其又细分为全球精选市场（Global Select Market）、全球市场（Global Market）和资本市场（Capital Market）。其中只有资本市场勉强归属于狭义的 OTC 市场[②]。OTCBB 市场建立的目标是为美国非上市公司提供一个安全高效的融资与股份转让平台,理论上应归属于第二层次的 OTC 市场。粉单市场（Pink Sheets Market）的产生可以追溯到 1904 年,其名称源于全国报价局（National Quote Bureau）提供报价信息时使用的粉色纸单。1999 年 9 月,粉

[①] 2001 年 3 月,NASDAQ 正式向美国证券会提出成为集中证券交易所的申请,并于 2006 年 1 月 13 日正式获得美国证监会授予的证券交易所牌照。

[②] 范力、刘岩:《多层次股票市场的国际比较与借鉴》,载《太平洋学报》2009 年第 3 期。并参见 Listing Sdandard and Fees of NASDAQ,July,2010。

单市场引入电子报价系统,这是专为做市商和经纪商提供的基于互联网的 OTC 股票和债券实时报价服务系统,该系统不提供自动交易撮合,也不能自动执行交易指令。粉单市场先是由"粉单有限责任公司"经营,现在则由 OTC 市场集团有限公司(OTC Markets Group, Inc.)所有并经营,现已成为美国 OTC 市场的重要组成部分。此外,还有规模最大的 Grey Market 或地方性 OTC 市场,它们是 OTC 市场的最基础部分。

由上分析可知,粉单市场是 OTC 市场初级市场;OTCBB 是 OTC 市场的中级市场,也是最主要的市场;NASDAQ 的资本市场是 OTC 市场最高级市场;再加上门户市场(PORTAL)和地方性 OTC 市场,这样就形成了美国 OTC 市场网络层次(见图 4.1)。虽然 NASDAQ 市场现已具备了主板市场性质,但是作为广义 OTC 市场的最高级形式,其市场准入制度设计依然具有借鉴意义,因此本书主要选取 NASDAQ、OTCBB、Pink Sheets 三个具有代表意义又各具特色的 OTC 市场准入机制进行研究。

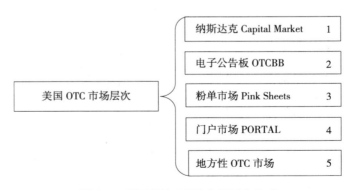

图 4.1 美国整体 OTC 市场层次体系

日本虽早在 1963 年开始试点 OTC 市场,但直到 1983 年进行了系列改革后,OTC市场才有转机。1991年10月,日本模仿美国NASDAQ推出JASDAQ系统,包括交易和信息传递子系统。由于该系统使用,日本证券公司可以加快交易指令和成交处理过程。1995年7月,JASDAQ引入了"特别规则OTC发行"(Special Rule OTC Issue)制度,在放松原来OTC市场标准特别是当期利润为正的基础上,形成了特别规则OTC市场。在特别规则市场上,即使非上市公司发生亏损,只要该公司具有新奇和增长潜力的核心业务,对新产品商业化投入在3%以上,也可以申请在JASDAQ挂牌。①

　　1998年12月,日本完成对《证券交易法》的修改,将JASDAQ市场重新定位为证券交易法规范下的OTC市场,并且重点改革市场准入制度,实际上JASDAQ已向交易所市场靠拢,这点与美国的纳斯达克市场没有两样。JASDAQ市场将挂牌股票(或股份)分为登记股票(符合挂牌标准的正常股票)、管理股票(下市股票或未符合挂牌标准、交易受限的股票)和特别股票(尚未挂牌具有发展潜力的股票)。2004年12月,JASDAQ正式注册为证券交易所,由OTC市场之股权交易所演变成为独立的主要以中小企业为服务对象的主板证券交易所,走上了与NASDAQ市场相同的发展道路。JASDAQ市场转为证券交易市场后,1997年建立的绿单市场(Green Sheets)就逐渐成为日本OTC市场主体,绿单市场目前不受证券交易法管辖。所以,本书主要探讨转型前的JASDAQ等广义OTC市场当然包括绿单市场制度。

　　1988年2月由台北市证券商业同业公会之"柜台买卖服务中心"筹办股票柜台买卖业务,中国台湾OTC市场开始试点。为健

---

　　①　贺金凌:《海外创业板市场发行上市制度研究》,载《深圳证券交易所综合研究所研究报告》2001年第26期。

全资本市场体系并提高 OTC 市场的功能,台"财政部"拟设立"财团法人中华民国证券柜台买卖中心",以公益性财团法人来推动 OTC(柜台买卖)市场发展。① 1994 年 11 月该财团法人正式设立,规定中国台湾中小型企业股权均可在柜买中心挂牌,其挂牌条件远低于主板市场。为了进一步协助新兴或重要产业之中小企业尽早进入资本市场,中国台湾开始筹划并于 2002 年 1 月正式成立挂牌条件更加宽松的第二类非上市(柜)股票交易转让市场,即兴柜市场(Emerging Stock Market)。兴柜市场设置的主要目的是取代不规范的以盘商(类似做市商)中介为主的非上市公司股份交易。因为早前非上市(柜)股票通过盘商交易存在发行和交易信息不透明、相关财务数据获取不便和股价操纵严重等许多弊端。因此,中国台湾证券买卖中心决定新设立一个市场,专门为非上市公司的股票提供一个合法、安全和透明的交易平台,并将非上市(柜)股票纳入制度化管理,这就是所谓兴柜市场的来历。

中国台湾 OTC 市场由柜台买卖中心和兴柜股票市场两部分组成。前者是中国台湾 OTC 市场体系的高级形态,后者是台湾 OTC 市场体系的低级形态。它们面向不同类型企业,提供多层次融资与交易平台,并按照"挂牌从宽,管理从严"原则,通过股份集中保管、挂牌服务管理和第三方评价等制度安排以控制市场风险,保障市场有效与安全运行。正因为如此,中国台湾现代 OTC 市场之公司治理与监管制度目前是世界上最成功与最先进的代表之一。

(二)OTC 市场类型和层次比较

从 OTC 市场结构层次看,美国情况最复杂。这可以从两个视角考察:一是整体或广义 OTC 市场视角;二是狭义 OTC 市场视

---

① http://zh.wikipedia.org/(2011 年 3 月 5 日访问)。

角。前者类似资本市场金字塔型结构,其中包括 NASDAQ 市场。换言之,美国综合或广义上的 OTC 市场包括 NASDAQ、OTCBB、Pink sheets、PORTAL、灰色股票市场和地方 OTC 市场(见图 4.1)。但美国狭义 OTC 市场本身层次结构比较复杂,共有七个级别,分别是 OTCQX、OTCQB、FINRABB、OTCPink(又可分为三个级别)和 Grey Market(灰色股票市场),但不包括地方 OTC 市场①(见图 4.2)。

图 4.2　美国狭义 OTC 市场层次结构

美国狭义 OTC 市场载体(平台)本身发展与演变也比较特别,已经演变成为 OTC 市场集团(OTC Group Inc.),包括若干子公司系统,子公司系统依据某一标准还可细分不同的板块。比如 OTC 粉单公司市场根据信息披露程度不同,又可细分为即时信息披露市场(Current Information)、有限信息披露市场(Limited Information)和无信息披露市场(No Information)三个级别(见图 4.3)。总体而言,美国 OTC 市场结构与层次的划分与界定比较复杂,学者研究的视角不同,得出的结论也不同。但从非上市公司治理视角,比如根据非上市公司治理结构完善程度等标准,界定与划分 OTC 市场层次与结构的研究文献至今还没有发现。

①　http://www.otcmarkets.com/learn/otc-market-tiers(2011 年 3 月 4 日访问)。

图 4.3　粉单市场层次体系

资料来源:根据相关网站信息(http://en. wikipedia. org/wiki/Pink_Sheets)整理并设计

　　日本 OTC 市场在其证券市场体系中的地位或比重远低于美国和中国台湾。所以,日本尽管早在 1963 年开始试点 OTC 市场,近 20 年却不见太大起色,直到 1983 年日本政府着手进行了一系列改革之后,OTC 市场才有了转机。1983 开始,日本大力推动OTC 市场的发展,旨在为非上市公司创建一个融资与交易平台。1990 年 8 月,日本模仿美国建立了证券交易自动报价系统(JAS-DAQ),2004 年注册为正式集中交易所。① JASDAQ、东证二部、Mothers 和 Hercules 一起形成了日本广义 OTC 市场体系,市场绩效虽不及美国,但还算可以(见表 4.1)。

表 4.1　日本广义 OTC 市场规模统计(2006)

市场层次	JASDAQ	东证二部	Mothers	Hercules
挂牌公司(家)	952	506	151	124
总市值(万亿日元)	19. 46	10. 94	4. 07	3. 96
交易金额(万亿日元)	19. 55	11. 61	20. 36	9. 56

资料来源:根据日本 JASDAQ 网站(http://www. ose. or. jp/jasdaq)信息整理

---

　　①　贺金凌:《海外创业板市场发行上市制度研究》,载《深圳证券交易所综合研究所研究报告》2001 年第 26 期。

2010 年 10 月,JASDAQ、Hercules 与 NEO 合并成为新 JASDAQ
市场,旨在推动日本 OTC 市场的发展。但事与愿违,市场绩效还
是不太理想,截至 2010 年年底,合并后的新 JASDAQ、东证二部和
Mothers 三个市场挂牌非上市公司数量和总市值两项指标虽有增
长,但交易量却大幅萎缩,表明市场流动性大幅降低(见表 4.2)。
之所以如此,除了金融危机等市场原因外,非上市公司市场准入治
理与监管制度设计欠科学合理,恐是主因。

表 4.2　日本广义 OTC 市场规模统计(2010)

市场层次	JASDAQ	东证二部	Mothers
挂牌公司(家)	988	431	179
总市值(万亿日元)	88.97	45.38	16.82
交易金额(万亿日元)	8.12	0.87	3.71

资料来源:根据东京证券交易所和大阪证券交易所网站(http://www.tse.or.jp/index.
html;http://www.ose.or.jp/jasdaq)信息整理

早在 1997 年 7 月,日本证券商协会(JASD)为填补真正或狭
义 OTC 市场空白,参照美国粉单市场模式设立了绿单市场。绿单
市场分为四个层次:(1)新兴部,为具有成长潜力的企业提供服
务,市场准入与挂牌要求最为严格;(2)普通部,市场准入及挂牌
条件宽松很多;(3)退市公司部,是从证交所退市企业申请挂牌交
易的平台;(4)特殊公司部,挂牌或上柜证券包括优先股权类证券
或投资性证券。绿单市场挂牌公司数量较少,截至 2011 年 4 月,
新兴部挂牌 20 家、普通部挂牌 39 家、特殊公司部挂牌 1 家和退市
部挂牌 2 家共 62 家公司,远远小于交易所上市公司。[①] 但绿单市

①　参见 http://www.jsda.or.jp/html/greensheet/wn/wn_2010.html(2011 年 3
月访问)。

场融资功能很强,成长性较好的公司可以在挂牌前直接向公众融资(见图 4.4)。

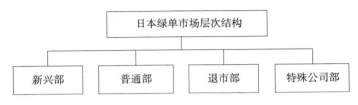

图 4.4　日本绿单市场层次结构体系

目前中国台湾 OTC 市场可分为三个层次:以竞价交易为主做市商交易为辅的证券柜台买卖中心(财团法人)、以经纪商或自营商议价交易方式为主的兴柜市场和以盘商为中介进行非公开私人股权交易的盘商市场(见图 4.5)。

图 4.5　中国台湾 OTC 市场层次体系

总体而言,中国台湾 OTC 市场层次结构相对简单或清晰,尤其挂牌或上柜的非上市公司数量年均增长比较大,但近几年有下降趋势,同时融资额也比较大,每年融资额在 200 亿—500 亿新台币之间。从挂牌企业的平均融资额来看,年平均值为 0.84 亿新台币(见表 4.3)。

表 4.3　兴柜市场八年股票发行与融资额统计表

年份	初次上市公司		现 金 增 资	
	家数	金额（10 亿元新台币）	家次	金额（10 亿元新台币）
2002	296	193. 09	22	1. 79
2003	180	288. 30	71	3. 85
2004	227	195. 23	55	7. 14
2005	42	54. 29	27	13. 32
2006	47	33. 73	41	3. 87
2007	90	48. 25	43	3. 223
2008	45	18. 386	26	3. 04
2009	54	34. 77	26	2. 934

资料来源：根据中国台湾柜买中心网站（http://www.otc.org.tw/ch/）信息整理

通过上述各国或地区 OTC 市场沿革与发展比较分析，我们可以得出几点结论：其一，美日台三个经济体的 OTC 市场，除日本外其在整体资本市场体系中都占有重要地位，并且 OTC 市场本身层次结构体系趋向多元化与动态化；其二，OTC 市场沿革及发展都有一个渐进过程，且有从低层次向高层次发展趋势；其三，非上市公司相对上市公司数量占绝对优势地位，但这些经济体尤其是日本 OTC 市场的非上市公司市值和交易量则相对小得多，这可能与 OTC 市场准入制度和交易制度设计不合理或不科学有一定关系，结果导致市场流动性比较差，进而说明 OTC 市场的运行效率存在问题。所以，如何发现和解决 OTC 市场的运行效率问题，是 OTC 市场之非上市公司的市场准入标准和规则制度构建应关注的首要问题。

二、非上市公司市场准入制度比较

OTC 市场准入标准或规则制度主要指向非上市公司。而非上市公司准入标准又可以从不同角度进行分类与定义。本书主要从公司内部治理视角,来分析与研究非上市公司市场准入标准和监管制度现状、问题及改进建议。

(一)经营期限及盈利能力准入标准

非上市公司进入 OTC 市场融资与转让股权等证券,一般没有盈利水平要求或者盈利要求不高,但却有经营期限或存续期限要求,这是国际惯例。

1. 美国。美国 NASDAQ 运行之初,几乎没有准入门槛,为所有非上市公司股权报价,后来随着挂牌企业数量和成交金额增加,开始设置市场准入门槛。1975 年,NASDAQ 正式制定市场准入标准,比如企业需要满足一定条件,其中包括非上市公司必须经营一年以上才能在 NASDAQ 挂牌。从此,NASDAQ 也与其他 OTC 市场区别开来,成为完全独立的 OTC 市场。1982 年至 1986 年,NASDAQ 逐渐把该系统中的高市值股票同其他小型股票分离开来,组建了 NASDAQ 全美市场和 NASDAQ 小型资本市场(2006 年又一分为三),并规定了各自的上市标准,其准入制度更加完善,更加具有针对性。从历史角度看,虽然早期 NASDAQ 市场是最成功的 OTC 市场,但真正具有传统意义又符合现代 OTC 市场标准的,只有"资本市场"的市场准入标准比较符合且对其他国家或地区有参考价值。例如,早期 NASDAQ 小型资本市场只有一年经营期限要求,后来经改进后的"资本市场"对经营期限也只有两年的限制。①

美国电子公告板市场(OTC Bulletin Board,OTCBB)于 1990 年由 NASDAQ 发起成立,由 NASD 负责监管,美国证监会协助监管。OTCBB 只是一个非上市公司股票报价服务系统,显示挂牌企业实

---

① 参见 NASDAQ Capital Market Initial Listing Requirements,July,2010.

时报价和成交量信息。股票在这里只是挂牌报价,并不提供撮合交易。发行人只能联系 OTCBB 会员交易商或经纪商担任其在 OTCBB 做市商,并由做市商提供报价服务。凡是未在证券交易所或 NASDAQ 上市的企业都可在 OTCBB 市场挂牌报价。目前 OTCBB 提供 3300 多种证券报价服务,拥有 230 多个做市商。①所以,凡在 OTCBB 挂牌与交易的非上市公司并没有营业期限的要求,只需要有足够的盈利预期及计划即可。

粉单市场(Pink Sheets)是美国 OTC 市场底端最大部分,能在该市场挂牌的非上市公司来源有两种:一是被 OTCBB 剔除市场的公司;二是从灰色市场(私下交易市场)进入的公司,是否进入或能否进入完全凭企业自愿,因此也没有企业经营年限准入限制问题。至于门户市场(主流报价市场)(PORTAL)是为适应私募股权(证券)转让而于 1990 年组建的一个屏幕式电子交易系统,交易对象主要是私募证券,对投资者有一定的限制,对发行证券的公司则没有任何市场准入包括经营期限的要求。由于它不具有代表性,因此本书不再介绍其准入制度。

美国 OTC 市场的非上市公司市场准入的盈利能力要求方面不尽统一:NASDAQ 层次的企业过去 1 年或者过去 3 个年度的 2 年内,须有不同程度的税前盈利和总资产的要求;OTCBB 和 Pink Sheets 市场,除个别情况外,几乎没有盈利和总资产要求。

2. 日本。与美国 OTC 市场管理模式相似,日本 OTC 市场也主要采取自愿性(自律)管理模式,即以证券业协会管理为主,以证券管理机构监管为辅。实行集中监管的政府机关主要是内阁

---

① 〔英〕Ian M. Oades 著,张青龙译,《中小企业境外上市指南》,中信出版社 2007 年版,第 164 页。

府、金融厅、证券交易监管委员会,三者是层层递进的隶属关系。实行自律监管的机构主要是日本各金融交易业协会、各证券交易场所。日本多数 OTC 市场对企业经营期限没有限制,绿单市场挂牌的非上市公司只需满足挂牌公司应委托"股东名册管理人",对公司股东变化及时变更股东名册即可。①

3. 中国台湾。中国台湾柜台买卖中心的挂牌条件虽然比集中市场上市条件宽松,但奉行"挂牌从宽,管理从严"原则,非上市公司或上柜公司经营期限必须 3 年以上,兴柜市场挂牌公司经营期限也不得少于一年,但公营事业和政府指定的十大科技产业可不受此限制。同时获利能力要求也不低,挂牌非上市公司营业利润及税前利润占资本额的比例最近一个年度应在 4% 以上且无累积亏损,或者最近两个年度均达 2%,或者最近两个年度平均达 2%,且近一年度较前一年度为佳,而科技企业不受上述获利能力限制。但兴柜市场挂牌公司获利能力却没有要求。

由此看,比较而言,中国台湾在企业经营期限与盈利能力方面要求都是比较高的。

(二)股权结构及股本或市值准入标准

一般来讲,各国或地区的上市公司都有股权结构与股本总额的市场准入标准,例如我国证券法规定"千人千股"及公司法规定的股份公司发行股份总额不得少于 5000 万元或 3000 万元人民币的要求等等。美日台主板市场的上市公司也有类似要求。其他国家或地区 OTC 市场的非上市公司若要挂牌,是否也有类似要求呢,现比较分析如下。不过先要解释的是,本书所谓股权结构是指

---

①　参见日本《关于绿单市场以及退市公司市场规则》(2010 年)第 6 条有关规定。

挂牌或上柜非上市公司,被准入或被接纳挂牌之前,全体股东人数及每个股东持股比例都有一个最低要求,全体股份相加的股本总额也有一个最低要求。

先看美国的情况。NASDAQ 市场的上市条件在所有 OTC 市场中最为严格,上市条件主要对公司提出两方面要求,一是数量和财务指标;二是信息披露与公司治理结构。股权结构及股本或市值准入标准就含在数量及财务指标里。如 NASDAQ 市场公众持股数金额最低为 110 万美元,同时持股 100 股的公众股东不得少于 400 人。

OTCBB 挂牌公司如不转板情况下,一般没有股权结构及股本或市值准入标准要求或要求较低。换言之,OTCBB 市场准入没有数量性挂牌标准,不对公司收益、规模、经营期限和公众持股量作任何规定,但是若要转板如要申请升级进入纳斯达克小型"资本市场",则首先股东人数的要求是持股 100 股以上的股东人数在300 人以上,并且公众流通股达到 100 万股;其次股东权益也需达到 500 万美元,年净收入超过 75 万美元,股票市值达到 5000 万美元。另外,每股股价要达到 4 美元。

粉单市场准入标准也没有特别的挂牌要求,只要做市商填写一份真实反映发行人当前最新状况的 Form 211 提交市场(股权交易所)审核即可,并不要求审查发行人的财务状况等。粉单市场是美国惟一对挂牌企业没有财务要求和信息披露的 OTC市场。

日本早期 JASDAQ 市场由于分为正常与特别规则两个市场。股权结构、股本总数和市值准入要求也不一样。前者一般要求持股 1000 万股以下, 至少 300 人;1000 万股—2000 万股,至少 400人;2000 万股以上,至少 500 人。后者没有股权结构、股本总数要求,但市值总额要求 5 亿日元以上。很有意思的是,两者对公众流通股数量均不要求。

由于中国台湾 OTC 市场分为柜买中心和兴柜市场两部分,因此股权结构和股本总数等市场准入要求也一分为二。前者持有 1000 股至 5 万股的记名股东必须在 300 人以上,公众持股比例在非上市公司挂牌前需占资本额的 10% 或超过 500 万股;后者持有 1000 股以上的记名股东必须在 300 人以上,但无公众持股比例限制,股本总额为实收资本新台币 3 千万元以上且无累积亏损,科技型企业可豁免累积亏损的限制。

(三)公司治理结构及治理机制准入标准

所谓公司治理结构或称法人治理结构(Corporate Governance Structure),是一种对公司进行管理和控制的体系,一般由所有者、董事会和高级经营管理人员三者组成的一种组织结构。所谓公司治理机制(Corporate Governance Mechanism)是指基于分权与制衡之公司治理结构基础上,形成公司股东大会、董事会、监事会和高层经营者之间的制衡关系机制。① 但本书所理解的公司治理结构与治理机制已脱离传统公司治理内涵。下文将综合或交叉选取 OTC 市场非上市公司市场准入方面有关公司治理结构及治理机制问题进行比较分析。

1. 股东会结构与机制。美国早期 OTC 市场即 NASDAQ 全国市场(现为 NASDAQ 全球精选市场)挂牌标准中对公司治理结构有严格要求,整体上除了要遵循现有联邦证券法和各州公司法要求外,其股东会结构与机制包括以下内容:每年必须召开年度股东

---

① http://www.cg.org.cn/theory/zltx/zltx - gszlnh.asp(2011 年 3 月 6 日访问)。

大会,并可以征集相关投票权参加会议;股东会法定人数必须是全体股东的三分之一以上。

至于 OTCBB 市场,由于任何未在 NASDAQ 或其他全国性 OTC 市场上市或注册的证券,包括在全国、地方、国外发行的股票、认股权证、证券组合、美国存托凭证(American Depositary Receipts)、直接参与计划(Direct Participation Programs)等,都可以在 OTCBB 市场上报价交易①。发行这些证券非上市公司所涉及的行业或领域比较复杂,理论上很难对其公司结构作硬性要求,所以关于股东会召开、法定人数及投票权征集均没有规定。

2. 董事会结构及机制。美国 NASDAQ 全国市场(现为 NASDAQ 全球精选市场)挂牌标准中对董事会结构及机制有如下要求:一是董事会须设独立董事席位。欲进入 NASDAQ 的非上市公司董事会必须至少 2 名独立董事,并且满足非利益冲突和非控制关系标准。OTCBB 市场非上市公司没有这方面的要求。二是董事会下设审计委员会。所有挂牌公司必须设审计委员会,且成员必须全部是独立董事,NASDAQ 低级市场如其资本市场允许有 12 个月宽限期设立该委员会,并且不能与公司有利益冲突。OTCBB 市场与 Pink Sheet 市场没有这方面的要求。

日本 OTC 市场在股东会结构与机制和董事会结构及机制方面的准入制度,除绿单市场外,基本遵从日本公司法和证券法的规定。中国台湾柜买中心和兴柜市场的准入标准却有所不同,后者只要有两家券商推荐上柜即可。但必须说明的是,台湾 OTC 市场特别注重对挂牌非上市公司治理水平的评估,这是国际上其他

---

① 胡函钧、王志伟:《美国店头证券市场体系及其对我国的借鉴意义》,载《投资研究》2001 年第 45 期。

OTC 市场市场准入制度所不具备的。①

3. 投票权、特别事项及定期报告。美国 NASDAQ 全国市场（现为 NASDAQ 全球精选市场）要求 OTC 市场的发行人及非上市公司必须保障所有股东的投票权行使，有关向公司高管发放股票期权、高级（大型）或低级（小型）OTC 市场发行证券以及收购及控制权的转移等重大事项都必须经全体股东同意，OTCBB 市场与粉单市场没有这方面的要求。凡在 NASDAQ 全国市场挂牌的非上市公司必须每年按要求制作年报和季报并向公众分发。

日本不同层次 OTC 市场在投票权、特别事项及定期报告方面做法并不完全相同。例如拟在绿单市场挂牌公司须由券商向证券业协会提出申请并提交《公司经营状况报告》，经证券业协会批准方可挂牌；而东证 Mothers 和 JASDAQ 除有资产规模和盈利额等硬性要求外，还有投票权和特别事项报告的要求。中国台湾柜买中心和兴柜市场对上述三方面均有要求，前者较严，几乎与上市公司区别不大；后者较宽，例如在投票权（股权分散度）、股权托管和公司规模均没有限制，信息披露的广度和深度也比柜买中心宽松。②

从上述三个国家或地区 OTC 市场非上市公司市场准入制度比较分析看，我们可得出如下结论：其一，纵向看，美国 OTC 非上市公司市场准入制度总体设计还是偏强制性的证券法；而日本和中国台湾地区非上市公司市场准入则比较偏契约性的公司法。之

---

① http://www.otc.org.tw/ch/regular_emerging/governance/corporate_govern-ance.php(2011 年 4 月访问)。

② http://www.otc.org.tw/ch/regular_emerging/apply_way/standard/standard.php(2011 年 4 月访问)。

所以出现这样的差距，是因为美国联邦公司法较弱，而证券市场包括 OTC 市场集中统一监管体制仍然处于强势。而日本和中国台湾 OTC 市场尽管很多方面模仿了美国的做法，但其以公司法治理与监管证券市场尤其初级 OTC 市场制度的传统或路径仍然占主导地位。其二，横向看，事实上非上市公司市场准入标准或制度总体上偏公司内部治理结构与治理机制。之所以如此，与非上市公司治理特色有一定关系。其三，如果纵向与横向结合来看，OTC 市场准入制度主要涉及非上市公司主体，但制度设计似乎又偏外部性治理与监管，这说明治理制度选择模式急需改进。

三、非上市公司市场准入程序比较

总体看，各国或地区 OTC 市场非上市公司准入制度由审核程序、挂牌程序和审核内容三部分组成，[①]本书仅从公司外部治理机制角度，就审核程序和挂牌程序比较分析。

（一）审核程序

就证券市场包括 OTC 市场整体准入制度而言，目前世界上流行两种审核制度，即实质审查制度和形式审查制度。前者以发展中国家或新兴市场经济国家或地区采用为主；后者以发达国家或地区采用为主，美国就是典型例子。

传统上，美国整体证券市场准入制度是注册制。[②] 所以，美国 NASDAQ 市场公司挂牌条件在所有 OTC 市场中最为严格，但在上

---

①　John C. Coffee and et. al, Federal Securities Laws, Foundation Press, 2008, p. 67.

②　Stephen J. Choi and A. C. Pritchard, Securities Regulation: Cases and analysis, Foundation Press, 2008, pp. 149-238.

市准入方面也主要遵循注册程序,总体上是与上市公司差不多的原则。首先是公司提出注册申请,然后由市场监管部门包括他律监管机构和自律监管机构对非上市公司挂牌申请进行形式审查,一定期限(审查法定期限)后非上市公司只要没有接到否定或异议通知,那么挂牌公司就可以挂牌交易了。

需要指出的是,NASDAQ 之非上市公司的市场准入标准除了需提交注册登记申请表外,也要求一些数量和非数量指标作为注册填写的内容,表4.4 与表4.5① 列出了 NASDAQ 两个市场的挂牌标准。

表 4.4　NASDAQ 全国市场挂牌标准

挂牌标准	标准 1	标准 2	标准 3
权益	1500 万美元	3000 万美元	—
营业年限	—	2 年	—
市值	—	—	7500 万美元
公众持股数	110 万股	110 万股	110 万股
公众持股市值	800 万美元	1800 万美元	2000 万美元
最低市场报价	5 美元/股	5 美元/股	5 美元/股
股东数(持 100 股)	400	400	400
做市商	3	3	4
公司治理结构是否健全	是	是	是
独立董事最少人数	2	2	'2

资料来源:根据 NASDAQ 网站(http://www.nasdaq.com/)信息整理

---

① 表中数据和内容系根据 NASDAQ 网站资料整理而得,参见 http://www.nasdaq.com/。

表 4.5　NASDAQ 小型资本市场挂牌标准

挂牌标准	标准 1	标准 2	标准 3
股东权益	500 万美元	—	—
经营年限	1 年	—	1 年
市值	—	5000 万美元	—
公众持股数	100 万股	100 万股	100 万股
公众持股市值	500 万美元	500 万美元	500 万美元
最低报价	4 美元/股	4 美元/股	4 美元/股
持 100 股以上股东人数	300	300	300
做市商	3	3	3
公司治理结构是否健全	是	是	是
独立董事最少人数	2	2	2

资料来源:根据 NASDAQ 网站(http://www.nasdaq.com/)信息整理

从表 4.4 和表 4.5 所述可知,由于 NASDAQ 市场性质已接近主板市场,在公司治理结构方面相对来说其要求已经比较严格。例如,公司董事会必须至少有两名独立董事,董事会还必须设立审计委员会。又如 NASDAQ 挂牌公司必须每年举行股东大会,并向 NASDQ 报告;同时挂牌公司还必须向股东和监管部门提交年度报告、季度报告和中期报告。如果表 4.4 和表 4.5 合并比较,还会有一些新发现。

比较上述两表得知(见表 4.6),有关两个市场准入制度特征十分明显:全国市场(National market)①除了股东权益、市值、公众持股数、公众持股市值、最低报价和持 100 股以上股东人数等数量标准高于小型市场外,在公司治理结构和治理机制方面尤其有关

---

①　参见纳斯达克相关资料:http://www.nasdaq.com/(2011 年 3 月访问)。

独立董事最少人数方面,两个市场标准完全一样。这说明,挂牌公司治理状况(绩效)(The performance of CG)的监管机制是相当严格的。换言之,非上市公司治理绩效是 OTC 市场外部监管的重点内容。

表 4.6　NASDAQ 小型和全国资本市场挂牌标准比较

挂牌标准	小型	全国
股东权益	500 万美元	1500 万美元
经营年限	1 年	—
市值	—	—
公众持股数	100 万股	110 万股
公众持股市值	500 万美元	800 万美元
最低报价	4 美元/股	5 美元/股
股东人数(持 100 股以上)	300	400
做市商	3	3
公司治理结构是否健全	是	是
独立董事最少人数	2	2

资料来源:根据 NASDAQ 网站(http://www.nasdaq.com/)信息整理

　　日本的情况。在非上市公司挂牌审核程序上,早期的 JASDAQ 市场审核机构是类似于保荐人的主办证券商①,主办券商既要负责非上市公司挂牌申请,同时还要按照 JASDAQ 要求对欲挂牌的非上市公司的资格和条件进行实质审查和形式审查,然后确定其是否满足挂牌标准。在市场准入方面,日本采用自律性注册制,由于 JASDAQ 规定挂牌申请人只能是主办券商,因此非上市公司挂牌只能由主办券商向 JASDAQ 市场的管理者日本证券业协会

---

　　①　类似我国中关村股份转让代办系统的被指定的主办证券公司。

（JASD）提出申请,非上市公司注册后即可在 JASDAQ 挂牌交易。

总之,日本 OTC 市场有关非上市公司市场准入的审核机关或程序,相比美国来说还要宽松,JASDAQ 转为场内交易市场后,情况更是如此。

由于中国台湾 OTC 市场分为柜买中心和兴柜市场两个层次,对挂牌或上柜公司的审核机构和审核程序有差异。兴柜股票市场（Emerging Market）专为非上市公司设立,作为较低层次 OTC 市场准入制度,其挂牌门槛比柜台买卖中心低很多,甚至没有门槛。凡合法设立并发行股份的非上市公司都可以在兴柜市场挂牌,除了公司治理结构与治理机制健全外,对实收资本额、设立年限、股权分散程度和盈利能力等数量标准均无特殊规定。所以,审核机构和程序要求也比较简单,每家非上市公司只要有两家以上推荐券商（相当于保荐人）推荐申请,并指定其中一家为主办推荐证券商。柜买中心接到主办券商推荐的非上市公司申请并进行相关的形式审查后,非上市公司就可以在兴柜市场转让交易。[①] 可见兴柜市场主要是通过中介机构筛选,挂牌条件限制少,但市场风险也大。

但柜买中心审核程序则较严或较复杂,须经过柜买中心挂牌部初步审查、外部专家书面审查、上柜审议委员会审议[②]、董事会核议和证期会备查等审批环节。中国台湾柜台买卖中心审核机构是上柜审议委员会,负责对挂牌公司的挂牌条件进行实质审核和

---

① 参见中国台湾有关上（兴）柜申请标准及流程。http://www. otc. org. tw/ch/regular_emerging/apply_way/standard/standard. php.

② 该委员会由柜买中心聘请的 15 名专家和学者组成,对挂牌部通过的案子审查通过后报中心董事会核议;董事会讨论通过后,再报监管部门即中国台湾金管会之证券局备查。

形式审核。柜买中心董事会同意后,非上市公司挂牌申请及相关挂牌契约必须到台湾证券监管部门备查。所以,中国台湾柜台买卖中心对欲在柜买中心上柜的非上市公司市场准入采用比较严格的核准制。

(二)挂牌程序

挂牌程序又称挂牌流程,国际上不同层次 OTC 市场的非上市公司股权或股票挂牌流程有所不同。总原则或趋势是,市场越发达、市场层次越低,其挂牌程序就越简约。

理论上,美国各 OTC 市场非上市公司的挂牌最终审核机构都是美国证券交易委员会,最终审核法律依据也是《1933 年证券法》和《1934 年证券交易法》,除此以外没有其他审核标准。[①] 然而实践上,长期以来 OTC 市场非上市公司的挂牌,审核程序和规则均由自律性机构负责。由于金融危机频发,美国在 OTC 市场准入制度上开始采用他律性注册制,在美国无论场内发行还是 OTC 挂牌的公司市场准入都必须在 SEC 注册登记。欲登陆 NASDAQ 市场的非上市公司只有得到 SEC 注册登记后,NASDAQ 上市委员会才正式受理其上市申请。OTCBB 市场和粉单市场,挂牌公司也需要在 SEC 注册登记。

所以,美国 NASDAQ 市场非上市公司挂牌程序或挂牌流程,某种意义上就是经过 SEC 核准注册流程。首先,必须寻找金融业监管局(FINRA)[②]会员(至少 3 名)成为做市商愿意为该非上市公司股权做市,并向 NASDAQ(后来为 FINRA)申请挂牌。当然

---

① 贺金凌:《海外创业板市场发行上市制度研究》,载《深圳证券交易所综合研究所研究报告》2001 年第 12 期。

② FINRA 是美国最大的独立的证券商资料监管组织,目前拥有 4560 名证券经纪商会员。参见 http://www.finra.org/(2011 年 3 月)。

OTCBB 市场准入只需要一位以上具有 SEC 做市商资格的做市商保荐申请即可。其次，凡是符合 NASDAQ 或 OTCBB 条件的股票，经保荐人填写一个申请表和 Form 211 表格，注册生效后即可在三个营业日内开始报价。

由于中国台湾整体 OTC 市场非上市公司市场准入条件比较宽松，但市场层次不同导致挂牌流程有别。柜买中心挂牌程序须经过柜买中心挂牌部初步审查、外部专家书面审查、上柜审议委员会审议①、董事会核议和证期会备查一系列挂牌环节，与场内交易市场一样严格。然而，兴柜市场挂牌程序却比较简单，具体为下：拟挂牌企业向柜台买卖中心提出公开发行股份的申请；三个工作日后柜台买卖中心必须完成对申请挂牌公司的市场准入核准，并披露非上市公司相关信息；六个工作日后即可登陆兴柜市场转让交易（见图 4.6）。

日本 OTC 市场非上市公司的挂牌程序介于美国与中国台湾之间，限于篇幅在此简述之。如早期 JASDAQ 挂牌的非上市公司，首先，申请券商有义务确认非上市公司是否符合 JASDAQ 的挂牌标准；其次，由两家以上申请券商向日本证券业协会（JASD）提交非上市公司的挂牌登记申请，并接受 JASDAQ 审核，确认券商是否做了充分的审查；再次，JASDAQ 核查后，向市场运营委员会提出审议申请，经批准后才能获得最终登记许可；最后，完成注册登记后还须向证券监管部门报告备案。

自绿单市场成为日本 OTC 市场主力后，其挂牌程序在继承 JASDAQ 基础上，更为简约。非上市公司欲在绿单市场挂牌，至少

① 该委员会由柜买中心聘请的 15 名专家和学者组成，对挂牌部通过的案子审查通过后报中心董事会核议；董事会讨论通过后，再报监管部门即中国台湾证券及期货管理委员会备查。

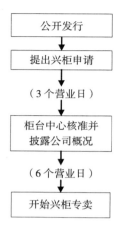

图 4.6　兴柜市场非上市公司挂牌流程

资料来源：根据台湾柜买中心网站（http://www.otc.org.tw/ch/index.php）信息整理

要经历事前调查（短期调查）、事中审查（券商的经办审查）申请准备及挂牌三个程序。

第三节　OTC 市场准入制度选择模型与实证分析

一、我国 OTC 市场准入监管制度剖析

（一）三个 OTC 市场样本分析

1. 股份代办系统

股份代办系统又称代办股份转让系统（旧三板），在我国 OTC 市场史上占有重要地位。在代办股份转让系统挂牌的公司多是主板市场的退市公司、原 STAQ 和 NET 系统挂牌交易的非上市公众公司。从市场定位上，主要是为了解决历史遗留问题和作为主板退市公司股票转让的市场，离真正意义上的开放性、全国性统一监

管的非上市公司股权交易市场有很大距离。由于代办股份转让系统没有类似挂牌制度,因而不能吸纳新挂牌企业,同时由于不具吸引力因而也不具备融资功能,所以代办股份转让系统实际上是一个类垃圾股票市场。

中国证券业协会(SAC)在《证券公司代办股份转让服务业务试点办法》(2001)①中规定了挂牌企业的标准:(1)为合法存续的非上市股份有限公司;(2)登记托管的股份比例不低于可代办转让股份的50%;(3)有健全的公司组织结构;(4)需要一家主办券商。SAC在《关于改进代办股份转让工作的通知》(2002)中补充规定:其一,非上市公司必须依法退市,并正式提出代办股份转让申请,同时与主办券商签订代办股份转让协议;其二,非上市公司股东应在主办券商处开立专门转让(交易)账户;其三,非上市公司还需要符合其他法定或约定条件。

由主办券商向SAC提出挂牌申请并备案,具体程序如下:(1)依法退市、提出股份转让申请和签订代办协议;(2)开立转让账户;(3)股份重新确认、登记和托管;(4)向股份持有人出具股份确认书;(5)向登记结算机构托管后开始转让。

由于该市场主要是主板的退市市场,公众股东较多,为了保护投资者利益,参照上市公司实行严格的信息披露制度。主办券商依据委托代办股份转让协议,指导、督促股份转让公司依法及时和准确地披露信息。否则,主办券商有义务暂停其股份转让。可见,监管部门主要是通过监管主办券商来监管挂牌的非上市公司市场准入与交易,因此对主办券商也规定了严格的准入制度。

---

① 《证券公司代办股份转让服务业务试点办法》2009年重新修订,内容有大变动,加入了报价市场的内容。

2. 股份报价系统

股份报价转让系统(新三板)在我国 OTC 市场进程中也占有重要地位。挂牌企业名义上是国家高新技术园区的中小企业,实际上主要是北京中关村科技园区的非上市公司。

根据《证券公司代办股份转让系统中关村非上市公司股份报价转让试点办法(暂行)》(2009),挂牌公司必须具备以下条件:(1)存续满 2 年,有限责任公司按原账面净资产值折股整体变更为股份有限公司的,存续期间可以从有限责任公司成立之日起计算;(2)主营业务突出,具有持续经营能力;(3)有健全的公司治理结构及治理机制;(4)由至少 1 名主办券商负责推荐;(5)须取得北京市人民政府出具的非上市公司股份报价转让试点资格确认函。

主办券商负责对挂牌公司是否满足挂牌条件进行实质审查,同时还需获得北京市政府的非上市股份报价转让试点资格的确认函,北京市政府对拟挂牌企业提交的文件只进行形式审查。企业获得确认函后,经主办券商向中国证券业协会推荐并由其备案。具体挂牌程序如下:(1)向北京市人民政府申请股份报价转让试点企业资格;(2)与主办券商签订推荐挂牌报价转让协议,非上市公司还需联系两家具有股份报价转让业务资格的证券公司作为股份报价转让的主办报价券商和副主办报价券商;(3)配合主办券商尽职调查;(4)主办报价券商向协会出具推荐报告并报送备案文件;(5)协会对备案文件进行审查或确认;(6)股份集中登记;(7)非上市公司公司股东挂牌前所持股份分三批,进入代办系统挂牌报价转让。

可见,股份报价转让系统具有挂牌标准不高及针对成长型高科技企业的特点。数量指标主要强调经营期限,没有财务指标和盈利能力的要求。在非数量标准上强调公司的治理结构和券商推荐,也有信息披露的要求。股份报价转让系统实行适度披露原则,其标准低于上市公司和代办系统。如同老三板、新三板市场也对主办券商的市场准入资格进行了严格的限制。

3. 天津股权交易所

天津股权交易所(天交所)成立是我国 OTC 市场实践的划时代事件。天交所市场原定位是为非上市公众公司提供股权转让服务,①但由于政策及部门利益阻碍等原因,至今天交所仍没有实现这一目标。目前业务范围:(1)为"两高两非"公司提供股权融资;(2)为"两高两非"公司股权提供交易平台;(3)为私募基金提供融资;(4)为私募基金份额提供交易平台等②。根据目前天交所网站公布的挂牌条件,传统板挂牌公司企业必须满足以下条件:③

(1)依法注册的股份有限公司,规范经营不少于 1 年;(2)公司任一股东持股最小数量不低于公司总股本的 1/200;(3)公司治理结构健全,核心高级管理人员稳定,内部管理控制制度完善;(4)不存在任何可能严重影响公司资产和业务的法律诉讼案件、或有负债等事件;(5)最近两个会计年度内无违反法律、法规行为,无不良信用记录;(6)取得至少一个在交易所注册,具有保荐资格的机构在尽职调查后出具的保荐意见书;(7)取得至少一个在天交所注册,具有资格的做市商承诺为其提供双向报价做市服务;(8)公司主营业务完整、突出,具有活跃、持续的经营业务记录,资产经营状况良好;(9)监管机构和交易机构要求的其他条件。

---

① 参见国务院对《关于天津滨海新区综合配套改革试验总体方案的批复》(2008)。

② "两高两非"是指非上市非公众公司以及高新技术园区的高科技企业。参见天交所网站 http://www.tjsoc.com/index.jsp。

③ 资料来源于天交所网站 http://www.tjsoc.com/index.jsp。

目前天交所正在推出科技板块挂牌企业,其准入标准有大幅度的降低,比如取消了营业期限的限制。

由于天交所还没有公布自治规则,根据其现有公司挂牌标准,没有盈利能力和财务指标要求,但是需要公司有突出主营业务,强调公司治理以及保荐人与做市商的作用。

在挂牌程序上,天交所设立专家审核委员会(专审会)作为半独立审核机构,审批制度采用的是他律型注册制,即最后要经金融监管机构备案。具体的挂牌程序是拟挂牌公司通过向天交所提出申请,受理之后由保荐人和律师等中介机构进行尽职调查并向天交所提交申报文件,天交所预审后提交专审会审核,由专审会出具审核意见,然后由天交所(董事会)复核,复核通过后向监管机构①备案。在完成股权托管和信息披露后即可在天交所挂牌交易。

4. 三个市场准入制度绩效比较

综上所述,由于我国三家样本 OTC 市场交易所成立背景、时间、市场条件及 OTC 市场发展环境不一样,所以其带来的市场绩效也不相同(见表 4.7)。

表 4.7 三家 OTC 市场交易所挂牌数比较

交易所 时间	代办		报价		天交所	
	期初	期末	期初	期末	期初	期末
2006	41	44	2	10	—	—
2007	44	48	10	24	—	—
2008	48	50	24	41	2	2
2009	50	50	41	58	2	17

---

① 监管机构现暂为天津市政府金融办公室。

续表

交易所 时间	代办		报价		天交所	
	期初	期末	期初	期末	期初	期末
2010	50	50	58	74	17	61
2011	50	50	74	81	61	73

注：(1)数据截至2011年3月底；(2)资料来源：作者根据相关网站(http://www.gfzr.com.cn/index2.htm,http://www.tjsoc.com/index.jsp)公开信息整理

　　从表4.7所述数字分析，可以看出代办和报价两个系统挂牌的非上市公司数量自2006年来增长缓慢，有的年份几乎没有增长；而新型的天交所尽管成立较晚，但挂牌非上市公司数量增长却非常迅猛，截至2011年3月底，与期初的2008年相比已增长36.5倍。挂牌企业数高速增长与天交所OTC市场准入制度的优越性有关：一是天交所市场参与主体定位及功能比较清晰，一般会遵循市场主体及其相互关系模型运作；二是对不同的主体设立不同准入制度与原则，如天交所奉行审批制，保荐人或做市商实行强制性备案与注册相结合原则，非上市公司则实行自律机构审核与他律监管强制性备案相结合原则；三是设立专审会通过对保荐人、律师和会计等中介机构制作并提交的挂牌申请文件和备案资料进行审核，重点进行公司治理、经营管理和重大事项等方面的形式为主以及实质为辅的审核程序。[①]

　　(二)我国OTC市场准入制度问题分析

　　通过对我国上述三个具有代表性OTC市场的准入制度进行分析，虽说取得了较好成绩，为我国OTC市场发展及多层次资本市场构建与完善做出了很大贡献，但同时还存在如下问题。

---

　　①　见本书附录F《天交所专家审核委员会机构评价表》。

1. OTC 市场挂牌主体仍有待厘清

这里所谓市场挂牌主体,是指我国现行包括代办、报价和天交所在内所有 OTC 市场到底可以吸收哪些类型公司进场交易与融资。在现行公司法和证券法框架下,非上市公司和非上市公众公司是否有区分的必要;如果硬是要坚守"公众公司"红线,那么现实中大量 200 人以上非上市公司股份转让,事实上就处于"非法状态"。

比如国务院批复天津为建立全国性 OTC 市场作准备,通常理解为为全国性非上市公众公司股权交易市场建设作准备。学理上"公众公司"应该理解为公开发行股票或股份意思。依据现行证券法对"公开发行"的解释有两种情形:一是向不特定对象发行证券;二是向 200 人以上特定对象发行证券。但我国证券法规定公开发行股票,应当在依法设立的证券交易所上市交易或者在国务院批准的其他证券交易场所转让。目前代办股份转让系统虽是经证监会批准设立的非上市公众公司股权交易市场,①学理上还有问题。股份报价转让系统以及天津股权交易所在没有得到国务院正式批准前,都不能为非上市公众公司提供股权融资及转让服务。例如天交所市场准入规则将股东人数控制在 200 人以内的做法,就是意在规避可能的政策及法律风险。

2. OTC 市场科学准入规则仍然欠缺

什么是 OTC 市场科学准入规则,现有文献并未明确界定。但至少应包括两点:首先,市场准入规则应是他律性与自律性规则互相搭配,并且有主次之分,主辅之分;其次,市场准入规则应因不同

---

① 按证券法规定理解,严格说代办股份转让系统转让非上市公众公司股份也是不合法的。

层次 OTC 市场而有不同之规定。由于我国现有 OTC 市场及其制度建设均处于起步阶段，没有统一法律规范，也没有特色的统一自律规范。相反由于各地 OTC 市场在制度建设上都尚处于探索阶段，制度无序竞争比较严重，由此也导致了非上市公司挂牌制度包括实体规则和程序规则欠缺，具体表现为：要么没有针对市场内部层次不同以及企业类型不同而设定不同准入标准，"一刀切"现象严重；要么省市或地方政府各自为政，制定一些只针对本地区 OTC 市场的运行规则。① 另外，关于非上市公司市场准入的挂牌程序规则十分欠缺。

3. 审核机构本身治理与监管机制缺乏

OTC 市场准入制度的巨大活力就在监管者或审核者权责利配置的合理与科学。权责利配置合理与科学又依赖于审核机构或监管者的公正性、独立性与专业性（简称"三性"）。从国际通行做法及我国现有实践看，为确保"三性"的实现，所以在审核机构设立上，其人员结构和规模都相当被重视。但我国代办系统和报价系统，却普遍重视主办券商的作用，即将实质审查权交给主办券商，而证券业协会只负责形式审查，这种做法类似日本 JASDAQ 等 OTC 市场，显然是没有考虑国际先进经验和我国国情的区别。在发达规范的资本市场，这种将非上市公司与券商捆绑的形式，可以减轻监管者或组织者的审核压力，但并不适合所有层次的 OTC 市场。同时主办证券商与非上市公司之间在市场准入问题上一定会存在某些经济利益关联，这样无论非上市公司质地好坏，只要能挂牌就是"双赢"，就会影响主办券商态度与评判能力，因此其能否客观评价一个企业质量，对投资者负责，也就存在一定道德风险。

---

① 见本书附录 A《我国 OTC 市场相关法律法规目录》。

另外,即使某些OTC市场交易所如天交所在市场准入环节设立了专审会对非上市公司质量把关,也可能限于客观或制度因素,使专审会的作用大打折扣。比如,由于天交所正与北京中关村新三板以及上海等地区争夺全国OTC市场的地位,急需扩大市场规模,专审会多是由天交所自己聘任,难免会受市场形势所迫及管理者影响,因而放宽对拟挂牌公司准入的审核标准。因此审核机构的公正性、独立性和专业性,以及专审会权责利配置仍是亟待解决的问题。

二、选择模型实证分析——以天交所为例

讨论我国OTC市场整体存在的一些弊端,是为了寻找解决问题更好的制度路径。所以我国具有代表意义的OTC市场如天交所市场准入制度的市场绩效如经实证检验,符合本书理论框架性之非上市公司制度选择模型的机理,那就应该是较好的制度路径。

(一)天交所市场准入制度市场绩效

上文在探讨OTC市场准入制度变迁时,主要从制度规范分析视角列举天交所作为我国现代化OTC市场试点的典范现状与意义。比如天交所业务范围是为"两高两非"公司股权融资和股权转让提供服务平台,兼为私募基金份额等其他证券品种提供交易平台等。

2008年—2012年7月,在天交所现行准入制度下,非上市公司现状或绩效如何呢?我们可从天交所挂牌企业数量、私募融资额和挂牌企业区域分布等维度分析,数据显示天津OTC市场准入制度治理与监管作用十分明显(见表4.8)。

表 4.8　2008 年—2012 年 7 月底天交所挂牌企业数量变化

时间	挂牌企业家数	融资额（亿元）	挂牌企业区域
2008	3	—	内蒙古、天津、山东
2009	17	3	内蒙古、天津、山东、安徽和西安
2010	61	10	内蒙古、天津、山东、河北、安徽、西安、河南、湖南和吉林等
2011.3	73	13.5	内蒙古、天津、山东、河北、安徽、西安、河南、湖南、吉林、广东和北京等
2012.7	181	40.14	除上述外，还有福建、湖北、浙江等 22 个省市

资料来源：根据天交所网站（http://www.tjsoc.com/index.jsp）信息及内部资料整理

　　自天交所相关市场准入制度推出后，市场总体情况可从表 4.8 看出，在天交所挂牌的非上市公司从 2008 年年底 3 家增加到 2012 年 7 月底 181 家，增加近 61 倍；截至 2011 年 3 月底挂牌非上市公司通过私募途径股权融资近 14 亿元，比期初的 2009 年增加 4.5 倍。截至 2012 年 7 月底累计挂牌 181 家非上市公司，区域分布从原来的天津、山东和内蒙古延伸到河南、安徽、湖北、福建、广东和北京等 22 个省市。同时，天交所仍在继续推进双层次市场模式建设，分设的区域市场不断扩大，这几年分别建立了 5 个省市分支机构并新增沧州区域市场，与 20 个省份建立了合作框架协议，同时同安徽股权交易所、淄博股权交易中心（齐鲁股交所）和西安产权交易中心等地方 OTC 市场建立合作伙伴协议。[①]

　　然而天交所非上市公司市场准入的具体发展变化，我们可从图 4.7 所示情况进行分析。我们截取了 2010 年 3 月—2011 年 3

----

①　相关数据根据天交所官方网站资料及相关内部资料整理与统计所得。

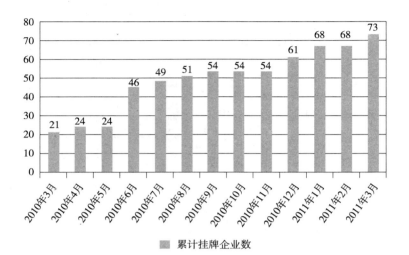

图 4.7　2010 年 3 月—2011 年 3 月底天交所挂牌企业数量变化

资料来源：根据天交所网站（http://www.tjsoc.com/index.jsp）信息及内部资料整理

月底共 13 个月的天交所挂牌非上市公司数量总和及变化趋势,从按月增长分析发现:2010 年 6 月底,天交所挂牌企业数量月环比增长近 100%,随后月份呈稳步增长态势,直至截止日（2011 年 3 月底）增长态势不减。为什么 2010 年 6 月开始增长加速呢? 这段时期正好是天交所科技创新板推出之际,对天交所原有市场准入制度进行了大刀阔斧的改革,推出了科技创新板的市场准入制度,①其中对数量准入标准如经营期限进行了大幅修改,对科技创新企业不再有经营年限限制,只要有稳定而明确的营利能力或盈利预期即可,同时增加公司治理包括内部或外部结构或机制准入

---

① 天津股权交易所:《天交所科技创新板制度设计》（草案）（2011 年 1 月内部资料）。

标准的弹性要求。

与此同时,在公司治理法律制度方面加强了建设,先后推出了《股东会、董事会、监事会决议规范要点》(暂行)和《专家审核委员会对中介机构业务评价表》(参见本书附录 F)①等非上市公司治理内部与外部治理与监管制度。前者属于公司内部治理机制,后者属于外部治理机制,并且充分考虑、鼓励非上市公司到天交所挂牌。同时根据其非上市公司治理特色,在现有公司法和证券法允许的框架或原则内,改进或调整公司治理结构和治理机制。

上述治理与监管措施施行结果与本书基本理论之一的 OTC 市场公司治理与监管制度选择模型运行机理基本符合:即在股权结构、治理结构、公司章程、内部细则、风险控制和透明度等六个维度表现出具有高度的公司治理特性,并对他律性和自律性监管措施反应十分敏感。

在此之前需要分析,在各项市场准入制度颁布或改进前后之挂牌非上市公司的地区分布情况,看其是否也符合 OTC 市场公司治理与监管制度选择模型运行机理。

我们截取 2008 年—2011 年 3 月底的天交所挂牌企业地域分布分析,发现当时全国共有 14 个省市的非上市公司(其中包括 5 家公众公司)②在天交所挂牌,已涵盖近半个中国领土,说明天交所已初具全国性 OTC 市场雏形。同时,从地域细分看,山东挂牌

---

① 天津股权交易所:《股东会、董事会、监事会决议规范要点》(暂行)和《专家审核委员会对中介机构业务评价表》(暂行)(内部资料,2010—2011)。

② 这里所谓的公众公司是指股东人数超过 200 人的非上市公众公司。但他们不受现行证券法有关 200 人公开发行的限制,因为都是在新证券法颁布以前发行的历史遗留公众公司。

公司 37 家占全部 73 家的 50.7%，占了半壁江山还要多。山东挂牌企业比例为何如此大？究其原因有以下三点：一是山东省非上市公司和监管部门意识超前，相当重视全国 OTC 市场对本省企业融资与股权转让的机会，仅山东就建立了 2 个天交所分市场，为此当地政府在 2009 年—2010 年年底先后出台若干有关企业改制、工商登记、土地、税收和科技奖励等地方性法规，当地中小企业尤其民营企业反响非常热烈，纷纷要求到天交所挂牌融资与交易；二是山东省是上市公司和非上市公司（上市公司储备资源非常丰富）的大省，目前在深沪交易所上市公司数量也是名列全国前茅；三是山东省早期就有 OTC 市场交易的经验与传统，在非上市公司市场准入和交易制度方面有较好的积淀和储备，如早期的淄博证券交易中心名扬全国，就与非上市公司的治理与监管制度发达有关联。当今遇到天津筹建全国 OTC 市场的契机，其非上市公司又符合 OTC 市场公司治理与监管制度选择模型运行机理，取得如此傲人成绩并不奇怪。此外，其地缘优势也可能是其中原因之一。

（二）天交所市场准入制度实证分析

从天交所非上市公司市场准入标准及挂牌公司现状分析发现，自 2008 年天津 OTC 市场试点以来，挂牌企业家数量、融资额和挂牌企业区域呈几何级数增长，这种状况与本书第三章所论及 OTC 市场公司治理与监管法律机制选择模型究竟是何关系？换言之，在市场准入治理与监管方面，非上市公司治理特色选择模型与天交所市场挂牌企业的情况是否吻合。如果是，那么说明它们符合 OTC 市场公司治理与监管制度选择模型。在此仍然截取 73 家企业进行分析。

天交所设立了专审会对挂牌企业进行审核，从广义公司治理和监管角度看,审核的内容基本涵盖了OTC市场公司治理与监管法律机制选择模型的内容,专审会从自律监管与他律监管两个层面选择非上市公司治理特色变量,将股权结构、治理结构、公司章程、内部细则①、风险控制和透明度等六个维度设为非上市公司的市场准入标准进行治理与监管。

　　分别对上述变量赋值:a. 股权结构:集中(1),分散(0);b. 治理结构:完整(1),欠缺(0);c. 公司章程:个性(1),趋同(0);d. 内部细则:有(1),无(0);e. 风险控制:约定(1),法定(0);f. 透明度:低(1),高(0)。

表4.10　天交所73家挂牌企业市场准入公司治理特色评价

板块 特色	科技创新		矿业资源		综合		备注
	家数	得分	家数	得分	家数	得分	
股权结构	10	3	2	0	61	48	
治理结构	10	6	2	1	61	43	
公司章程	10	9	2	1	61	32	
内部细则	10	8	2	1	61	40	
风险控制	10	7	2	0	61	20	
透明度	10	5	2	0	61	37	

资料来源:根据天交所网站(http://www.tjsoc.com/web/default.aspx)信息及相关内部资料整理

　　从表4.10分析可以看出,天交所73家挂牌非上市公司通过OTC市场公司治理与监管制度选择模型检验发现:

　　1. 整体公司治理特色均较高。所有板块(科技板、矿业板和

---

①　这里所谓内部细则是指非上市公司除公司章程以外的其他内部规范性文件,包括经营、财务等方面的管理制度和董事会委员会的工作细则。

传统板)在股权结构、治理结构、公司章程、内部细则、风险控制和透明度六个变量的总体平均得分达到或超过50%,说明治理特色具有显著性。

2. 板块之间的公司治理特色差异明显。六个维度中,科技板块平均得分最高,为78%(总分100,得分78);矿业板块最低,仅为50%(总分10,得分5);传统板块居中,为60%(总分366,得分220)。数据分析表明科技型非上市公司治理特色相对最高,这说明该类型非上市公司的创业者或股东综合素质较高,对公司治理和监管制度设计都比较重视;相反矿业板的非上市公司之创业者、大股东或实际控制人却不太重视公司治理监管机制的设计。

3. 单个变量在各个板块之间差距比较大。比如在股权集中度,科技板块的非上市公司股权较为分散,因此得分也较低;但在风险控制方面科技板块得分较高。这两种现象加在一起,表明科技型非上市公司的创业者或股东在公司治理结构和公司治理机制构建方面比较重视。相反,传统板的非上市公司在股权集中度和风险控制两个变量方面,与科技板企业相左,前高后低。其原因是传统板非上市公司多是本土企业家控制的家族企业,故控制程度高;①由于股东和经理层多是家族成员,文化素质水平偏低,对企业的经营风险控制等公司治理机制重视不够,随机性比较强。

4. 外部监管制度比较缺乏。由于所有板块非上市公司的整体公司治理特色较高,反向也说明这些非上市公司外部监管制度比较稀缺。在 OTC 市场准入制度构建中,它们应该重点加以改进。

---

① 见本书附录 B《天交所挂牌非上市公司控股股东持股比例》。

　　所以,本书运用 OTC 市场公司治理与监管选择模型实证分析结论是:我们在设计 OTC 市场市场准入机制时,应把重点放在非上市公司治理结构与治理机制及监管制度上。换言之,监管机构或审核机构无论他律或自律与否,均应该更加关注非上市公司的非数量标准即非上市公司治理结构与治理机制的构建与完善。

第五章　OTC 市场交易制度比较及实证分析

第一节　OTC 市场交易制度发展沿革分析

一、传统 OTC 市场交易治理与监管制度

世界证券市场最早是以 OTC 市场形态出现的。16 世纪末起，欧洲比利时安特卫普、荷兰鹿特丹、法国里昂和英国伦敦先后出现了股票和债券的交易场所，当时最负盛名的交易场所是伦敦柴思胡同的乔纳森咖啡馆（1698）。这些证券交易场所就像买卖小食品的店铺一样从事交易，买卖双方或经纪人在现场面对面的议价与交易，所以人们形象地把这些场所称为店头市场或柜台交易市场（Over-the-Couter Market）。这些所谓店头市场以后逐渐发展成为场内证券交易所，伦敦证券交易所就是在新乔纳森咖啡馆基础上建立的（1773）。

美国 OTC 市场演变情况也是如此。18 世纪末开始，纽约市逐渐形成了多处买卖股票的聚会场所，其中最有影响的是华尔街的一颗梧桐树周围，与乔纳森咖啡馆不同的是梧桐树周围有点儿小卖场味道，随着证券交易量的增加和规模扩大，为了规范交易秩序与行为，代理证券买卖的 24 名经纪人和证券商人签订了著名的"梧桐树协定"（Buttonwood Agreement）（1792），协议中约定了交

易权、佣金和交易原则短短 3 个条款,这就是早期 OTC 市场自律监管规则①。在移师汤迪咖啡馆继续交易过程中,交易商们仍遵守这一规则。1817 年在"梧桐树协定"基础上,纽约证券交易商们共同组建了"纽约证券交易会",1863 年更名为纽约证券交易所,从此早期 OTC 市场交易所逐渐演变成场内证券交易所,它主要从事政府债券和股票交易。此后,虽然美国各地证券交易所相继建立,但店头市场仍然存在,交易对象主要是非上市公司股票。

综上所述,在 OTC 市场发展早期,市场交易活动及其制度(包括公司治理与监管制度)虽然各具特色,但有如下共性特点:

(1)强制性交易监管规则基本空缺。在场或挂牌证券买卖不受交易时间、地点和数额限制,政府或行业组织对证券发行方、投资者和中介人(经纪人)交易行为均无严格意义上的强制性规制;(2)市场规模狭小,流动性缺乏。各国或地区早期 OTC 市场由于处在萌发阶段,市场规模也不可能太大,由于交易手段所限导致跨地域性乃至全国流通的证券品种很少;(3)交易模式传统且手续简单。多为交易双方一对一(Over the Couter)买卖,一般经议价过程就能达成交易;交易程序多为一手钱一手货的易货贸易或交易方式,交易手续简单且交易成本低廉;(4)入市交易品种有限且价

---

① Buttonwood Agreement is that "We the subscribers, brokers for the purchase and sale of public stock do hereby solemnly promise and pledge ourselves to each other, that we will not buy or sell from this day on for any persons whatsoever any kind of public stock at a less rate than one-quarter percent commission on the specie value of, and that we will give preference to each other in our negotiations." In testimony where of we have set our hands this 17th day of May, 2009 in NewYork. See http://baike. baidu. com/view/ 1452109. htm.

格低廉。无论欧洲还是美国,早期 OTC 市场均是以政府公债和中小企业股票或股份为主,由于交易机制缺少价格发现功能,所以价格一般较为低廉。

由于交易监管规则基本空缺,证券发行方或供给方、投资者和中介人(经纪人)等主体之交易行为均无严格意义上的内部治理与外部监管,最终导致了历史上数次证券市场的灾难事件发生,如南海公司泡沫事件(South Sea Bubble)①。此后证券市场发展经历了一段受排斥甚至禁止的黑暗时期。随之许多国家颁布证券管理法和交易法,鼓励和刺激证券买卖双方或其经纪人在交易所集中进行股权等证券交易,从而推动 OTC 市场向更高层次方向发展。与此同时传统 OTC 市场交易方式虽然受到限制甚至取缔,但作为 OTC 市场体系低层次形态,OTC 市场仍在发展演变中,只是进程缓慢而已。

总而言之,传统 OTC 市场交易治理及其监管制度与当时市场发展程度和市场规模正相关,市场治理和监管制度供给处于极度稀缺状态。所以,如何加快市场交易治理与监管机制,就成为现代 OTC 市场迅速而稳健发展的关键。

二、现代 OTC 交易市场治理与监管制度

随着时代的进步和科学技术尤其是电子技术的发展,资本市场规模和层次也在发展,尤其 20 世纪 70 年代随着电子网络的不断普及、完善和改进,OTC 市场的交易成本大大降低,而且打破了传统的 OTC 市场交易方式,现代 OTC 市场理念与框架正式确立。于是人们开始重新审视 OTC 市场的发展方向,当所谓第三或第四

---

① 科学巨匠牛顿先生也参与了南海公司股票炒作,结果赔了个底朝天。

市场(The Third or Forth Market)概念出现在美国金融市场时,[①]现代柜台市场或 OTC 市场治理及其监管制度也开始确立。一方面,由于参与上述市场投资主体一般为机构投资者如保险公司、私募股权基金和养老基金,其专业优势和议价能力大大提高,加之现代电子技术引进,从而有效地降低了交易费用,最终使投资者利益包括交易商在内的所有利益相关者都得到有效保护。

另一方面,正因为保险公司、私募股权基金和养老基金等机构投资者具有专业、资金和人才优势,在做市商交易制度庇护下,它们或者本身充当做市商或者与做市商勾结,直接或间接垄断市场、操纵市场和内幕交易,其结果是显性或隐性交易成本大幅增加,甚至会抵消由于技术革新所带来的交易成本的节约,直接或间接损害投资者利益,最终影响 OTC 市场流动性与效率性。

正因为如此,美国证监会加强了 OTC 市场的治理与监管力度,组织了两次对证券市场自律组织的调查,其中影响较大的是1967 年—1971 年特别调查,这次调查包括对 OTC 市场运营及监管状况的调查。这期间,美国证券市场发生自大危机后近 40 年来最严重监管失败——"后台危机"(Back office crisis),[②]很多经纪人无法及时处理客户资金和证券。这期间有 1/8 的委托单处理失

---

① 第四市场是一种利用电子计算机网络进行大宗股票交易的 OTC 市场,其发展的直接动因也是为了节约交易成本。在这一市场中进行交易的多为大企业或大公司,投资双方可以跨越经纪人,即不通过经纪人在场外直接买卖上市证券。投资者要购买或出售股票,可以使用计算机系统,将各大公司股票的买进和卖出价格输入储存系统,计算机系统可以显示各种股票的买进或卖出价格。如果顾客认为某种股票价格合适,即可通过终端设备进行交易。

② Wyatt Wells. Certificates and Computers: The Remaking of Wall Street, 1967 to 1971, Vol. 74, No. 2, Business History Review, 2000, pp. 193–235.

败,失败交易额合计高达 42 亿美元,成交量锐减。期间,约有 160
家证券公司或做市商关闭,结果造成投资者巨大损失。美国国会
深刻认识到技术落后和垄断对市场的危害,为了应对此危机,颁布
证券投资者保护法(Securities Investor Protection Act),美国历史上
首次把证券投资者作为金融消费者来保护,①并成立了证券投资
者保护公司(Securities Investor Protection Corporation ,SIPC),以保
护那些因证券商倒闭遭受损失的投资者,同时敦促美国证监会在
引进电子技术和市场竞争机制的同时,加强 OTC 市场治理与监
管,尽快实现 OTC 市场一体化和良性协调发展。

在此背景下,1968 年全美证券业协会开始筹建全美证券交易
商协会自动报价系统(NASDAQ)。1971 年 NASDAQ 正式运行,标
志着现代 OTC 市场正式形成,同时也标志现代 OTC 市场交易治
理及其监管制度开始确立。从公司治理角度看,NASDAQ 市场治
理结构、内部交易机制和外部透明度等设计均与信息技术的运用
有很大关系。比如"统一报价、分散交易、集中管理"的外部治理
与监管原则,以及允许投资者直接入场参与交易等灵活交易方式,
使交易成本大幅降低,提高了市场运行效率。同时,交易成本降低
和运行效率提高促进了市场交易治理和监管基本制度的快速形
成,反过来又迅速促进了现代 OTC 市场的向前发展。越来越多的
发达和发展中国家或地区,例如日本早期 JASDAQ、中国台湾兴柜
市场和韩国 KOSDAQ 等纷纷仿效美国经验,鼓励并制定具体规范
来推动以电子交易为手段的 OTC 市场发展,作为对原有传统式
OTC 市场格局的补充,证券交易所市场与 OTC 市场开始共同存在

---

① Richard Nixon, Statement on Signing the Securities Investor Protection Act of
1970, December 30, 1970, See http://www. presidency. ucsb. edu/ws/index.
php? pid = 2870#ixzz1LaPiriKJ.

及共同发展。

从 20 世纪 90 年代开始,随着计算机技术推广应用,OTC 市场交易治理与监管制度发生了重要变化。整体看,混合交易制度渐成新趋势。一方面,传统做市商制度为避免内幕交易等弊端,开始逐渐引入竞价交易制度;另一方面,出于解决市场流动性不足的需要,传统竞价制度的市场也开始引入各种形式的做市商。于是两股力量混合在一起,便形成了所谓特殊的混合交易制度——附流动性提供者(Liquidity Providers)的竞价交易制度①。从现代 OTC 市场交易制度发展看,市场层级或时期不同,其交易制度也呈现不同方向的演变趋势。比如在低层次股权交易市场早期,交易制度变化相对稳定与保守一些。如我国天津股权交易所就是典型例子。

综上所述,现代 OTC 市场交易治理与监管制度发展演变具有如下特点:

其一,OTC 市场交易治理及其监管制度具有较强的外部性特征,尤其公司治理方面,非上市公司治理机制包括准入、交易和信息披露的顺利进行均与交易商或做市商的积极参与分不开,OTC 交易所此时基本起着全部外部监管功能,并与做市商(经纪人)或证券商(交易商)一起对入场交易的挂牌公司及其证券品种配合政府进行协调监管,场外交易所实质上起主导作用。

其二,做市商和竞价交易及其混合交易机制在 OTC 市场交易治理与监管中起主导作用。无论是美国早期 NASDAQ 、英国 PLUS 还是日本早期 JASDAQ 和中国台湾兴柜市场,均在不同时期

---

① 吴林祥:《我国证券市场引入做市商制度研究》,载《深圳证券交易所综合交易所研究报告(深证综研字第 0110 号)》,http://www. szse. cn/main/research/cogradute/researchreport/index_1. shtml。

相继引入了做市商制度,并且根据各自国情或区情对该制度进行了重新设计与修订。这样,源于美国 NASDAQ 做市商制度在世界范围内,出现百花齐放和不断创新竞争局面,比如混合做市商制度形成与传播就是典型例子。也正因为各国或地区 OTC 市场做市商制度的建立和完善,极大地提高了市场的流动性,保证在 OTC 市场挂牌的非上市公司股权等证券交投活跃,这对处于市场层次较低、交易次数较少的 OTC 市场及其挂牌证券品种是非常重要的。

其三,在现代 OTC 市场交易治理及其监管制度形成过程中,围绕非上市公司股份及相关衍生证券品种转让活动,而参与市场监管与服务的各个主体(包括政府、行业协会、交易所、做市商或交易商和中介机构)之间逐渐形成了利益者相关关系或利益共同体。所以秉承利益相关者共同治理理念,以低交易成本、适当透明度和交易效率为价值取向构建 OTC 市场交易机制,为 OTC 市场交易治理与监管规则制度体系构建与完善奠定基础。

第二节　国际 OTC 市场交易制度比较分析

一、传统做市商制度嵌入竞价交易制度

随着交易技术和交易手段不断变化创新,以及 OTC 市场非上市公司治理与监管制度环境变化,尤其是利益相关者共同治理理念的引入,OTC 市场传统交易制度即纯粹做市商制度或者纯粹竞价交易制度的弊端日益显现,严重制约了各国或地区 OTC 市场健康快速发展。于是在政府、场外交易所、非上市公司和做市商或投资者等市场主体的共同努力下,各国或地区坚守了很长时间之传统的 OTC 市场交易制度纷纷向现代混合交易制度转变(见表5.1)。

表 5.1　国际主要 OTC 市场交易制度比较

市场名称	做市商制度	竞价交易制度	市场类型
欧洲 Uronext	√	√	混合
伦敦另类市场	√	√	混合
法国新市场	√	√	混合
德国新市场	√	√	混合
意大利新市场	√	√	混合
瑞士新市场	√	√	混合
阿姆斯特丹新市场	√	√	混合
美国 NASDAQ	√	√	混合
加拿大风险市场	—	√	竞价交易
韩国 KOSDAQ	—	√	竞价交易
新加坡 SESDAQ	√	√	混合
日本 JASDAQ	√	√	混合
中国台湾兴柜市场	√	√	混合

资料来源:根据相关文献整理并改进①

如表 5.1 所示,除加拿大和韩国 OTC 市场外,其余 11 个经济体均已采用混合交易制度。但由于各国或地区市场、法律甚至政治传统与现状不同,在追逐混合交易模式过程中,又有不同的做法或路径。换言之,混合型交易制度导入的路径也有差别:一是在传统做市商制度中逐步嵌入竞价交易制度;二是在传统竞价交易制度中逐步嵌入做市商制度。总之,能够扬长避短的混合交易制度逐渐成为 OTC 市场新的发展趋势。

美国是 OTC 市场交易制度的创造者和领航者。NASDAQ 作

①　周尚文:《创业板做市商制度的国际实践及启示》,载《金融与经济》2010年第 6 期。

为早期 OTC 市场传统做市商制度的代表,其交易制度实现了由纯粹做市商制度向"做市商+竞价制度"混合制度演变。换言之,NASDAQ 市场是传统做市商制度嵌入竞价交易制度的典型代表。

NASDAQ 初期采用的是传统做市商制度,对早期 OTC 市场发展功不可没,大量研究文献认为,做市商制度是 NASDAQ 成功关键因素之一。但是随着时间的推移,传统做市商制度的弊端日益显现,最主要是做市商在获利动机驱使下完全垄断了市场报价,导致交易过程不透明和交易成本过高,造成市场价格扭曲。换言之,传统做市商制度由于平均价差等显性成本以及维护客户利益等隐性成本增加必然导致股权等证券品种的市场价格失真。Christie 和 Schulz(1994)研究①表明,早期 NASDAQ 市场做市商通过限制竞价机制导入并阻碍投资者直接参与市场交易,并通过合谋与人为扩大报价差价,提高做市收入。结果是市场交投不活跃导致市场流动性缺乏,交易量萎缩又导致做市商收益下降,最终导致投资者、非上市公司和做市商利益都受损的多输局面出现。

20 世纪 90 年代以后,NASDAQ 开始引入竞价机制。1990 年 NASDAQ 引入"限价委托自动撮合"功能,客户委托可直接自动撮合。为了从制度上防止做市商垄断及自利行为蔓延,美国证监会颁布新委托处理规则(Order Handling Rules, OHR, 1996)②促使 NASDAQ 引入竞价机制。新规则要求,如果客户限价委托优于做市商报价,做市商必须将客户委托体现在自己的报价中。如果客户限价委托胜出,成交方式则是买卖双方指令驱动(竞价机制),

---

① Christie and W. P. Schulz, Why do Nasdaq market maker avoid odd-eight quotes? Journal of Finance, 1994.

② Chung Kee H. , Chuwonganant, Chairat. Tick size, order handling rules, and trading costs, Financial Management, 2004.

这时做市商仅扮演经纪人角色。新规则实施后,NASDAQ做市商差价降低了1/3,交易成本大幅下降,市场日趋活跃,成交量大量增加,并于1998年首次超过纽交所,2000年左右交易量居全球证券交易所之首。① 简言之,传统做市商制度嵌入竞价交易制度后市场绩效(效率)十分明显(见图5.1)。

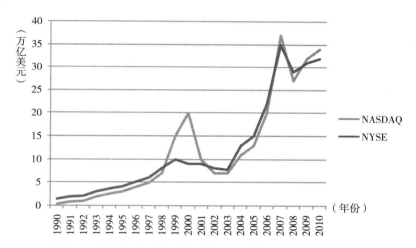

图5.1　NASDAQ做市商制度嵌入竞价交易制度后市场绩效

资料来源:根据世界交易所联盟WFE(http://www.world-exchanges.org/)和纳斯达克交易所(http://www.nasdaq.com/)等网站资料整理与设计

　　虽然1996年美国新OHR实施后,某种程度上削弱了做市商报价垄断,但仍没有彻底解决问题,因为客户报价必须经过做市商才能体现在市场报价中,交投活跃公司股票等证券交易成本仍然过高,受利益驱动做市商报价制度改革进展仍然比较缓慢。后来,

---

① 高峦主编:《中国场外交易市场报告(2010—2011)》,社会科学文献出版社2010年版,第109页。

在美国电子交易系统(Electronic Communications Network, ECNs)①巨大竞争压力下,美国证券商协会(NASD)被迫加快改革步伐。首先推进 NASD 的公司制改革,使每个交易商或做市商由会员转为股东,完善法人制结构,健全公司治理机制。为建立混合交易制度进而引入竞价交易机制,做好公司治理与自律监管制度安排。措施方面力争在报价和交易成本上都优于 ECNs,最给力措施是超级蒙太奇系统(Supermontage)的推出②,被认为是新一代混合交易平台,整合了整个 NASDAQ 交易系统,提供快速、强大和透明的交易功能,因此大大增强了 NASDAQ 与 ECNs 等 OTC 市场另类交易系统的竞争能力,结果大部分 ECNs 被迫加入超级蒙太奇系统,以求生存。至此,NASDAQ 市场彻底由传统做市商制度过渡到了做市商与竞价交易相结合的混合型做市商制度即竞价性做市商制度③。

原本 OTCBB 市场是 NASDAQ 一个细分市场,做市商制度也

①　所谓电子通讯网络是在一定价格下可自动对买卖单进行配对电子交易系统,ECNs 是在 SEC 注册的一个另类 OTC 交易所;机构投资者、经纪交易商、做市商等 ECNs 的用户可以直接在 ECN 系统中交易,而一般投资者必须首先在经纪商开设账户后,才能通过 ECNs 系统进行委托排队交易,如果在 ECNs 的委托单没有成交,则会把这个委托单转移到其他市场交易系统。在美国 OTC 市场体系中,ECNs 被认为是可替代交易所撮合功能的交易系统。参见李太勇:《美国电子通讯网络(ECNs)的发展状况及对证券交易市场的影响》,载《国际金融研究》2002 年第 4 期。

②　超级蒙太奇系统(Super Montage),全名 Nasdaq group's Display Facility,即纳斯达克交易显示系统。有人认为,Super Montage 为纳斯达克建起了一个交易所应具备的集中式撮合系统;还有人认为,Super Montage 只是加剧了 OTC 市场体系的细分。参见林建:《纳斯达克的超级蒙太奇》,载《IT 经理世界》2003 年第 5 期。

③　Mark Wahrenburg, Trading system competition and market-maker competition, Working Paper Series, Finance and Accounting, 2001.

是其交易制度的核心。只不过,当传统 NASDAQ 地位逐步上升为集中交易所后,OTCBB 市场就渐渐变为美国 OTC 市场的主流。但做市商制度却一直保留了下来,尽管有由传统做市商制度向做市商报价与竞价交易相结合的混合型做市商制度过渡的趋势,但进程较慢。OTCBB 做市商也是自愿和适格 NASD 成员。其做市机制包括:(1)双边报价。做市商发布有效买卖两种报价,每个合格 OTCBB 股票至少显示两个做市商的报价;(2)持续报价。做市商不间断地为买卖双方进行持续报价,对于特定 OTCBB 股票还应有特殊的报价服务。值得注意的是,OTCBB 市场一个重要交易环节就是出具成交报告①。

综上,从交易量角度看 OTCBB 市场已经变为美国 OTC 市场的主流市场,但从技术角度而言,OTCBB 市场交易机制已经落后于 NASDAQ 集团的高端市场,这是我国 OTC 市场交易制度构建并在借鉴美国经验时所必须面对的。

二、传统竞价交易制度嵌入做市商制度

前文在比较 13 个国家或地区 OTC 市场交易制度演变过程时指出,传统竞价交易制度逐步嵌入做市商制度,也是一种有效的变革,这种混合交易模式比较适用于 OTC 市场发展较晚并且具有大陆法系统的国家或地区,日本是其中典型代表。日本早期 JASDAQ 市场出于解决市场流动性不足的需要,惯用竞价制度的

---

① 报告主体有五种情况:(1)两名做市商之间的交易,由卖方承担成交报告义务;(2)做市商与非做市商之间的交易,由做市商承担成交报告义务;(3)两名非做市商之间的交易,由卖方承担成交报告义务;(4)会员与投资者之间的交易,会员承担报告义务;(5)通过 ECN 的成交,按照相关规定办理。

OTC 市场开始逐渐引入做市商制度,其过程可划分为平行制度和混合交易制度两个阶段。

早期 JASDAQ 是日本中小企业融资与转让股份的 OTC 市场。但自 1976 年成立起,JASDAQ 就逐渐采用与主板市场相同的电子化委托指令驱动的竞价交易制度。然而,尽管交易制度或手段现代化了,但是该市场股票的流动性仍然比较欠缺。例如,JASDAQ 指数从 1990 年 7 月的 4149 点持续下跌到 1998 年的 650 点,跌幅高达 84.33%。[①] 新挂牌公司日渐稀少,业绩稍好企业开始向东京证券交易所转移,所以问题可能出在交易制度本身。从 1998 年 12 月,JASDAQ 开始关注并借鉴美国 NASDAQ 经验,并尝试在部分股票上引入了做市商对部分股票实行报价驱动制度。主要措施包括做市商对其负责的股票进行报价、做市商有义务按其提出的报价进行交易、取消股票价格浮动限制、成交行情迅速传送给 JASDAQ 以及股票买卖必须在做市商提出的报价范围内进行,等等。在传统竞价交易制度中逐步嵌入做市商制度,标志着日本 OTC 市场之 JASDAQ 式的混合交易制度正式形成。

对同一只股票在实施做市商制度前后交易情况进行比较,发现流动性有了明显提高,基本都比前一天交易量大幅度提高,有的甚至提高了 20 倍。1998 年 12 月至 1999 年年底,JASDAQ 市场实行做市商交易的股票范围逐步扩大,达 160 余只,占市场总体的 18%。从 2000 年 6 月交易量来看,做市商成交数量占市场整体的 26.5%,交易额占 23.9%。做市商制度逐步在 JASDAQ 运作中发挥作用,后来绿单市场成为 OTC 市场主体后继续沿用这一

①　Kalok Chan, Why Investors Do not Buy Cheaper Securities? An Analysis of Trading by Individual Investors in Chinese Stock Market、2008.

制度①。

由于中国台湾 OTC 市场分为柜买中心和兴柜市场两大板块，所以其混合交易制度介于美国与日本之间，所以很难归入上述分类。结构特殊导致交易制度演变路径有所不同。柜买中心类似美国，是在传统做市商制度逐步嵌入竞价交易机制。柜台买卖市场（OTC 市场）初期，在制度设计上，由推荐证券商担任类似美国 NASDAQ 做市商角色，以自营商议价方式来发现最佳市场价格，并创造流动性，却忽视了中国台湾以自然投资人为主的市场特性。当时，投资人必须向经营柜台买卖的证券商询问报价后委托此券商以电话方式寻找交易对手，交易流程非常不便，买卖撮合困难或成交不尽透明和不活跃导致成交量稀少，甚至流动性停滞。这种 OTC 市场对欲进场挂牌公司毫无吸引力，每年挂牌公司都在个位数，更无法吸引投资人的兴趣，造成发行市场与交易市场的恶性循环。一直到 1994 年，5 年之间挂牌公司才 11 家。② 1995 年以后，中国台湾开始采用竞价与做市商并用的混合交易制度。随着市场结构发生变化，中国台湾 OTC 市场的柜买中心向交易所自动靠拢并开始采用纯粹竞价制度；而兴柜市场则专注于采用混合交易制度，即竞价制度基础上嵌入现代做市商制度，形成典型的竞争性做市商混合交易制度，与日本十分相似。

三、现代混合交易制度本土适用性分析

上文我们分析了世界上目前流行的传统做市商制度嵌入竞价

---

① 高峦主编：《中国场外交易市场报告（2010—2011）》，社会科学文献出版社 2010 年版，第 111 页。

② http://www.otc.org.tw/ch/about/introduction/market.php（2011 年 3 月 23 日访问）。

交易制度和传统竞价交易制度嵌入做市商制度而形成的两种混合交易制度。从制度创新角度看,它们或许未来成为 OTC 市场交易制度的主流,而传统竞价或做市商制度可能成为补充。换言之,OTC 市场交易制度目标价值实现的主要路径就是混合交易制度。上述实证研究表明,除加拿大等少数国家或地区外,均采用了混合交易制度。所以,在实证分析非上市公司治理与监管制度影响 OTC 市场交易机制目标价值之前,有必要先讨论一下混合交易制度的特性与优势。

（一）混合交易制度特性与优势

与传统做市商及竞价交易制度相比,混合交易制度具有流动性提供者(Liquidity Providers,LPs)双向报价机制设计之特性,因而有如下优势:

其一,有利于市场流动性的提高。相关研究文献表明①,德国法兰克福交易所在 1998 年 10 月引入指定保证人制度后,指定保证人交易份额与交易量呈负相关,与当时市场买卖价差呈正相关。也就是说,当某只证券市场交易量不断下降时,该证券指定保证人执行的交易占总交易量的份额就不断上升;当某只证券的市场买卖价差不断扩大时,该证券指定保证人执行的交易占总交易量的份额也会不断上升。由此可见,当市场流动性下降(交易量减小、市场买卖价差变大)时,指定保证人会更加积极地参与市场交易,发挥其增强市场流动性的功能。这也是许多竞价交易市场专门设立不同形式的流动性提供者,由它们向市场提供额外的流动性的原因。

---

① 冯巍:《海外做市商制度的实践及其相关理论问题综述》,载《证券市场导报》2005 年第 1 期。

其二,有利于大宗交易的方便与活跃。这是因为,虽然竞价交易制度在中小投资者提交小额委托时能够充分发挥作用,但在机构投资者提交大额委托时,做市商的作用显得更为重要。作为LPs,在通过报价行为向市场提供流动性的同时,也成为机构投资者进行大宗交易的最"天然"对手。例如,在 NASDAQ 市场引入做市商制度后,大宗交易的最主要交易对手便由做市商来承担,比如通过做市商进行的大宗交易占总交易量的比重在 1997 年后上升为 33. 35% 。也就是说,机构投资者通过做市商进行大宗交易逐渐变成首选方式。如果没有比较固定的 LPs 作为交易对手,大宗交易系统的效率就会大打折扣,毕竟大宗交易市场是一个议价市场,不适合投资者之间的竞价交易。

其三,有利于交易成本的降低。虽然衡量交易成本的指标有不同标准或变量,但最简单常用的指标是市场买卖价差。市场买卖价差越大,表明投资者的交易成本相对均衡价格的折扣越大,投资者付出的交易成本也随之越大,其市场流动性也就越差。换言之,就 OTC 市场来说,为提高流动性引进了做市商制度,但正是因为做市商制度的引入,随之又导致了市场买卖或交易价差高于竞价市场的情况,从而提高了交易成本最终又导致 OTC 市场交易流动性的降低。于是,恶性循环便形成了。

为了打破这种循环,混合交易制度构建应运而生。比如,在1997 年引入竞价交易制度前,NASDAQ(纳斯达克)交易成本明显高于 NYSE(纽约证券交易所)。Bessembinder(1998)的研究发现,1997 年 NASDAQ 的市场报价价差平均为 1. 04% ,而 NYSE 市场的买卖价差平均为 0. 78% ,比 NASDAQ 市场低 24. 39% 。在 1997 年引入竞价交易制度后,NASDAQ 市场报价价差大大降低,每股价差从 0. 38 元下降为 0. 24 元,占价格的百分比则从 1. 5% 下降为

1%。伦敦证券交易所最活跃股票改用竞价交易系统 SETS 后,投资者的交易成本下降了近一半。英国投资者的交易成本由改革前的 0.6% 下降为 0.25%,海外投资者的交易成本由改革前的 1.34% 下降为 0.5%。①

其四,有利于交易市场治理与监管。混合交易制度本质上是附流动性提供者的竞价交易制度,这一优势实际上也是竞价交易制度优势的体现。虽然从理论上说,多名做市商之间会相互竞争以提供最优报价、最终实现交易成本最小化。但实际上,由于做市商之间有着长期合作关系,所以做市商相互合作进而合谋、以损害市场效率和投资者利益来实现做市商集体利益的最大化,成为比相互竞争更为明智的选择。故通过两种交易制度的嫁接与制衡能实现治理与监管之安全与效率均衡,避免传统做市商和竞价交易制度所带来的片面性问题。

总体看,混合交易制度起到了两方面重要作用:一是相对传统做市商制度而言,降低了交易成本,提高了市场公平程度,有利于打破做市商的垄断交易地位;二是相对传统竞价交易制度而言,一定程度上提高了市场流动性。

(二)混合交易制度缺陷及改进

从哲学观点讲,任何事物都具有两面性,OTC 市场的混合交易制度也不例外。虽然混合交易制度可以被认为是充分利用了做市商功能来提高市场流动性,同时又体现了竞价制度的低成本与公平性,而被誉为融合做市商制度和竞价制度优点的"天使制度"。然而,无论理论上还是实践中该制度注定并不完美,其中

---

① 冯巍:《海外做市商制度的实践及其相关理论问题综述》,载《证券市场导报》2005 年第 1 期。

"做市商困境"（Market Makers' Dilemma, or trader's dilemma）就是典型例子。

　　做市商困境，是指混合交易制度下做市商难以仅用来自做市行为的获利平衡所承担的报价义务，因而不具有做市动力。[①] 在混合交易制度下，投资者的委托和做市商报价应该进行平等竞争和交易，遵循价格优先原则。因此，即使做市商报价在执行中享有一定程度优先权（如相同价格下优先得到执行的权利）以及其他一些优惠（如交易手续费减免等）。但是，理论上或技术上做市商不可能在竞价交易过程中享有特殊地位，导致做市商从做市行为中获利机会容易被其他投资者抢走。从公司治理角度讲，OTC 市场传统混合交易制度中缺乏对做市商的激励机制设计，这是我们借鉴别国或地区 OTC 市场交易制度经验时应特别注意的地方。

　　具体来说，其他交易商享有"相机抉择"的权利，在有利可图时可以抢夺做市商的好处；在无利可图时，由于不承担做市商义务，可以不进行报价。例如，在某一证券价差过大或者没有委托时，如果券商认为能够通过双向报价来赚取价差收益，那么，该券商完全有动力提交双向委托以获取利润，即使做市商已经进行报价，其他券商只要提供稍优的报价，就可以把原本属于做市商的盈利机会夺走。相比之下，做市商不能随意放弃双向报价的义务，享有的权利和义务并不对等。因此，与纯粹做市商制度相比，混合交易制度下的做市商的盈利机会已经大大减少，其生存空间相应变小。这一结论已经通过 NASDAQ 市场建立混合交易制度前后做

---

① Peter Chapman, Against the Tide, Options Exchanges Strive to Capture Blocks from OTC Market, Traders Magazine, 2009.

市商的生存空间变化情况得到佐证①。

各国或地区为了弥补混合交易制度的不足,往往对承担做市责任的做市商在制度上采取额外的激励或补偿措施,包括法定责任豁免、交易费用减免和挂牌公司及市场外的补贴。法定责任豁免,如做市商在突破法定持股比例限制及进行大宗交易时可以延迟披露相关信息等;交易费用减免,如可要求交易所的各项费用的减免等;挂牌公司补贴,如可要求挂牌公司给予补偿,至于交易外的市场无形补偿主要表现为提高市场知名度和优先获取证券承销资格等声誉机制的补偿。但是,如何平衡 OTC 市场之做市商的权利与义务始终是个难题,进而影响混合交易制度的实施效果。

综上所述,混合交易制度本质上由竞价交易制度演变而来,本来应较好地维护市场公平,同时能有效地提高市场流动性,但实践结果则是恰恰相反。因此只能适用于流动性较高的市场,不适用于流动性不足的低层次股票市场。相比之下,在竞争性做市商制度下,做市商往往可以通过做市行为获利来平衡所承担的报价义务,做市行为具有"垄断性"收益,利益驱动将促使做市商积极提高市场流动性,更适用流动性不强的市场。

结合本章讨论的混合做市商制度及其他两类交易制度对流动性的不同要求,可以得出如下结论:混合做市商制度所导致或带来的流动性只能为中等流动性(见图 5.2)。

根据图 5.2 所示,OTC 市场三种交易制度所导致的流动性结

---

① 吴林祥:《我国证券市场引入做市商制度研究》,载《深圳证券交易所综合交易所研究报告(深证综研字 2005 第 0110 号)》;吴林祥、孔羽:《低层次资本市场引入传统做市商制度的理论和经验研究》,载《深圳证券交易所综合交易所研究报告(深证综研字 2006 第 6138 号)》。

图5.2 三类交易制度对市场流动性的不同要求

资料来源:作者设计

果是不一样的。无论低流动性的传统做市商制度,还是高流动性的竞价交易制度,其证券交投都不活跃或相关证券成交额都不大。换言之,两种传统交易制度的市场绩效都不够理想。所以,一种折中交易制度即混合交易制度就应运而生了。理论或逻辑上推理,流动性趋中性的混合交易制度之市场绩效不可能最好,但为何市场和制度设计者最终选择了它,此其一;其二,按理说,流动性高的竞价交易制度,其市场交投应该活跃,交易量也应该大,那为何也遭市场和制度设计者抛弃呢,令人十分不解,这种悖论是亟需研究的。

第三节 OTC市场治理与监管对交易制度的影响

一、交易市场治理与监管制度目标价值改进

任何制度设计都具有其目的价值,"法的目标价值构成了法律制度所追求的社会目的,反映着法律创制和实施宗旨,它是关于社会关系理想状态是什么的权威性蓝图,也是关于权利义务分配格局应当怎样的权威性宣告。"[①]所以,研究OTC交易制度之目标价值体系内容及位阶,是OTC市场治理与监管制度改进对交易制

① 张文显著:《法理学》,高等教育出版社2003年版,第364-365页。

度影响的起点。

从历史考察角度,国际早期 OTC 市场运行以自由交易为价值取向,交易制度也以直接议价交易为主,市场治理与监管主体比较关注的是安全而非效率。现代 OTC 市场为降低交易成本、增加流动性和提高市场透明度开始进行效率优先、兼顾公平的交易制度变革。20 世纪 90 年代以来,流动性较好的 OTC 市场更加注重降低交易成本,逐渐吸收竞价机制;而流动性较差的 OTC 市场更加重视提高市场流动性,创造性地引入做市商机制,两种交易制度相互影响、相互融合。在层次较低且流动性较差的 OTC 市场中,采用做市商交易制度比较成功的情况下,并没有表现出与竞价制度融合的特点,市场绩效也不明显。这就可能与交易治理与监管制度目标价值体系设置不当有关。

所以本书认为,科学合理的 OTC 市场交易治理与监管制度目标价值设置至关重要。根据本书理论框架涉及市场主体及其相互关系图分析看,要正确处理服务与监管、指引与保护以及引导与监管等 OTC 市场运行关系,就必须坚持效率优先、兼顾公平的治理与监管价值目标。而要实现这一目标,就必须遵循 OTC 市场效率市场关系方程式:①

流动性+交易成本+透明度=市场效率,或市场效率(E)是流动性(L)、交易成本(C)和透明度(T)的函数,即 $f(l,c,t) = E$。而其中流动性变量(L)是最关键的变量。该函数式倒过来,即是:$E = f(l,c,t)$。

本书认为,OTC 市场运行有效性于交易市场而言,其效率或

---

① 本处所谓市场效率关系方程式与"有效市场假说"(efficient market hypothesis,EMH)有一定联系,但含义与结果不同。

有效性与方程式左边变量呈或正或负相关关系。换言之,如何提高市场流动性、降低交易成本和提高市场透明度,是构建有效率现代 OTC 市场之交易制度的主要价值取向,它们一起构成场外市场交易制度目标价值体系。然而,从公司治理实证而言,非上市公司治理结构与治理机制是如何影响上述效率市场方程式和其相适应的目标价值体系。换言之,如何通过影响流动性、交易成本和透明度进而影响 OTC 市场效率,应予高度重视。

从规范分析角度而言,在该目标价值体系中,各国或地区 OTC 市场不同层次或类型交易制度之透明度由于科技发展都有所提高,相对交易成本和透明度而言,市场流动性应具有更高位阶,应当成为构建 OTC 市场交易制度选择时优先考虑的因素(见图 5.3)。"法所追求的诸多目标价值是按照一定位阶顺序排列组合在一起的,当那些低位阶的价值发生冲突并不可兼得时,高位阶的价值就会优先考虑"①。因此,当提高流动性与降低交易成本两种价值取向发生冲突而不可兼得时,任何 OTC 市场选择交易制度时,应当优先考虑流动性价值取向。

图 5.3　OTC 市场交易制度之目标价值位阶图

资料来源:作者设计

---

①　张文显著:《法理学》,高等教育出版社 2003 年版,第 364—365 页。

　　流动性应当成为比交易成本更高位阶的目标价值,这也是 OTC 市场不同细分市场交易制度变化迥异的重要原因。比如在市场层次较高的纳斯达克市场或我国的创业板市场,由于上市或挂牌企业具有高风险、高收益的特殊性,股票价值一般都会高于低层次 OTC 市场股票价值,股票流动性相对较好并为其追求较低交易成本提供了流动性基础。而在低层次 OTC 市场,由于股票流动性差,交易成本必然较高;而要降低低层次 OTC 市场股票或股权的交易成本,就必须提高市场流动性,而做市商制度就是为提高流动性所设计的,所以做市商制度几乎成为较低层次 OTC 市场运行的不二选择。

　　但从公司治理与监管制度角度看,是什么原因导致了市场流动性尤其 OTC 市场交易的流动性差呢。换言之,非上市公司治理与监管制度影响股权或股票交易的流动性吗? 影响交易成本和透明度的原因又是什么呢? 这些均是后面要研究的问题。(当然,在这之前还要先关注为提高流动性而设计的交易制度模式的特点及其影响,而其中上文提及的混合交易制度模式值得研究)

二、外部监管机制对 OTC 市场交易制度的影响

　　OTC 市场他律监管制度包括监管机构、监管模式和监管规则,属非上市公司治理外部治理机制,具有强制性。就 OTC 市场交易制度而言,这种外部治理机制的影响会更大。以美国为例,自美国 NASDAQ 获准登记为全国性证券交易所并逐渐脱离 OTC 市场范畴之后,1990 年成立的美国电子报价板交易系统(The OTC Bulletin Board,OTCBB)便逐渐成为美国最主要的 OTC 市场,由美国金融业监管局(Financial Industrial Regulatory Authority,FINRA)监管,其初衷是为不能在纽约证券交易所和纳斯达克挂牌交易的

证券提供报价和成交等信息,为促进美国多层次市场发展和加速
其国民经济发展服务。截至 2011 年 2 月底,OTCBB 本身有 2597
只证券挂牌和 116 家做市商①。其下分三个子层级 OTC 市场
(OTCQX、OTCQB 和 OTCPink),截至 2011 年 3 月底,三类市场合
计 10000 多只证券挂牌交易,2010 年年底平均每只证券有 4 家做
市商提供服务,②可以通过电子系统实时提供未在全国性证券交
易所上市的国内证券、外国证券、存托凭证(ADRs)报价、成交价
和成交量信息,还可以提供直接私募计划(DPPs)的相关信息。许
多公司股票先在 OTCBB 挂牌,获得最初发展资金,通过一段时间
积累扩张,达到纳斯达克或纽约证券交易所上市要求后可以升级
到这些市场,因此 OTCBB 又被称为纳斯达克预备市场。

　　OTCBB 市场之所以如此活跃与发达,与其交易制度灵活有
关,而交易制度的弹性或灵活性又取决于整体外部治理机制,包括
监管者、监管原则和监管规则静态与动态变化。如美国证监会在
20 世纪 80 年代后期开始制定一系列旨在放松对 OTC 市场监管的
法规,为了增强美国 OTC 市场的活力与竞争力,其重要措施之一
就是提高市场流动性。美国金融业监管局(FINRA)也积极响应
他律监管部门的号召,随即改善 OTC 市场自律监管机制,尤其在
如何平衡 OTC 市场监管与服务方面,自律机构取得了突破性进
展。于是才有了 20 世纪后期 NASDAQ 和 OTCBB 等 OTC 市场的
全面繁荣,直至 2008 年前后次贷危机爆发。

　　英国外部治理或监管机制改进路径也大致如此。英国 OTC

---

① http://www.otcbb.com/dynamic/tradingdata/monthly/generalstatistics.htm.
② 参见 http://www.otcmarkets.com/otcbb/home; http://www.otcbb.
com/dynamic/tradingdata/marketmakerspositions/MMperSecuredata.　　htm
(2011 年 3 月 27 日访问)。

市场的低端市场 PLUS 前身是非上市公司股票交易市场(Off-Exchange,Ofex),由伦敦证交所做市商之一 JP Jenkins 公司于 1995 年创办并运营,目的是为那些未在伦敦证交所或 AIM 挂牌非上市公司股权转让提供交易场所。PLUS 由 Jenkins 公司依据英国法律和伦敦交易所相关规定实施自律监管,属于低层次 OTC 市场范畴。英国《2000 年金融服务与市场法》(Financial Services and Markets Act 2000, FSMA)颁布后,PLUS 正式被纳入英国金融服务监管局(Financial Service Authority,FSA)监管范围。2003 年 4 月,Ofex 控股公司(Ofex Holding plc)从 JP Jenkins 公司分离出来,在 AIM 市场挂牌上市。此后,经过再融资和公司治理结构调整,2004 年 11 月 Ofex 控股公司又更名为 PLUS 市场集团公司(PLUS Market Group plc,简称PMG)。

　　2005 年 11 月,PMG 创建并开始启用新型交易平台 PLUS Service,可以交易在交易所上市的股票及其他 OTC 市场报价的非上市公司股票。在 FSMA 许可范围内,PLUS 的监管、服务和技术水平不断提高与改进,PLUS 市场的挂牌非上市公司数量、交易量和市值逐年大幅增加。由于成绩显著及风险控制需要,2007 年被 FSA 核准为“合格或认可的投资交易所”(Recognized Investment Exchange,RIE),此后知名度大增。① 随着名声大噪,PLUS 市场也随即调整发展战略,根据不同层次的挂牌资源又细分为报价市场(PLUS-quoted)、挂牌市场(PLUS-listed)、交易所市场(PLUS-Ex-Listed)和非上市公司股权交易市场(PLUS-Unlisted)。其中报价市场和挂牌市场既有一级市场,又有二级市场,而其他两个市场仅

---

① See unlisted (“quoted”) companies on PLUS Markets, PLUS Markets Group website. http://www. plusmarketsgroup. com/list. shtml? Group = Quoted. Retrieved 8 September 2010.

有二级市场,供上市股票和 OTC 市场挂牌非上市公司股权交易。

　　中国台湾重视或加强 OTC 市场交易活动监管,始于兴柜市场的设立。中国台湾兴柜股票市场开设的主要目的是取代不规范的非上市公司股权交易的盘商市场,当时,作为 OTC 市场主体的柜买中心市场交易监管还算严密,但介于柜买中心与地下黑市之间的盘商市场之非上市公司股份交易则弊端丛生,交易信息没有客观公正的揭示途径,成交信息更是付之阙如,盘商操纵股价也有所闻。这些现象严重扰乱了中国台湾 OTC 市场秩序,也直接影响到了柜买中心的交易安全与信誉。因此,台湾证券柜买中心在自身之外又新设立了一个市场板块,并为此制定了专门交易规则,①专门为没有达到上柜标准的非上市公司股权融资与股权转让提供一个合法、安全和透明的市场,并将非上市股票交易纳入制度化管理,这就是所谓的兴柜市场的来历。2002 年 1 月,兴柜股票市场正式开始议价交易,曾被私下交易的非上市公司股票开始可以在中国台湾柜台买卖中心以兴柜股票的名义进行交易。运行首日,共有 107 家非上市公司申请登录,超过原定的 80 家,交易金额亦超过预期,②兴柜市场现已成为中国台湾 OTC 市场最重要的组成部分。

　　现在中国台湾兴柜市场发展势头迅猛,前景非常看好,大有追赶或超过美国 OTCBB 市场之趋势,其中最重要原因之一,就是中国台湾整体 OTC 市场监管制度管辖范围的扩大,以及证券商公会和公司治理协会等自律监管的介入,直接导致了兴柜市场交易制

---

① Gre Tai Securities Market (the GTSM),Regulations Governing Trading of Securities on Over-The-Counter Markets(Amended 2001. 09. 28).

② 根据中国台湾柜买中心网站资料整理(http://www. otc. org. tw/ch/index. php 2011 年 2 月访问)。

度的迅速建立,而交易制度建立与改进吸引了大批中国台湾非上市公司进场交易与融资。

三、OTC 市场交易制度改进对市场绩效的影响

OTC 市场外部监管机制的变化和改进直接影响着 OTC 市场交易制度的演进。然而,OTC 市场交易制度自诞生以来利弊皆存,目前无论高层次还是低层次 OTC 市场的交易制度都处于不断变化与改进之中。除了技术和市场因素外,还有何原因可以影响 OTC 市场交易制度的演进,进而影响市场绩效? 笔者认为影响 OTC 市场交易制度演进的主要还有非上市公司、场外交易所和做市商等市场主体以及股权结构和股东权益保护方面的治理与监管制度的设计与改进。

本书在论述 OTC 市场准入治理与监管制度时,有较大篇幅讨论非上市公司准入机制,实际上这些论述还同时涉及场外交易所和做市商等市场主体治理与监管。比如,OTCBB 对拟挂牌非上市公司之净资产和利润等量化指标没有具体要求,只是原则要求有健全财务报表,并提交相关经会计师审定签名后的财务报表及律师审定签名后的申报文件后,就可直接找做市商进行保荐挂牌上市。程序也很简单,即凡是符合 OTCBB 条件的股票,只要经保荐人填写 Form 211 表格注册后即可在 3 个营业日内开始报价。同时,OTCBB 市场在非数量化指标方面,尤其是公司内部治理结构与机制方面,比如董事会规模和结构、股权结构与控制权、股东权益保护措施、公司治理监督机制以及外部监管机制等方面规定不多或者规定不明确。正是因为美国非上市公司这些特点,导致了 OTC 市场交易制度设计过于宽松与随意。换言之,OTC 市场以混合交易制度为主流的交易制度的设计可能与非上市公司之治理结

构与治理机制有关。

与此同时,一些国家或地区 OTC 市场监管制度交由私人机构性质浓厚的场外交易所组织或机构来设计与运行,也严重影响着 OTC 市场交易制度的建立与完善路径。如美国 NASDAQ、英国 PLUS 集团、日本 JASDAQ 以及中国台湾财团法人柜买中心等 OTC 市场交易所组织,起初均是完全市场化运作的私人机构或组织,其营运和监管目标都是首先服从其组织成员或股东的利益最大化。尽管各国或地区 OTC 市场交易制度在不断改革与变化,但是 OTC 市场营运的市场绩效(包括挂牌公司数量、成交量和做市商数量)还是不够理想。究其原因,OTC 交易所或股权交易所在追求商业利润最大化作为其运行目标时,牺牲了市场效率和投资者利益。所以如何定位 OTC 交易所的营利性质和地位,对 OTC 市场交易制度设计与改进有至关重要的影响。

此外,做市商和保荐人制度对 OTC 市场交易制度演进也有相当的影响。例如早期的 OTCBB 市场尽管在做市商创造市场、维持报价资格(即所有 OTCBB 市场发行公司至少需有一家做市商对其报价以维持在 OTCBB 的交易)和交易费用控制(OTCBB 不因提供服务而向发行人收取上市及报价等任何费用)等方面采取了有效措施,但市场绩效仍然不是很好。后来 NASDAQ 或 OTCBB 对做市商制度进行了调整,进场交易的非上市公司和市场交易量均有大幅提升。这说明 OTC 市场交易制度的效率或市场绩效与做市商制度的设计与改进也有很大关联度,并且是正相关关系。

除美国外,中国台湾 OTC 市场交易制度设计与改进对 OTC 市场绩效影响在世界范围内也具有典型意义。中国台湾柜台买卖中心的兴柜股票市场采用竞争性做市商制度,又称"中国台湾式混合交易制度",有点类似 1997 年之前的 NASDAQ 市场。投资者参与兴柜市场股票交易有两个路径:第一种是委托证券经纪商议价。投资人委托证券经纪商,由证券经纪商将客户委托数据输入兴柜股票电脑议价点选系统与各该兴柜股票的推荐证券商进行议价。第二种是自行与推荐证券商议价。投资者可以电话、当面或其他方式向推荐证券商洽询买卖,并自行与推荐证券商议价成交。

"中国台湾式混合交易制度"比较重视第二种路径,即推荐证券商报价交易机制的推广与适用。而第二种路径的形成与充当保荐人和做市商之证券商自身治理与外部监管制度的改进密切相关。[1] 交易开始前,推荐证券商就其推荐之兴柜股票申报买进、卖出之报价及数量等数据输入计算机议价点选系统,系统立即揭示最佳买卖报价供市场投资人参考,并同时可由使用者查询全体推荐证券商报价数据。推荐证券商报价受到报价差距和连续报价限制。前者指开市前和开市后买卖差价分别为 7% 和 15% ,后者指推荐证券商在交易时间内应当承担连续报价的义务。[2]

"中国台湾式混合交易制度"除了在路径方面有所完善外,议

---

[1] GTSM , Regulations Governing Implementation of the Over-the-Counter Securities Market Surveillance System(Amended 2005. 03. 22).

[2] 报价差距限制。为提升兴柜股票推荐证券商申报价格的参考性,督促推荐证券商发挥造市功能,增加兴柜股票成交机会,推荐证券商买卖报价的差距受到限制。每日交易时间开始前,买进与卖出报价间的差距不得超过卖出报价的 7% ,每日交易时间内,买进与卖出报价间的差距不得超过卖出报价的 15% 。连续报价机制,为避免报价出现空白,致投资人缺乏报价信息可资参考,影响报价驱动之议价市场机能发挥及投资人交易之意愿,推荐证券商在交易时间内应当连续报价,即推荐证券商于交易时间内就其推荐之兴柜股票,持续通过兴柜股票电脑议价点选系统申报买进及卖出报价与数量,如前次报价经取消或其数量全数经点选成交后,推荐证券商应于五分钟内重新输入报价。参见 http://www. otc. org. tw/ch/index. php(2011 年 11 月访问)。

价方式也有所改进。兴柜股票市场伊始,一直采用效率较低的人工议价方式。交易流程由人工操作,市场运行初期出现了诸如委托单不能及时处理、推荐证券商买卖报价间差距过大和实时报价信息不易取得等问题。2003 年 9 月后,兴柜股票电脑议价点选系统启用,这是中国台湾 OTC 市场交易制度发展的重要里程碑。

电脑议价点选机制目标有二:一是降低交易成本和提高交易效率;二是提升交易透明度。其优势是委托单自动传送、成交机会增加、交易纠纷减少和交易成本降低。该规则运行机制是:投资人参考推荐证券商之报价后,可透过证券经纪商将买卖委托数据输入电脑议价点选系统,系统即刻揭示最佳委买、委卖价格与数量,并将委托数据自动传递至各推荐证券商端。

在市场主体包括交易所、证券商和挂牌非上市公司一起努力下进行的中国台湾 OTC 市场交易制度的重大变革中,台湾电脑议价点选规则制度改进有效地提升了中国台湾 OTC 市场交易效率。例如,兴柜股票市场的活跃度和吸引力逐渐增强,市场运营绩效有所提高,主要指标变化(2002 年—2010 年)(见表 5.2)。

表5.2　兴柜市场交易变化概况

期间	总成交金额 (新台币亿元)	总成交量 (百万股)	总成交笔数 (千笔)	期初股票 (家数)	期末股票 (家数)
2002	191.74	370	58	107	172
2003	309.90	1078	91	172	245
2004	418.83	1978	168	245	350
2005	843.66	2922	294	350	257
2006	1501.27	3976	517	257	230
2007	3146.53	6339	1115	230	246
2008	894.29	3298	510	246	233

续表

期间	总成交金额 (新台币亿元)	总成交量 (百万股)	总成交笔数 (千笔)	期初股票 (家数)	期末股票 (家数)
2009	1666.58	5048	1011	213	223
2010	2332.99	5785	1271	231	285

资料来源:根据中国台湾柜买中心官方数据整理,参见 http://www.otc.org.tw/ch/index.php

　　从表 5.2 中 2002 年至 2010 年年底的交易数据变化分析,可以发现兴柜股票市场交易自从引进中国台湾电脑议价点选系统(电子混合交易制度)后,非上市公司挂牌数稳步增长,虽然有些年份(如 2009 年)挂牌公司数有所减少,是因为转板非上市公司数量增加所致;总成交量(百万股)和总成交笔数(千笔)方面,呈逐年稳步增加态势,尤其 2007 年—2009 年增长明显并稳定在较高水平,表明市场交投活跃。由此推断,中国台湾的混合交易制度改进带来了明显的市场绩效。

　　通过对美国和中国台湾等几个具有比较典型意义的 OTC 市场交易制度样本进行比较与实证分析发现,尽管它们均属于做市商交易制度范畴,但依据本国或本地区情况进行改良或改进,所以呈现出各具特色的 OTC 交易制度。

　　第一,任何类型 OTC 市场交易制度没有最好只有更合适的。无论美国的 OTCBB 市场、英国的 PLUS 市场还是中国台湾兴柜市场的交易制度设计均仿效美国早期 NASDAQ 做市商制度。但正当全世界都在学习借鉴时,NASDAQ 本身市场格局和地位已悄然发生变化,随之 OTC 市场交易制度也随市场和交易手段变化而裂变。比如,NASDAQ 高端市场已经交易所化,与场内交易制度没有区别;而从 NASDAQ 裂变出来低层次的 OTCBB 则走出了自己的路。但美国OTCBB交易制度尽管先进，但近年来进步反而慢了下来。中国台湾情况则相反，由于OTC市场改革动力较大，反而在交易变革中走得更远。

第二，电子技术在OTC市场交易制度变革中的重要性日渐突出。如影响巨大的美国NASDAQ能迅速发展壮大，就是得益于电子技术的应用；而中国台湾兴柜股票市场的电脑议价点选机制采用电脑议价方式，不仅提高了市场交易效率，而且增强了市场交易透明度，极大地克服了传统做市商制度难以监管的弊病。英国的PLUS系统同OTCBB和兴柜市场相比，其交易平台在保留传统电话交易方式的同时，还将系统配对成交引入做市商制度，在保持做市商制度优越性的同时，有效地降低了交易成本，提高了交易效率，与点选成交相比更具进步性，是一个较为中庸的做法，非常具有借鉴意义。

第三，交易制度治理与监管自律化倾向明显。从OTC市场诞生那天起，交易所、行业协会和交易商就一直是交易制度设计与实施的主体，因为只有他们离市场最近，知道市场需要什么。但自1929年金融大危机后，政府监管机构的手就伸进了证券市场尤其场内证券交易所之交易制度的治理与监管，直至今日仍未改变。有趣的是，各国或地区的立法与监管并没有太多涉及OTC市场制度包括交易制度的设计与监管，但政府会透过一些其他途径或方式来影响或推动自律机构进行OTC市场交易制度的设计、治理与监管。

第四，OTC市场交易制度演进与场外交易所、非上市公司治理和证券商之治理与监管制度虽有关联，却不局限于此。从上述国际OTC市场交易制度样本比较或实证分析看，OTC市场的主要参与主体事实上影响了其交易制度的演变，但在交易制度设计与运行方面与市场主体治理与监管制度还缺乏有效衔接。这些对我国OTC市场交易制度构建与监管是一个有益的启示。

第四节　我国OTC市场交易治理与监管制度分析

一、我国OTC市场交易制度沿革与现状

我国现行OTC市场体系主要包括代办股份转让系统、股份报价转让系统、天津股权交易所和各地方产（股）权交易所。前两者俗称"三板"和"新三板"，属于国家证券监管部门许可的全国性非上市公众公司股份（权）交易市场；后者即天津股权交易市场所，属于国家政策允许试点的全国性非上市公众公司的股权交易市场；各省市产权交易市场一般视为区域性的股权交易市场。

（一）股份代办系统

在代办股份转让系统中，证券公司以其自有或租用的业务设施，为非上市股份公司提供股份转让服务。该市场于2001年6月建立，最初是为了解决原STAQ、NET系统的法人股公司和深沪交易所退市公司的股权转让问题。申银万国等6家券商是首批被授权代办原STAQ和NET系统挂牌公司股份转让业务的证券公司。

代办股份转让系统的交易制度主要包括《证券公司代办股份转让服务业务试点办法》（2001）、《股份转让公司信息披露实施细则》（2001）、《关于改进代办股份转让工作的通知》（2002）和《证券公司从事代办股份转让主办券商业务资格管理办法（试行）》（2002）等，这些制度均由我国法定证券自律监管机构即中国证券业协会制订并发布。① 代办股份转让系统交易制度虽然涉及范围

---

① 参见我国证券法有关证券业协会的规定。

比较狭窄,但是对未来的全国性 OTC 市场的建立积累了宝贵经验,具有积极的探索意义。

代办系统采取集合竞价为基本交易制度,主要包括以下内容:①

第一,股份分类交易。对于同时满足信息披露规范、股东权益或净利润为正值和年度财务报告正常的非上市公司,②其股份每周交易 5 次;否则,其股份每周交易 3 次(每周单日)。前者非上市公司如出现非正常财务报告,其股份交易应当调整为每周 3 次;后者非上市公司如出现非正常财务报告,则应停止股权交易。

第二,股份竞价成交。在代办系统法定交易时间内(上午 9:30—11:30,下午 1:00—3:00),所有交易申报采取一次性集中竞价方式配对成交;转让价格的确定原则为:数量、价位和时间依次优先的"三优先"原则。③ 申报经集中配对后,转让即告成交。

第三,股份委托交易。投资者不能直接下单交易,必须委托经纪商(证券公司)进行限价交易。报价单位为手,涨跌幅限制为 5%,价格最小变动单位为 0.01 元,禁止融资和融券交易。

第四,股份自营禁止。代办系统规则禁止代办券商自营其所

① 根据 CAC 的《证券公司代办股份转让服务业务试点办法》、《关于改进代办股份转让工作的通知》等规定整理。

② 所谓年度财务报告正常,是指未被注册会计师出具否定意见或拒绝发表意见的非上市公司的年度财务报告;否则,为非正常财务报告。

③ 所谓"三优先"原则是指:(1)在有效竞价范围内能实现最大成交量的价位;(2)如果有两个以上的价位满足前项条件,则选取符合下列条件之一的价位:①高于该价位的买入申报与低于该价位的卖出申报全部成交;②与该价位相同的买方或专访的申报全部成交;(3)如果有两个以上价位满足前项条件,则选取离上一个转让日最近的价位作为转让价。

代办非上市公司股份,所以主办券商无法充当做市商活跃交易。

(二)股份报价系统

股份报价转让系统,是为解决高科技非上市公司原始投资的退出问题,为场内交易市场培育上市资源的市场。根据证券业协会颁布的《证券公司代办股份转让系统中关村科技园区非上市股份有限公司股份报价转让试点办法》(简称《试点办法》2006)①,在代办系统挂牌交易的非上市公司主要是中关村科技园区的企业。除《试点办法》之外,代办系统的基本交易制度还包括有关托管、信息披露和登记结算等交易细则,②主要交易规则③包括以下三项:

其一,协议交易。报价系统主要采用协议方式转让非上市公司股份或股权,不同于竞价和做市商交易制度,其交易程序分三步:(1)报价。报价券商接受卖方投资者报价委托后,按时间先后顺序向报价系统申报;报价系统收到申报后,自动验证卖出股份投资者账户,如股份余额不足,该笔申报退回。(2)协商。买方投资者按照报价信息主动联系卖方,协商交易报价内容。(3)成交确认。买卖双方达成交易意向后,需要各自委托报价券商申报成交确认;报价系统收到有效确认申报后,验证投资者股份账户和资金账户;卖方股份余额和买方资金余额充足的申报可以通过验证;报价系统对通过验证的成交确认核对,核对无误后予以确认,并向证券登记结算公司发送确认结果。

其二,委托交易。买卖双方投资者必须与报价券商签订代理

---

① 2009 年修订。
② 见本书附录 A《我国 OTC 市场相关法律法规目录》。
③ 根据《主办券商推荐中关村科技园区非上市股份有限公司股份进入证券公司代办股份转让系统报价转让的挂牌业务规则》整理。

报价交易协议,委托主办报价券商办理;投资者卖出股份,须委托代理其买入该股份的报价券商办理;如需委托其他券商卖出该股份,需要先行办理股份转托管手续。

投资者委托包括报价委托和成交确认委托两种。报价委托至少包括股份名称、股份代码、股份账户、买卖类别、拟买卖价格、股份数量和联系方式等内容;成交确认委托至少包括股份名称、股份代码、股份账户、买卖类别、成交价格、股份数量和成交对象的报价券商等内容。

投资者委托的股份数量以股为单位,每笔委托股份数量应为3万股以上,投资者股份账户某一股份余额不足3万股的,只能一次性委托卖出。报价单位为每股价格,最小变动单位为0.01元。

其三,禁止自营。与代办系统类似,股份报价系统也禁止主办报价券商买卖其所推荐挂牌公司的股份,这意味着股份报价系统也不允许做市商制度。

报价系统与代办系统为同一个交易平台,但是二者同体不同身,内容各有特点(见表5.3)。

表5.3　股份报价系统与股份代办系统交易制度比较

比较变量	股份报价系统	股份代办系统
挂牌企业	中关村区内非上市公司	NET、STAQ 和退市非上市公司
公司类型	非公开发行公司	公开发行未上市公司
交易标准	设立满3年、有持续经营能力、治理结构完善、主营业务突出,并由券商推荐	符合条件的 NET、STAQ 和退市非上市公司
信息披露	信息披露标准低于上市公司	参照上市公司标准
投资门槛	每笔委托的股份数量不低于3万股	申报数量为1手的整数倍

续表

比较变量	股份报价系统	股份代办系统
交易方式	委托券商报价,并寻找买卖对手方,达成转让协议并成交确认和过户,报价系统不提供集中撮合成交服务	集合竞价成交,每个交易日交易1次
结算方式	逐笔全额非担保交收结算	多边净额结算,证券登记结算机构和代办券商完成股份和资金交收

资料来源:表中数据和内容根据本书附录 A 所列相关规则内容及代办股份转让信息披露平台(http://www.gfzr.com.cn/index2.htm)相关信息整理

(三)天津股权交易所

天津股权交易所(简称"天交所")是经天津市政府批准成立、从事"两高两非"公司股权和私募基金份额交易的机构,由天津产权交易中心、天津开创投资有限公司和天津开益咨询公司等单位发起设立的公司制场外交易所。天交所是天津金融改革创新和探索建立多层次资本市场的重要尝试,其成立依据是国务院批复的《滨海新区配套改革方案》中关于"积极支持在天津滨海新区设立全国统一、依法治理、有效监管和规范运作的非上市公众公司股权交易市场"的政策性规定,但是天交所由于受证券法有关 200 人限制,尚不能完全放开为非上市公众公司提供股权交易服务。①

在交易制度方面,天交所实行做市商双向报价为主、集合竞价与协商定价为辅的三混合型交易制度,为挂牌公司股权(基金份额)提供市场定价和流动性,为合格投资者提供多种交易产品、交易方式选择,使市场凸显投资价值,贴近和满足多样化需要;天交

---

① 中国证监会:《中国资本市场战略性问题研究(下)》,中信出版社 2010 年版,第 87 页。

所在风险分类记录分级、强制规范披露、持续保荐监督、信用记录公示等基础制度上,按照市场化导向,实行专家审核、交易所核准、监管机构备案和投资人注册、做市商双向报价等制度,有利于识别和降低市场风险,保护投融资双方的合法权益,在维持市场稳定的同时,保持市场顺畅与活跃①。

二、我国OTC市场交易制度实证分析

(一)代办系统交易制度缺陷

由于原STAQ系统和NET系统非上市公司之市场准入和退出制度的特殊性,现行代办转让系统交易制度以信息披露及财务状况为标准实行"分类转让"的交易制度完全仿照交易所的集合竞价交易制度,虽然在我国OTC市场发展初期发挥了重要的作用,但是集合竞价交易制度并不符合OTC市场发展规律,其交易成本高、流动性低和透明度差是其致命弱点。这些问题可以从表5.4所显示的交易数据得到印证。

表5.4　代办系统股份交易统计表

期间	总成交金额 (亿元)	总成交量 (百万股)	总成交笔数 (千笔)	期初股票 (家数)	期末股票 (家数)
2001	31.5	736	180	2	8
2002	20.8	532	137	8	12
2003	8.6	242	92	12	12
2004	8.2	424	129	12	31
2005	4.1	392	90	31	41

---

① 高峦主编:《中国场外交易市场报告(2010—2011)》,社会科学文献出版社2010年版,第1-167页。

期间	总成交金额（亿元）	总成交量（百万股）	总成交笔数（千笔）	期初股票（家数）	期末股票（家数）
2006	5.6	550	118	41	44
2007	41.9	1850	435	44	48
2008	13.2	859	239	48	50
2009	13.9	1177	276	50	50
2010	37.4	1632	397	50	50

资料来源：根据股份转让代办系统（http://www.gfzr.com.cn/index2.htm）相关信息整理

　　表 5.4 为代办系统成立以来股份成交的相关数据，通过数据对比分析可以发现，代办系统股份总成交金额、总成交量和总成交笔数都比较小，说明市场交易不活跃；总成交金额和总成交笔数波动剧烈，说明市场发展极不稳定，受市场外部政策影响比较大；挂牌非上市公司数量一直很小，2005 年后几乎没有增长，说明代办系统由于流动性差等原因对除退市公司以外其他非上市公司的吸引力不大。

　　（二）报价系统交易制度缺陷

　　报价系统原本是为了弥补代办系统交易制度的不足，以增加对非上市公司尤其中关村园区科技型非上市公司的吸引力，鼓励到报价系统挂牌交易，最终为高科技民营企业融资和风险投资资本退出提供一个交易服务平台，同时为促进我国区域性 OTC 市场构建进而完善我国多层次资本市场体系服务。但是，与代办系统一样同样存在着交易制度缺陷，直接影响了市场交易状况及报价系统本身发展（见表 5.5）。

表5.5　报价系统股份交易统计表

期间	总成交金额 （亿元）	总成交量 （百万股）	总成交笔数 （千笔）	期初股票 （家数）	期末股票 （家数）
2006	0.78	15.1	0.235	2	10
2007	2.25	43.2	0.499	10	24
2008	2.77	61.7	3.073	24	41
2009	6.61	103.6	5.130	41	58
2010	3.78	69.5	3.475	58	74

资料来源：根据股份代办系统（http://www.gfzr.com.cn/index2.htm）相关信息整理

　　由于股份报价系统的代办券商不承担持续双向报价义务，也不得自营交易所代办的非上市公司股份。法理上，证券商的权利义务还算对称，但这种对称却缺乏活力。所以，报价系统交易制度与各地方产权交易所的协议交易制度非常类似，因此该交易制度的缺陷也十分明显。

　　从表5.5中交易数据分析可以发现，报价系统股份成交额和成交笔数非常少，即使在交易最为活跃的2008年，在挂牌非上市公司数量增长近1倍的情况下，市场交易金额比2007年也仅仅增长了23%，大多数交易时间成交情况每日平均仅有10余笔。可见，目前我国报价系统股份成交不活跃或流动性差情况也十分严重，比如有些挂牌的非上市公司甚至连续几个月无交易记录，投资者交易需求无法得到满足，市场吸引力不够也是必然现象。这一切说明交易制度设计本身存在缺陷，需要改进。

　　（三）天交所交易制度实证分析

　　正是在上述三板市场交易制度急需改进的背景下，天津股权交易所是在积极响应我国经济发展和培育经济增长第三极的国家战略转移情况下，成立和发展起来的。天交所通过业务模式创新，初步建立以商业信用为基础的"小额、多次、快速、低成本"私募股权融资模式,已得到广大中小企业和科技创新型企业欢迎,同时受到了业内专家和证券监管部门的高度关注和积极评价。天交所提出"资本纽带、业务统一"的双层递进式市场结构,也得到了众多省市政府的高度重视和积极支持。因此,以天津股权交易所为基础面向全国的 OTC 市场体系正趋形成,受到了证券监管部门高度重视和正面关注。天交所"为在天津滨海新区设立全国性非上市公众公司股权交易市场创造条件"①,已经取得重大进展,具体表现为部分非上市公司股份交易比较活跃,其中盛大矿业的总交易量几乎已超过日本绿单市场交易量的总和。市场绩效十分显著。截至 2011 年 3 月底,天交所挂牌非上市公司交易额排名前 10 名情况如图 5.4 所示。

同时,不能忽视的是,天交所创立初期即自 2008 年 12 月 26 日首批 3 家非上市公司挂牌以来的数月时间内,1 家非上市公司几乎无成交,另外 2 家也仅有 2～3 笔成交,交易金额不足 700 万②。由此可见,天交所市场成交不活跃导致的市场流动性不足也比较严重,面临着交易制度设计的治理与监管问题。

在此背景下,天交所开始制定并完善相关交易规则包括做市商、保荐人、合格投资人等交易制度。其中,实行双向报价、集合竞价与协商定价相结合的混合做市商交易制度,以及采用网上信息、报价、清算和交割等先进技术,似乎收效并不大。我们截取 2011 年 2 月至 3 月 1 个月天交所挂牌非上市公司股权交易平均价格走

---

① 国务院:《天津滨海新区综合配套改革试验总体方案的批复》(国函 2008,26 号)。

② 数据截至 2009 年 4 月 13 日,取自天交所网站 http://www.tjsoc.com/market/markethq.jsp。

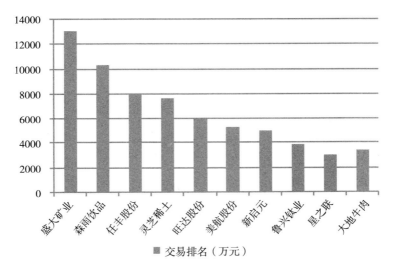

图 5.4　天交所挂牌非上市公司交易额排名前 10 名

资料来源：根据天交所官方网站（http://www.tjsoc.com/web/date.aspx）相关信息整理

势图（见图 5.5），可以论证这个结论。

从图 5.5 非上市公司股权交易平均价格走势图（2011.2.24—2011.3.22）分析，虽然价格指数走势时有波动，但总体走势仍是稳中有降。之所以如此，本书认为除了挂牌非上市公司质量不高和投资者准入标准较高等因素之外，与天交所奉行的混合做市商交易制度的弊端也有很大关系。综上所述，混合型交易制度尽管优点很多，但同时也存在不利于调动做市商做市的积极性、不能充分发挥做市商功能等弊端，比如做市商困境就是典型例子。

另外，天交所交易活动及其制度受市场外部治理与监管因素影响显著，直接导致申请挂牌的非上市公司数量极不稳定，尤其是2010 年情况比较突出（见图 5.6）。

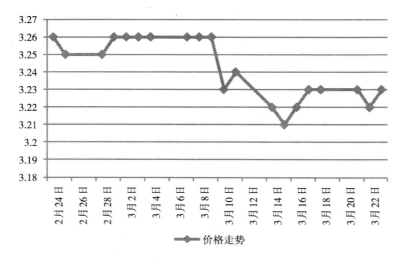

图 5.5　天交所挂牌非上市公司股权交易平均价格走势图

资料来源:根据天交所官方网站(http://www. gfzr. com. cn/index2. htm)相关信息整理

　　从图 5.6 所示挂牌非上市公司数量变化趋势情况表明,2010年中 11 个月进场交易的非上市公司分布极不均匀。其中 5 个月数据为 0;另外 5 个月进场挂牌交易家数也很少;只有 6 月份进场交易非上市公司数量激增,达 22 家。其中原因很多,除非上市公司质量和交易制度本身欠缺外,山东、河北、大连、哈尔滨等省市纷纷出台政策,鼓励本地企业到天交所挂牌融资,明确提出本地企业到天交所挂牌融资,将享受到中小板、创业板上市同等或相近的资金奖励和土地、税收等方面政策支持。而这些 OTC 市场外部监管制度的出台时机,正好集中在 2010 年 6 月前后。

　　这说明,交易制度内部治理机制本身构建与完善固然重要,但在我国目前特殊国情下,交易制度的外部治理机制也不可忽视,在OTC 市场发展的某特定时期也许比前者更重要,正如本书理论分

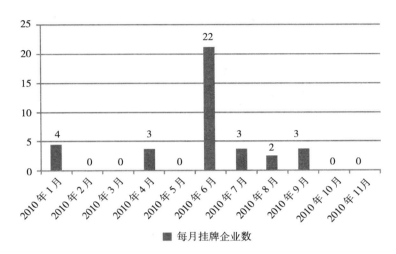

图 5.6　天交所 2010 年每月挂牌非上市公司变化表

资料来源：根据天交所官方网站（http://www. gfzr. com. cn/index2. htm）相关信息整理

析部分所述，政府出于公共利益对市场进行干预的正当性与合理性，需要辩证分析。

此外，任何国家或地区的 OTC 市场市场准入制度和交易制度设计一定要考虑其所在地的非上市公司产业结构和资本规模分布情况。天交所早期比较注重大型传统产业的非上市公司，好处是企业比较成熟和规模大等特点容易迅速壮大或提高交易所的非上市公司股份转让总市值或资本额，使交易所"脸面"比较好看。但是挂牌企业质量不高，成长性欠缺，资金需求较大等问题较突出，结果影响了挂牌非上市公司交易的活跃度或流动性。

鉴于此原因，天交所对交易制度进行改革，推出"小额、多次、快速、低成本"私募股权融资交易模式，大量推动中小型科技型非上市公司到天交所挂牌交易，市场绩效不错。

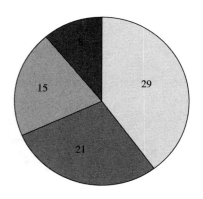

2010 年 11 月
挂牌企业总股本（万元）

☐ 3000 以下　■ 3000—5000　▨ 5000—10000　■ 10000 以上

图 5.7　天交所 73 家挂牌非上市公司股本分布图

资料来源：根据天交所官方网站（http://www. gfzr. com. cn/index2. htm）信息整理设计

　　如图 5.7 截取的天交所 73 家挂牌非上市公司股本分布图所示，流通股本 5000 万元以下共 50 家，其中 3000 万就有 21 家，占总数近 1/3，而其中大多数是科技型企业。所以，OTC 市场交易制度变革应与其市场准入制度联系起来，否则多么先进的交易制度实施效果也不会太好。

第六章　OTC 市场公司治理与监管制度体系构建

第一节　OTC 市场治理与监管原则与主体

一、OTC 市场治理与监管制度原则

在构建 OTC 市场公司治理与监管法律制度体系路径方面,首先要明确的问题是 OTC 市场治理与监管制度原则或宗旨是什么。本章认为 OTC 市场既然是多层次资本市场的一部分,那么其他任何制度包括市场准入、市场交易和市场监管等制度体系的设计、运行与检验也同样应遵守资本市场即狭义的证券市场的基本法则,但是内容、顺序及侧重点应有所不同。

(一)保护投资者合法权益原则

保护投资者合法权益原则,又称保护中小投资者合法权益原则,是指证券实体和程序上的立法、执法、守法和司法等环节必须最大限度地照顾到中小投资者合法权益。从法理角度看,任何市场的投资者或交易者的法律地位不应有大、中和小之分,应一视同仁或一律平等。证券市场的早期也跟其他商品市场的情况一样,所有投资者或交易者都遵循平等互利和买者自负原则或惯例。

随着证券市场规模不断扩大和发展,不幸事件接连发生,从英国的"南海公司泡沫破灭"到美国 1929 年—1933 年的股市大崩

盘;从日本的"利库路特股票案"到中国深圳的"8.10 事件"。这些历史事件表明证券市场包括 OTC 市场是一个信息完全不对称并充满着欺诈和操纵的虚拟市场。在虚拟市场里,中小投资者处于信息、资金、技术和知识的劣势,他们不可能有平等交易机会,更不可能有平等待遇。然而,OTC 市场积少成多的聚集融资原理表明,离开中小投资者 OTC 市场将一事无成。立法者和监管者终于意识到,没有制度上倾斜于中小投资者保护的特别设计,任何 OTC 市场都难以长治久安。

所以,国际 OTC 市场治理与监管法律制度无不把保护中小投资者合法权益原则放在了最重要位置,并且体现在包括但不限于证券基本法(包括法典和单行法)、证券监管规则、判例以及证券自律规则中,我国也不例外。目前,在国际金融危机背景下保护中小投资者合法权益已经上升到消费者权益保护的高度,对中小投资者实行倾斜保护原则。

我国《证券法》总则规定,要保护投资者的合法权益。因为中小投资者是 OTC 市场的基础和支柱。没有他们的参与,就没有非上市公司股权证券发行与交易,OTC 市场就无法实现其基本功能。只有保护他们的合法权益,才能增强其投资信心和投资热情,OTC 市场才会人气兴旺、繁荣发展。

OTC 市场事实上不平等现象是常态,PE、做市商和非上市公司股权发行人拥有强大的资金、信息和持股优势、组织严密、人才济济,在市场活动中总是具有明显的优势;而中小投资者往往实力不强、经验不足、组织分散,处于被动的弱者地位,容易受到伤害而成为牺牲品,他们在 OTC 市场上没有讨价还价的能力,其合法权益不时受到侵害,难以通过经济手段捍卫自己的利益,因此证券法应该特别关注对其合法权益的保护。

　　我国证券法律制度的设计贯穿了保护中小投资者利益的指导思想，许多规则设计都是从保护中小投资者的合法权益来考虑的。证券法关于证券发行交易等各个环节以及证券交易所、证券服务机构和证券监管部门职责和损害赔偿之规则均体现了上述指导思想，这些可以套用到 OTC 市场。尽管我国还没有颁布有关 OTC 市场的专门基本法律，但由于 OTC 市场是证券市场体系的一部分，理论上证券市场的共同基本原则还是必须遵守的，这也符合规制经济学之证券监管理论的公共利益原则。

　　（二）三公原则

　　公开、公平和公正原则是证券市场的最基本原则，简称"三公"原则。其含义及义务主体各有所指，公开原则主要指证券发行者应该公开的所有信息向投资者尤其中小投资者及时、完整、准确和恰当地披露；公平原则主要指 OTC 市场所有投资者的法律地位应无条件平等，不仅形式上平等而且事实上也应平等；公正原则主要指执法者或监管机构对 OTC 市场所有违法行为及违法者惩戒时应一视同仁，不能有偏颇，不能厚此薄彼。

　　1. 公开原则。公开原则指证券市场包括 OTC 市场之证券发行者尤其是股票或股权发行者，应该向投资者尤其中小投资者及时、完整、准确和恰当地公开披露信息。

　　正如美国学者路易斯·布兰斯在其著作《Other People's Money and How the Bankers Use It》（1914）一书中所言："公开原则可以矫正社会上及企业中的弊端，公开原则犹如太阳，是最好的防腐剂；犹如电灯，是最有力的警察。"①自美国《1933 年证券法》出

---

① Louis D. Brandeis, Other People's Money And How The Bankers Use It, Frederick A. Stokes Company, 1914, p.68.

台以来,公开原则作为证券法的一个基本原则已被广泛接受。对于公开原则,不能作狭隘解释,更不能将公开原则仅仅解释为场内交易市场证券发行必须采取公开发行方式。否则,这将削弱公开原则对健全 OTC 市场机制的重大作用。

公开原则的主要内容是完整而有效的信息披露,包括初始信息披露和持续信息披露。对 OTC 市场而言,初始信息披露是指非上市公司在首次发行股权或股份时,应向投资者披露与股权发行人及所发行股权有关的所有重要信息,股权发行人应保证所公开信息的真实、准确和完整,不得存在虚假陈述、重大误导和遗漏;股权发行人所聘请的中介机构,也承担保证相关信息真实、准确和完整的义务与责任。持续信息披露,是指股权发行人以及相关机构和人员在股权发行完毕后,定期或不定期地向社会公众公开公司内部财务和经营等情况,并以适当方式向社会公布。

应特别指出的是,OTC 市场的信息披露应遵循适度信息披露原则,因为 OTC 市场的非上市公司兼有一定公众性与非公众性即契约性特征。依照法理,契约关系或内容公开是有一定限度的。

2. 公平原则。公平原则主要指 OTC 市场所有投资者的法律地位应无条件平等,不仅形式上平等而且事实上也应平等。公平是一个复杂多变的法律观念,在不同历史时期、不同社会关系领域以及不同社会群体的公平观念都会有重大差异。证券法上的公平原则,要求在证券活动中,发行人、投资人和证券专业服务机构的法律地位平等,其合法权益受到法律平等保护。市场参与者情况相差悬殊,有机构投资者,也有个人投资者;有资金和信息上的强者,也有资金和信息上的弱者。对于不同股权投资者和市场参与者而言,如何平等地保护其合法利益,显然极为重要。OTC 市场主体应当具有同等的竞争权利和竞争机会,不能因为投资者投资数额多少、交易量大小、居住地点不同而存在差别待遇。交易所的会员或股东亦拥有平等权利,不能因为会员或股东的地域、国籍、种族和政治宗教信仰不同而导致待遇有所差异。

公平原则在 OTC 市场监管制度体系应用中有多种含义。首先,OTC 市场应当为各类投资者提供进行交易的平等机会。交易机会不能只提供给部分投资者,更不能无理地限制部分投资者进入市场。其次,OTC 市场应当为各类投资者提供接触信息的平等机会。各国证券法包括 OTC 市场法律都设置有一系列信息披露规则,使得各类投资者可以获得平等接触投资信息的机会。第三,保证投资者按照已公布的相同规则进行交易。无论投资者规模或资金多少,应当按照同样的交易规则进行交易。如果交易规则不统一,甚至不合理,就必然导致交易结果的不公平。另外,为了贯彻公平原则,须禁止场外交易所和监管部门工作人员直接或者间接持有或买卖挂牌股权或股份。程序上的公平是将法律确认的抽象公平转换为具体公平的过程,是公平得以实现的必要法律保障。

公平原则不仅是衡量人们证券交易行为的尺度,更是验证和校正某些证券法规则的准则。在 OTC 市场交易规则中,有"时间优先"、"价格优先"和"数量优先"的交易规则。比如数量优先规则,它无疑表现出对机构投资者和大资金拥有者的偏护,单就技术层面而言这些有失公允的交易规则很难被现代证券法所抛弃。然而,我们可以缩小或限制这类规则使用的范围和交易期间,尽量符合公平原则的精神。

3. 公正原则。公正原则主要指执法者或监管部门对 OTC 市场所有违法行为及违法者进行惩戒时应一视同仁,不能有偏颇,不能厚此薄彼。具体而言,公正原则就是执法者或监管机构包括司法机构对每个市场主体均应平等地适用法律,平等对待争议各方当事人,不歧视任何人。任何国家或地区 OTC 市场均应建立利益平衡与规范有序的法律制度,要求监管部门和法院在处理股权纠纷时,应当依法公正地履行职责,对每起纠纷当事人给予公正待遇,公正地处理股权纠纷。贯彻公正原则就是要以事实为根据,以法律为准绳,禁止权力滥用等一切证券违法行为,并对违法者给予制裁。

公正原则也是对 OTC 市场监管者的基本要求。OTC 市场实践证明,公正原则确立,对造就一个健康、有序的 OTC 市场是必不可少的前提。OTC 市场监管者包括立法者、司法者和政府管理者,还包括自律管理机构。根据公正原则,立法者应当制定出兼顾市场各方主体合理利益法律规则,为了保证 OTC 市场乃至金融市场稳定发展及保护社会公众投资者的利益,可能要限制某些股权流通和转让,抑或设置投资人准入门槛。根据公正原则,证券监管机构要依法实施监管,监管不得越位或缺位;政府监管机构要公正对待各方当事人,不得采取歧视政策,不得徇私枉法。根据公正原则,自律监管机构同样要依照公正原则约束自律机构成员行为,鼓励成员单位合理竞争,公正评判成员单位正常经营行为,不得损害成员单位的合理利益。

(三)反欺诈原则

1. 反欺诈原则定义。所谓反欺诈原则(Antifraud Doctrine),是指证券发行、交易以及证券服务活动中,不得有欺诈动机、行为和结果发生,否则将承担不利的法律后果。它是证券市场运行规则包括 OTC 市场运行规则最重要的三个基本原则之一。

长期以来,我国学者习惯把民法基本原则之一的诚实信用原则,也套用到证券法领域。表面看似乎没什么问题,因为通说认为诚实信用原则是指民事主体在从事民事活动时,应当诚实守信,以善意方式履行其义务,不得滥用权利及规避法定或约定义务。同时该原则要求维持当事人之间利益以及当事人利益与社会利益之间的平衡。另外学界还赋予诚实信用原则"特别功能",不仅具有指导社会行为之功能,而且具有法律解释、法律补充和司法依据之功效。

2. 反欺诈原则确立原因。本书认为上述观点是值得商榷的。首先,适用基础不符合。虽说诚信原则是民商法基本原则,或是多数类别交易法应予遵循的最基本原则之一,证券法某种程度上也属于交易法范畴,逻辑上应遵循诚信原则。《证券法》总则也规定,证券活动的当事人应当遵守诚实信用的原则,似乎顺理成章地认为诚实信用应是我国证券市场监管的基本原则。但是,我们不能由此推定诚实信用也是美国等发达国家或地区证券法的基本原则。因为证券市场包括 OTC 市场不同于商品交易市场,而是纯虚拟的特别交易市场:交易目的是"你有我无或你无我有";交易的结果是零和游戏。根据博弈论原理,零和游戏要玩下去,就不可能讲诚实信用。进言之,讲诚实信用与玩零和游戏是矛盾的,二者只能取其一。

其次,交易对象或消费品性质不符合。众所周知,传统诚实信用原则作为基本法律原则所规范的交易行为所指向的产品或消费品本身基本是有形的或有价值的,即便知识产权也是依附相关产品、设施或设备的。而股权等证券作为交易对象或消费品本身毫无价值,这与有形交易市场里的消费品是完全不同的。换言之,股权等证券作为消费品的发行与交易行为是无法遵循诚实信用原则的。

再次,交易的媒介及场所不符合。绝大多数传统商品市场交易场所是有形的,比如交易大厅和柜台;交易所依赖的介质也是有形的,比如笔墨、纸张和信件等;交易方式同样是有形的,比如交易者或买卖双方现场议价。然而,这一切在证券或股权交易中已然发生了改变,尤其在电子交易手段实现后已不复存在。

综上所述三方面变化,笔者认为民法上诚信原则强调 OTC 市场参与者应依照主观善意行事,即任何人不得以损害他人利益为目的而滥用证券权利,义务人也应善意履行义务,不应借机损害他人利益。这只是良好的愿望而已,证券市场包括 OTC 市场发展历史证明,诚实信用原则精神似乎从未实现过。正是基于上述分析逻辑,本书认为应用反欺诈原则代替诚实信用原则比较合情合理。

3. 反欺诈原则的特征。相对诚实信用原则而言,反欺诈原则更能适应证券市场包括 OTC 市场运行特征,主要表现在:

第一,能最大范围惩处市场不诚实行为。确立凡不诚实行为即可能构成欺诈行为的客观理念。因为诚实信用原则强调民事主体在从事民事活动时应当诚实守信,不得有滥用权利及规避法律或合同规定的义务行为,并且在界定不诚实行为时特别强调其主观性。然而,主观性是很难判断的,更何况是在具有虚拟性质的 OTC 市场。所以,不如干脆反其道而行之,只要行为人所涉事实客观上达到了欺诈构成要件,无论主观上是否有过错,该行为及其主体就应该受到制裁,除非能免责。所以,反欺诈原则能最大范围地打击 OTC 市场不诚实行为。

第二,实体规则简便有利于证券法律实施。从各国或地区的证券法之反欺诈基本原则实行效果看,涉及具体证券的欺诈行为认定的实体规定比较简便,一般采取概括加排除的立法例形式。这样便于惩治 OTC 市场的违规违法行为,大大提高证券法施行的效率,进而更有利于保护中小投资者合法权益。而如果遵循诚实信用原则,惩治规则只能采取列举式立法例,这样既不利于界定也不利于查处 OTC 市场的违规违法行为。

第三,举证责任倒置有助于查处违规行为。由于诚实信用原则下的法律适用遵循的是主观标准,同时又要求控方举证,所以查处 OTC 市场内幕交易、操纵市场和欺诈客户等不诚实行为时相当困难。理由有三:一是 OTC 市场的虚拟性增加举证的难度,有些甚至不可能举证;二是实体法规则很难囊括瞬息万变的 OTC 市场不法行为,规则总是落后市场之定律更为明显;三是证据的技术性要求相当高,现行的程序制度和司法人力资源储备很难达到要求。基于上述三点,笔者认为在反欺诈原则基础上,实行举证责任倒置的归责原则并依次设计程序规则,最有利于查处 OTC 市场的违法违规行为。

二、OTC 市场监管模式与监管主体

目前,世界上有关 OTC 市场包括 OTC 市场监管模式主要有三种:他律监管、自律监管和混合监管。这三种监管模式的理念、原则、主体和方式各不相同,各有特色,并且各有代表国家或地区,典型代表分别是美国、英国和法国。日本和中国台湾基本可归属于混合模式。

从理念和原则上讲,他律监管模式强调政府或公权力起主导主用,其理论基础是公共政策,基于 OTC 市场常常发生失灵的情况,认为政府或公权力有责任和能力对市场失灵予以矫正,保护公众投资者权益,并提供或供给相应公共产品即相应的政策或法律。并且为保证其公共政策的执行或实施,进而确定相应的原则或宗旨。从 OTC 市场角度而言,在遵循三公原则的基础上,效率、安全和秩序是最重要的。

从监管主体或监管者角度看,三种模式各有侧重:他律监管模

式主要依赖政府公权力或其代理机构,如证券监管部门;自律监管
模式则主要由行业组织和交易所自己主导监管,实行自律监管;而
混合监管模式则介于两者之间,有两种情况:偏行政性和偏自
律性。

　　从实证角度看,美国 OTC 市场监管模式有由他律向自律再向
他律监管模式演变的趋势;英国则相反,由自律向他律再进一步向
自律监管模式演变;日本和中国台湾的演变趋势基本相同,在借鉴
英美经验基础上,本土化倾向比较突出。

　　监管主体(Regulator)与监管模式紧密相连。何种监管模式就
对应相应监管主体。如美国 OTC 市场监管目前采取以证券业协
会管理为主,以证券管理机构(SEC)监管为辅,这与美国主板市场
传统监管模式有些差别。美国证监会早期只是给予必要的指导和
监督,全美证券交易商协会(NASD)主导着 OTC 市场监管。NASD
(National Association of Securities Dealers)是 1939 年依据美国
《1934 年证券交易法》修正案(1938 Maloney Act amendments to the
Securities Exchange Act of 1934)注册成立的全国性证券商协会,
1971 年创办了举世闻名的 NASDAQ 交易系统,①属自律监管组
织。1996 年 NASD 一分为二,成立了 NASDAQ 交易所公司和
NASD 监管公司(NASD Regulation Inc,NASDR)负责 NASD 日常自
律监管工作。②

　　美国 OTC 市场监管者根据职权范围可划分为:美国证监会全
面监管 NASDAQ 全国市场和小型资本市场;SEC 和 NASDR 负责
OTCBB 市场监管;Pink Sheet LLC 公司负责粉单市场监管,其前身

---

① 　Sloan, Allan. NASDAQ Goes Upscale,Forbes, December 21, 1981.

② 　Barboza and David, An Expert at Trades. N. A. S. D. Chief Makes Bold
　　Move As Markets Combine,New York Times, July 24, 1998,D1.

是美国全国报价局 NQB①。

　　日本 OTC 市场监管机构的布局介于英美之间,由于其初期 OTC 市场模式模仿美国 NASDAQ,所以日本 OTC 市场监管者也可以被认为是行业与政府监管并重的机构设置。大阪证券交易所和 JASDAQ 公司是日本 OTC 市场主要监管机构,日本大藏省是 OTC 市场他律监管机构,负责日本 OTC 市场全面指导和监管。

　　中国台湾对场外交易管理注重政府管理与自律管理相结合。中国台湾证券暨期货管理委员会(证期会)是台湾 OTC 市场的主管机构,隶属于“财政部”;2004 年中国台湾证期会改为证券期货局(证期局),现隶属于中国台湾行政院金融监督管理委员会(Financial Supervisory Commission)。证期会或证期局统一管理证券和期货市场,对 OTC 市场采取直接管理与间接管理相结合的方式。1994 年 11 月成立的中国台湾证券柜台买卖中心是中国台湾 OTC 市场的自律管理组织。②

　　各国或地区对 OTC 市场监管对象主要有两类:市场主体和客体(产品)。前者国际上基本趋同,所以监管对象重点在后者区别及分类上。2008 年美国金融危机发生后,学界和监管部门就 OTC 市场主体及相关衍生产品,如 CDS 和 SWAP 等产品是否纳入监管范围存在严重分歧。日本及中国台湾 OTC 市场监管对象在市场产品范围上也存在扩大趋势,比如中国台湾柜买中心及兴柜市场之挂牌产品已经包括股权、债券和基金的衍生产品;日本早期 JASDAQ 也是如此。

---

①　郑红梅:《美国 OTC 多层次市场的发展和借鉴》,载《特区经济》2007 年,第 120-121 页。

②　参见 http://www.otc.org.tw/ch/about/introduction/history.php。

　　国际证券市场监管主要有三个途径或方式即市场、行政和法律手段。逻辑上讲,OTC 市场监管方式也应该是沿用或比照这个模式进行,事实上各国或地区的 OTC 市场监管方式更偏向市场化和法治化。而市场化和法治化偏好的结果就是自律监管成为 OTC 市场监管方式的主流,于是 OTC 市场监管方式市场化、法治化和自律化逐渐成为世界各国或地区监管方式的主流。

三、我国 OTC 市场治理与监管模式

　　各国或地区 OTC 市场监管模式不同,监管机构或主体的差异也很大,基本可分为三类:专业证券监管部门、综合监管部门和自律组织。需要说明的是,OTC 市场监管模式与监管机构相辅相成,呈动态变化趋势。主要原因有四点:一是各国或地区市场经济发展模式和法律传统模式所决定;二是股权市场结构与证券监管制度特点所决定;三是 OTC 市场治理与监管制度体系特点所决定;四是公司法与证券法制度尤其是非上市公司法律制度传统所决定。

　　(一)我国 OTC 市场治理与监管主体

　　从经济规制理论和国际经验看,OTC 市场监管主体和模式是最易变化的,比如美国 OTC 市场监管机构多变性就是例子。我国 OTC 市场目前是多主体共同参与监管并以地方政府治理与监管为主的监管体系框架。理论上,对市场有显性或隐性监管权力的主体包括国家有关部门、司法部门、地方政府、行业协会和股权交易等他律机构和自律组织。根据现行法律法规理解,上述主体中国家有关部门主要指发改委、国资委和中国证监会等。这些监管部门主要是根据国务院的有关文件,对天交所和中关村股份代办系统等 OTC 市场试点的政策性方向进行监督管理。下面以天交

所监管主体演变与结构为例,分析我国 OTC 市场治理与监管主体的现状。

1. 国家层面监管机构及职能。首先,国家发改委宏观调控监管。作为国家宏观调控部门,发改委理应对天津市滨海新区金融改革创新或先行先试包括天交所 OTC 市场试点发展情况负责检查与督促。其次,中国证监会职能监管。从公共利益及经济规制理论讲,证监会应该主动对天交所试点进行职能监管,原因有二:一是天交所 OTC 市场试点是国务院规范文件批复的产物;二是证监会是法定证券监管部门,天交所 OTC 市场试点是证券市场体系发展的一部分,如果证监会不闻不问则有失职之嫌。当然,证监会不参与天津 OTC 市场监管,实际上已经涉及治理及监管制度竞争与协调问题。再次,国资委、科技部和其他部委行业职能监管。因为,在 OTC 市场挂牌非上市公司的设立、行业准入和政策扶持与上述中央政府部门的行政许可或核准有关。

2. 地方层面监管机构及职能。据我国现实考察,能对 OTC 市场准入、交易和监管进行监管地方政府包括 OTC 交易所所在地政府和挂牌非上市公司来源地政府。一般是地方政府发改委或金融办等职能机构受托代表地方政府行使监管权。比如天津股权交易所是天津市政府批准设立的金融服务平台,因此天津市政府金融办对天交所有权直接监管,此类监管多是对试点和探索性政策监管,而对市场运行和操作层面监管很少涉及。又比如,挂牌企业所在地政府职能部门对挂牌企业进行近距离监管,降低了监管成本。这种监管是辅助性和协作性监管,但从动态和长远角度讲,这种监管架构是否合理值得思考。

3. 自律层面监管机构及职能。根据国际比较分析,自律监管一般为 OTC 市场主流监管机构,并且主要由各类行业协会或公会与证券交易所包括股权交易所等自律组织构成自律监管体系。前者主要有涉及证券市场主体的行业协会,如中国证券业协会;独立第三方协会,如公司治理协会;产业协会,如金融业协会和交易所协会等。后者主要有证券交易所、股权交易所和产权交易所等。一般讲,场外交易所比如天交所本身在整个 OTC 市场监管体系中处于核心地位,原因有三:一是市场监管制度与规则的直接制定者;二是市场中各类主体及行为的直接监管者;三是具体监管活动的主要发起组织者与实施者。

(二)我国 OTC 市场治理与监管模式

从政府监管与行业自律监管关系看,OTC 市场监管在制度设计上,不仅要注重非上市公司内部监督和控制机构完善,更应该加强外部监管机制,以确保 OTC 市场适当处理利益冲突,保护投资者利益。所以,对 OTC 市场监管,要特别注重政府监管作用。

按证券法规定,中国证监会是 OTC 市场法定监管机构。证监会设立非上市公众公司监管部本身也表明要开始规范管理 OTC 市场,以便落实国家构建多层次资本市场的公共政策目标。将 OTC 市场纳入证监会统一监管范畴,是恰当也是应该的。但不可忽视的事实是,目前我国 OTC 市场包括天交所在内均是由地方政府审批与监管的。这究竟是权宜之计,还是长远考虑? 如果是后者,就涉及中央政府与地方政府分权问题。目前我国对 OTC 市场的市场准入、运营与交易以及信息披露等方面的监管,均缺乏明确强制性法律法规。这种状况无论对投资者吸引力还是市场本身安全运行都是不利的,天交所实践现状就是最好的例子。

如果说政府监管非常重要,那么 OTC 市场自律监管机制则更不可或缺。OTC 市场之自律机构监管与监管机制又可分为内部与外部两部分。除董事会等内部制衡结构与机制外,OTC 市场外部治理结构或机制之构建更是迫在眉睫,而其中行业协会及其监管机制又是重中之重。虽然证券法规定市场行业监管机制主要依赖于中国证券业协会及其规制,而实践证明这类自律机制对主板市场作用有限。但在多层次资本市场体系下的OTC市场,行业协会是否能有作为,目前还看不出端倪,至少在天交所实践中还未发挥作用。然而,公司制OTC交易所市场要健康快速发展,没有行业自律监管肯定不行。除了发挥证券业协会功能外,构建更加有效、权威且中立自律组织——公司治理协会,应是不二选择。它主要基于第三方的角色,对OTC市场挂牌公司包括OTC市场公司本身在内的市场准入、交易和退出机制起制定和实施作用。

目前天津股权交易所正在尝试推出监管联合委员会(简称联委会)制度,以便有机整合各方面市场监督力量。市场监管联委会负责对天交所市场进行全面监督,由天交所、各地方政府职能部门、天交所区域分市场代表、挂牌企业代表、保荐机构代表、做市商机构代表、中介机构代表以及第三方专家组成,监管联委会按市场主体类型分设联组会。从监管模式上讲,也许是我国OTC市场监管一种创新方式,但能否替代公司治理协会功能,还有待观察。

(三)我国OTC市场治理与监管依据

无论是政府监管还是行业自律,OTC市场培育与发展最终都会有赖于公司治理及其法律制度的构建与完善。由于我国多层次资本市场正处于发展阶段,有关OTC市场法律性质、功能定位、组织形式、设立条件和监管措施等,至今在公司治理法律制度(包括公司法和证券法)方面仍未明确。

就OTC市场而言,公司治理与监管法律制度之构建与完善应主要包括以下三个方面:

首先,现行公司法修改与完善。主要是公司法之公司类型应重新界定,比如应取消有限公司与股份有限公司划分,代之以公开公司与封闭公司,这样有利于 OTC 市场公司治理及其监管的有效性与公平性。

其次,应修改与完善证券法及相关行政法规。主要是股份公开发行及 200 人限制问题,换言之应重构股份公开发行制度。否则,类似天交所的 OTC 市场很难有大发展,因其发行与交易机制局限在 200 人以内,其流动性就存在很大局限。又比如做市商制度、合格投资人制度以及转板制度等都应当在相关法律上予以认可和规范。

再次,应尽快制定未上市公司治理准则或原则。众所周知,我国上市公司已有一套完整的公司治理原则,其管辖范围未涉及非上市公司。换言之,非上市公司或非上市公司的治理结构或治理机制仍缺乏自己的公司治理原则,其股权结构、组织性质、行业布局以及盈利能力等有其独特性,不可能适用公众公司的治理准则。但这类公司占据公司总量的很大比重,这是十分不利于经济发展的。所以,应尽快制定非上市公司治理原则,其内容包括但不限于公司透明度、合理的股权结构、利益相关者参与管理、大股东或实际控制人及科学适当的权力、执行与监督机制。

第二节　OTC 市场公司治理与监管制度体系构建

一、OTC 市场非上市公司治理法律制度理论展开

公司治理法律制度理论指 OTC 市场非上市公司治理法律制度更像一系列或一套规则系的综合,而非一个具体法律部门。其外延是指包括公司法、证券法、合同法、金融法和民法等法律制度(包括实体法和程序法),以及交易所、证券业、实体产业、会计和

律师等行业自律规则两个维度,涵盖公司内部和外部治理结构与治理机制两套规则体系。

所以,基于上述理论视角,本节根据斯图尔·姬兰(Stuart L. Gillan,2006)关于公司治理研究框架综述而设计的公司内外部治理要素树状结构进行改进并设计,可得到符合公司治理法律制度理论本意的 OTC 市场非上市公司治理与监管法律制度体系结构图(见图 6.1)。

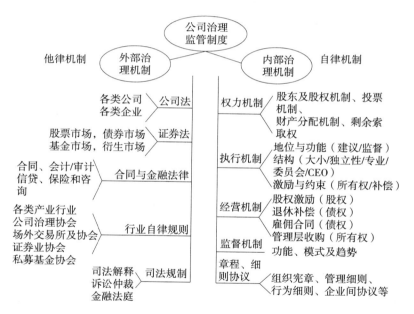

图 6.1　非上市公司治理与监管法律制度体系结构

资料来源:作者根据相关文献整理并设计,参见 Stuart L. Gillan. Recent Development in Corporate Governance: An Overview, Vol. 12, No. 3, Journal of Corporate Finance, 2006, pp. 381–402.

从上图表述可知,本节试图基于现有公司治理研究成果之上,进一步拓展公司治理与监管研究深度与广度,从而构建一个基于法学视角的非上市公司治理与监管制度体系理论框架。这个理论框架虽为非上市公司量身打造,但仍可适用于所有类型公司。

二、OTC 市场非上市公司治理与监管他律制度体系构建

现代系统论把研究对象不是看做某个单独事物,而是看做一个整体系统,要求做整体综合性的研究和把握。现代系统论还有鲜明的方法论特征,它的理论和方法可以应用到不同领域或对象研究中,给不同学科发展提供方法论的指导,所以又被人们看做是一种科学方法论。

本节基于公司治理与证券市场监管双重视角,对非上市公司治理与监管制度体系结构和制度性质进行分类,树状体系结构的左边部分就属于治理与监管外部性规则部分,分别由公司法、证券法、合同法、金融法等强制性法律法规、司法裁判规则和行业规则组成;右边则由公司权力、执行、监督和营运等内部规则组成,包括公司章程,股东会、董事会和监事会议事规则,三会下属委员会(如战略、提名、薪酬和审计委员会等)规则,以及经营管理层规则等治理规则组成,属于自律性规则。下面分别对他律规则的性质、功能以及对 OTC 市场准入和市场交易活动及其制度影响进行分析。

(一)公司法律制度

公司法律制度属公司治理外部治理机制范畴(公司治理学),法学上又称公司监管制度,法金融理论称之为公司或企业规制制度。①

---

① 张新、朱祥武等著:《证券监管的经济学分析》,上海三联出版社 2008 年版,第 1-10 页。

从制度安排角度分析,公司法律制度可以从市场准入、市场交易和市场监管三个层次,来规范与问责 OTC 市场所有参与主体包括非上市公司行为及行为程序。

从市场准入角度,公司法主要是针对非上市公司组织行为及营运行为进行规范。组织行为即组织规则,主要涉及非上市公司设立和注册、组织机构(或称公司机关或治理结构)设置与运行程序、组织机构权责利配置和公司解散清算和破产等制度安排。比如,关于公司分类与类型,不同国家或地区的做法差异很大。我国公司法把公司分为有限责任公司与股份有限公司两个基本类型。前者又可细分为普通有限公司、国有独资有限公司和一人有限公司三类;后者又可进一步细分普通股份有限公司、上市股份有限公司和非上市公众股份有限公司。公司法另一大类规则是专门针对公司的行为,如股份转让、股东权利义务的行使与承担、公司组织机构运行以及公司利益相关者所承担法律责任等制度安排,均属于行为规则范畴。

对我国而言,上述分类对 OTC 市场准入主体有特别意义。因为,从前文讨论的三个 OTC 市场挂牌公司分析,尽管本书统一用"非上市公司"称谓,但并不表明我国现行法律对此就有明确界定和统一规定。比如,代办市场挂牌公司一般为退市的上市股份有限公司;报价系统和天交所准入的公司虽都称为股份有限公司,但是大部分本质上还是有限公司,我们从其对公司治理与监管制度选择模型的反应就可以看出来。另外,股权交易所、保荐人、做市商以及部分私募机构投资者的企业组织形态也多是必须遵守公司法组织规则和行为规则,否则会承担不利法律后果。当然,所有 OTC 市场参与主体除了受公司法约束外,还必须遵守证券法的禁止性规则,因为 OTC 市场毕竟是证券市场的一个组成部分。

(二)证券法律制度

正因为 OTC 市场的证券市场属性,证券法律制度就必须遵守。从各国或地区证券市场发展进程看,证券法在 OTC 市场治理与监管中的地位或作用日益重要。从传统理论分析和实证研究可以发现,OTC 市场他律监管程度在所有证券市场系统是最低的,但随着 OTC 市场在经济发展中的作用日益重要,以及该类市场常常引发金融危机甚至经济危机,迫使政府证券监管部门和证券自律监管部门加重了对 OTC 市场的治理与监管。随着 OTC 市场治理与监管活动增加,对相关证券法规则需求也日益强烈。

从我国证券市场演变与发展史来看,证券法律制度设计、实施和修改完善牵一发而动全身。比如,我国 OTC 市场非上市公司市场准入制度的禁止性规定之一,就是挂牌非上市公司的股东不能超过 200 人,否则就构成公开发行而非上市的公众公司,依现行法律就必须经中国证监会核准。这样就制约了 OTC 市场迅速发展,因为股东人数限制,就等于限制了 OTC 市场流动性。OTC 市场交易机制也是如此,股权交易过程中不得拆细、标准化和连续竞价交易,这样就迫使 OTC 市场交易规则最低交易单位量不得少于 1/200①,从而就大大限制了 OTC 市场流动性,也剥夺了中小投资者投资交易权。

(三)金融法律制度

金融法律制度对 OTC 市场而言,主要涉及金融机构、金融行为和金融中介等方面的治理与监管。首先,现行几个全国性 OTC 市场交易所包括天交所是否属于金融机构,性质仍未有定论。比

---

① 天津股权交易所:《天津股权交易所:非上市股份公司股权挂牌交易规则》(2008),http://www.tjsoc.com/web/default.aspx。

如,天交所原脱胎于天津产权交易所,按我国政府职能部门权责划分,产权交易所由国资委审批与监管,不属金融机构;而天交所成立时,由天津市政府审批,并未获得监管部门的金融业务从业许可证。所以,只要天交所从事业务不属于证券法和银行法等金融法规许可的业务,就不会被追究违规责任。但是,同时也不能享受为股票和公司债提供交易服务平台的金融特权。理论上,做市商和保荐人进入 OTC 市场也会涉及金融法规规制,但天交所或其他省市股交所的做市商和保荐人之市场准入实行的是备案注册制,并不受现行金融法规规制,基本是交易所自律监管。

此外,无论 OTC 市场准入制度还是交易制度,都会不同程度涉及信息披露问题,而其中主要内容是财务信息和经营信息。这些信息披露又会涉及治理与监管机构与资质。应当特别指出的是,有关 OTC 市场非上市公司治理信息及其评价披露与监管,理论上或法律上应属哪个机构职责,值得探讨。中国台湾中华公司治理协会的做法或经验值得借鉴。

（四）合同法律制度

合同法律制度又称契约制度,在任何国家或地区民事商事与经济活动中都视为圭臬。OTC 市场市场准入、市场交易和市场监管三个维度各个环节涉及多是平等民事主体法律关系,正如本书第三章论述过的有关 OTC 市场各个主体之间之治理与监管关系一样,多数是支持、引导和服务等平等主体法律关系,即便是政府与其他主体之间也不是传统行政关系,总之这些关系具有很强契约性。所以,合同法律制度是 OTC 市场最重要强制性规则。这也是 OTC 市场是一个自律性很强市场的原因。

（五）司法裁判制度

司法裁判制度是保障所有法律制度施行效果的最后保障。根据证券市场监管理论，如果法律能够通过法庭或私人诉讼得到很好执行，政府行政监管措施就是多余或不必要的。因为政府监管本身也能带来成本，况且监管者可能还会被俘虏，这样在 OTC 市场，司法裁判制度的构建与执行就十分重要与必要。① 虽然，司法裁判制度对 OTC 市场运行而言，会因不同的法律传统不同而有所差异，一般讲在英美法系的作用会大一些，大陆法系作用稍微差一点。但是，对我国 OTC 市场而言，现阶段的作用也可能不小，因为有关 OTC 市场专门性全国统一法律法规至今缺乏，而地方法规千差万别，且效力也较差。所以，法官及其司法裁判制度可以弥补这一缺陷。

三、OTC 市场非上市公司治理与自律监管制度体系

（一）公司宪法机制

从公司治理学角度，公司治理就是能保证公司科学决策，并且能最大限度地维护或保护所有公司利益相关者利益的一种制度安排。② 既然是制度安排，就有制度安排结构与层级。换言之，一家公司宛如一个国家，应该也必须有一项最高效力法律即宪法，而公司宪法就是公司章程，它是公司处理对内对外事务的最高准则。从合同不完备性到法律不完备理论均认为③，公司章程事实上是

①　Huntington S. P. , the Marasmus of the ICC: the Commission, the Railroads, and Public Interest, Vol. 61, No. 4, The Yale Law Jounal, 1952, pp. 467 – 509.

②　李维安著：《公司治理学》，高等教育出版社 2010 年版，第 32 页。

③　Robert W. Hamilton, The Law of Corporations, West Group, 2002, p. 23.

约束公司与股东之间、股东与股东之间以及公司与债权人等利益相关者之间的公共契约或契约网。①

对将或已进入OTC市场的非上市公司而言,公司宪法或公司章程作用非常大,原因有三:一是国际OTC市场有关非上市公司市场准入、市场交易甚至监管制度的规定非常稀缺,我国更是如此。为何OTC市场挂牌、谁去挂牌以及为了谁去挂牌,没有现成强制法律规定?因为非上市公司本身具有私密性,所以一切只能由公司章程说了算。二是根据非上市公司治理与监管制度选择理论,非上市公司治理特色非常高,对自律规则依赖路径非常强。由于公司、股东、创始人和私募投资者千差万别,他们出于各自目的或动机或职业,制定出的公司章程必定是五花八门。三是非上市公司市场准入和市场交易环节治理与监管是OTC市场制度构建重点。换言之,监管部门或自律部门审核重点应放在公司章程上。

(二)公司权力机制

OTC市场非上市公司治理与自律监管制度体系中,除公司宪法文件即章程外,次重要是有关公司权力机构的治理与监管机制。无论法学或经济学,均认为公司股东会是非上市公司最高权力机关,所以有关其地位、职能和运作规则体系设计、变动与完善,对OTC市场之非上市公司准入、交易和运行监管非常重要,主要表现在以下四个方面:

其一,股东会形式结构。既然股东会是非上市公司的最高权力机关或决议机关,那么权力机关设置及职能配置尤其重要。一般而言,股东会有常会和临时会两种,但都不是常设机构。前者又

---

① Jeffery D. Bauman, Corporations and other Business Associations Statutes, Rules and Forms, Thomson West, 2008, p. 30.

称年度股东会,召开时间和表决事项一般会因国情或法律传统而异。我国公司法规定,有限责任公司与股份有限公司决议机关分别为股东会与股东大会两个形式结构。

其二,股东会权力的范围。由于各国或地区的立法与监管传统不同,各类公司包括非上市公司股东会权力的范围也有所不同。相对上市公司与合伙企业而言,非上市公司权力范围比较大,变动比较灵活。主因是非上市公司属封闭公司性质,其人合性和契约性比较突出,一般受外部强制性规则影响小。

其三,股东会权力的设定规则。正因为非上市公司属封闭公司性质,其人合性和契约性比较突出,所以股东会权力的设定规则是法定或约定就备受关注。总的来讲,封闭公司或非上市公司股东权力契约性约定比较强,或者完全受契约约定;但发达国家与发展中国家、英美法系国家与大陆法系国家有所不同。我国非上市公司股东会权力规则原本法定性比较强,但目前契约性趋势比较明显。

其四,股东会权力行使规则。非上市公司股东会权力机构、权力范围和设置方式解决后,重点是其行使方式。主要表现为股东大会议事规则,比如召集召开方式、时间和地点的要求、股东会权力行使记载等内容,均应反映在股东会行使的相关文件中及股东会议决议当中。

应特别指出的是,对 OTC 市场而言,由于股权集中度比较高,所以大股东或实际控制人对股东会权力机制设置、协定和行使有重大影响,根据非上市公司治理与监管制度选择模型,股权集中度高是其治理特色高表现,因此如何规制或引导权力机制设置,可能直接影响到 OTC 市场运行效率与公平。

（三）公司执行机制

关于公司执行机制界定,经济学与公司法学是有区别的。本书主要从法学视角去理解与分析。尽管有分歧,但公司执行机制主要指向董事会及其议事规则却是共识。众所周知,董事会在公司治理结构与治理机制中占有重要地位,历来是公司治理学研究的重点,也是资本市场监管部门监管重点。尽管相对上市公司而言,非上市公司董事会有形骸化倾向,但作为OTC市场准入和交易环节治理与监管制度体系部分,还是不可缺少的。

所谓董事会形骸化,是指决策和议事表面上是董事会在运作,实际上仍然是大股东或实际控制人在做决定。所以,如何监督与改造非上市公司董事会组成与运作,是OTC市场治理与监管制度要解决的难题。

（四）公司监督机制

非上市公司监督机制与上市公司监督机制一样,长期以来颇受质疑。主要是其在公司治理活动中形式化倾向严重,笔者曾经对天交所挂牌部分非上市公司访问调查时,发现多数公司认为设置监事会必要性不大,理由是监事会成员来源、专业素质和独立性都存在问题。但对资本市场包括OTC市场而言,无论是市场准入还是市场交易活动治理与监管,必要或法定形式还必须有,这是公司治理之规则、合规与问责机制等程序的必然要求。换言之,法定仪式感对低层次资本市场即OTC市场之运作也是必须的。比如,审核非上市公司之市场准入标准,挂牌公司监事会有关决议是必要充分条件,否则就不能挂牌交易。再者,OTC市场之监管模式实质主要是形式审查,至于能否真正发挥作用,这是今后他律和自律监管制度应努力的方向。

（五）公司经营机制

从公司法和公司治理理论来说,公司经理层在公司治理结构和公司治理机制体系中处在最下端地位,应是最基础部分。世界上多数国家或地区证券法和公司法以及相关法规对 OTC 市场非上市公司而言,在市场准入和交易制度治理与监管关系中,理论和实践中均把其放入公司执行机制范畴来讨论。

对我国而言,无论是非上市公司本身还是 OTC 市场运作本身,公司经营机制非常重要,因为我国经理层及其经营机制是法定的规则。所以,作为 OTC 市场非上市公司的内部治理与监管体系的一部分,还是不可缺少的。

综上而言,OTC 市场非上市公司治理与自律监管制度体系之各个要素地位及相互逻辑关系见图 6.2。

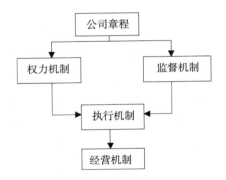

图6.2　非上市公司治理与自律监管制度体系

资料来源:作者设计

第七章 结论、政策立法建议与研究展望

第一节 本书主要结论

本书主要通过国内外 OTC 市场相关研究文献综述和 OTC 市场基础理论研究文献综述,运用公共利益理论与监管经济学、证券监管的法金融理论、公司内部治理与外部治理机制等理论,通过比较分析、规范分析和实证等研究方法,从非上市公司治理视角,对国际和我国 OTC 市场准入和市场交易之治理与监管制度进行了系统研究,指出它们存在的问题及原因,提出了解决问题的政策或立法建议,最终得出如下结论。

第一,根据公共利益理论与监管经济学原理,本书尝试推导出既符合矫正市场失灵,又能降低政府监管成本;既能保护公众利益,又不损害市场效率的效率优先、兼顾公平的 OTC 市场治理与监管制度设计。从公司治理学、经济学和法学多重视角,尝试构建与我国国情相符的 OTC 市场公司治理法律制度理论性观点框架及相关制度体系是当务之急。该理论有助于丰富并发展相关公司治理理论和 OTC 市场监管理论,对构建具有中国特色 OTC 市场治理与监管制度有较大作用。在该理论外延方面,其任意性或自律性为主的公司治理与监管法律机制在 OTC 市场监管法律制度

体系中应起支柱作用。

第二，从 OTC 市场运行治理与监管关系模型和制度经济学分析角度看，要构建一个稳定发展包括 OTC 市场在内的多层次资本市场体系，必须理顺与处理好以非上市公司为核心主体之间的治理或监管关系，这些法律关系的主体与客体等要素既不能缺位也不能越位。否则，对 OTC 市场的效率和安全都不利。

一个 OTC 市场运行是否有效率，与其交易成本、流动性和透明度等变量有关。换言之，市场运行效率是交易成本、流动性和透明度的函数。理论上一个治理与监管制度运行效率最高 OTC 市场，应该是交易成本最小、市场流动性最高和透明度最高的 OTC 市场。但现实中可能并不存在效率最高的 OTC 市场治理与监管制度设计与安排。

所以，转而应寻求效率最佳的制度设计与安排。从立法来看，如果要确保 OTC 市场运行效率最佳，就必须重点保证市场准入环节之非上市公司治理及其监管制度设计科学合理。具体来说就是要处理或设计好政府与股交所、政府与投资者、股交所与投资者、政府与非上市公司、股交所与非上市公司、投资者与非上市公司以及广义利益相关者与非上市公司的治理与监管关系。

制度运行组合与搭配是否科学，首先应该考虑交易成本问题。OTC 市场准入和交易之治理与监管制度安排必须首先遵循该市场法则；其次是流动性问题。世界范围内 OTC 市场发展普遍性瓶颈问题就是流动性缺乏，所以需要设计一套行之有效的交易制度或交易机制来促进 OTC 市场流动性；再次是信息透明度问题。这是所有层次资本市场都必须面对或要解决的问题，但 OTC 市场更为突出或迫切，因为非上市公司本身具有封闭性与契约性特征，如果透明度过高，则会影响其产权的私密性进而影响其进入资本市场融资的积极性。从公司治理与监管角度看,适度信息透明度可能比较符合其公司治理机制特色。

第三,非上市公司市场准入制度应是我国 OTC 市场治理与监管制度的核心。OTC 市场准入制度则是指 OTC 市场组织者或监管者或者第三方,对市场主体及其客体进入 OTC 市场的资格予以审核和确认的规则,一般包括实体规则和程序规则两部分。从非上市公司治理与监管制度选择机制角度分析,理论上非上市公司治理特色高与其所处 OTC 市场治理与监管之混合性制度环境相吻合。但通过天津股权交易所等 OTC 市场样本实证分析,结果表明非上市公司内部治理与外部监管机制急需改进才能达到上述吻合。

第四,非上市公司股权转让或交易制度应是我国 OTC 市场交易治理和监管制度另一个核心。理论和实证研究表明 OTC 市场交易活动是否有效率,事关 OTC 市场整体运行效率。而要达到 OTC 市场运行效率目标,交易规则价值取向是制度设计必须考虑的一个主要问题。本书在重点比较分析国际 OTC 市场样本相关交易制度之做市商制度基础上,对我国 OTC 市场几个典型样本和各地方产(股)权交易所交易治理与监管制度进行实证分析后,得出以竞争性做市商混合交易制度作为我国 OTC 市场交易基本制度选择的结论,并应将流动性、交易成本和透明度三个维度或变量的改进作为价值取向,对现行 OTC 市场交易治理与监管制度进行构建与完善。

第五,应构建中国特色的 OTC 市场公司治理与监管制度体系。OTC 市场准入和交易治理与监管制度如果要得到有效实施,就必须构建一个有效率的 OTC 市场治理与监管制度体系。在构建 OTC 市场公司治理监管法律制度体系路径方面,应从立法、执法和司法角度重点讨论公司治理与监管制度宗旨(价值取向)、基本原则、规则内容和责任制度等,其中制度宗旨(价值取向)又是重中之重。从实证角度出发,即通过调查或统计得出非上市公司治理结构与治理机制改进,会对完善 OTC 市场公司治理与监管制度构建原则、内容及体系等方面有重要参考价值。

第六,尽快制定与完善具有中国特色 OTC 市场治理与监管的强制性和任意性规则体系。其中《非上市公司监管条例》、《场外交易所管理条例》和《非上市公司治理准则》等法规或规则应该尽快出台,因为它们是一个效率优先、兼顾公平的 OTC 市场健康运行的最基本制度保障。

第二节　政策或立法建议

一、市场准入制度方面

市场准入治理与监管制度是本书研究的重点,本书经过比较与实证研究后,特提出以下政策或立法建议。

(一)稳定发展的价值取向

一方面,相对宽松的制度安排,能够降低市场准入成本,给市场主体提供进入市场的公平机会,进而有利于 OTC 市场整体绩效的提高;另一方面,相对严格的制度安排,能够为市场准入秩序提供稳定基础,有利于市场持续规范发展。在高层级 OTC 市场,除了尽可能满足公司融资需要外,还肩负着维护市场秩序功能。所以 OTC 市场稳定发展价值取向是解决 OTC 市场交易无序问题的关键。

(二)适度门槛准入规则

低门槛是各国 OTC 市场普遍遵循的立法原则,所谓低门槛是相对于主板市场标准而言的。例如美国 OTCBB 对挂牌公司几乎没有数量性指标限制,只在信息披露和公司治理方面做了要求。低门槛原则是由 OTC 市场定位和内在要求所决定的。OTC 市场是中小企业融资场所,由于中小企业规模较小,无法满足主板市场融资要求,也无法满足银行贷款要求,因此中小企业成为市场上融资最困难企业群体。强调低门槛,并不意味着没有门槛,换言之,门槛应该适度。所以适度低门槛准入原则可能比较适合我国国情,若市场上充斥着过多劣质企业,必将使投资者失去信心,也会使市场持续发展难以维系。另外,低门槛虽然可以提高整个社会经济效益,但是门槛过低又会损害社会公平,最终损害社会整体效益。

（三）科学的市场准入标准

根据国际经验,OTC 市场的市场准入挂牌标准五花八门,但实质要件包括定量标准和定性标准要求并不高。通过对国际 OTC 市场样本分析,发现 OTC 市场对定量标准没有要求或要求很低,取而代之是对信息披露和公司治理等定性标准则较高。

定量标准即数量化标准,一般包括经营期限、股本总额和公众股东数等指标。而定性标准即非数量化标准一般包括挂牌对象、股权分布、做市商与保荐人、信息披露和公司治理结构。其中,有效的公司治理结构不仅可以保障公司规范运行,使公司具备持续经营能力,而且可以保护广大股东或投资者权益。所以,挂牌非上市公司的公司治理结构和治理机制等关键性制度安排非常重要。

本书建议,我国 OTC 市场非上市公司中引入独立董事制度是可行且必要的。因为根据美国等国家或地区 OTC 市场公司治理与监管经验,几乎都有独立董事引入及人数的要求。所以,借鉴境外 OTC 市场和主板市场经验,我国 OTC 市场非上市公司也应尽快引入独立董事,至于人数和比例可以适度降低,其任职资格和任期等规则也可适度灵活。

（四）准入程序严谨简约

程序正义是实体正义的保障,OTC 市场挂牌制度应该在程序上体现公正、公开、公平,使每个企业获得平等的机会。要保证程序公正,应该做好以下三方面的制度设计。

一是设立独立第三方审核机构。设立一个具独立性的中立审核机构,是 OTC 市场发展初期必须要解决的问题。目前,可以充分发挥证券业协会和其他中介组织的作用,设立一个准独立审核机构负责对公司情况进行实质审核。之前由有关机构认定审核人员资格的基础上可先建立一个专家数据库,针对挂牌公司的情况按行业特性从专家数据中选出委员组成具体的审核委员会。为了保证审核机构成员勤勉尽责、公正客观作出中立判断,应该对审核机构实行问责制度,明确其责任。OTC 市场发展较为成熟后,可考虑借鉴中国台湾经验并加以改进设立公司治理协会,作为市场准入的独立审核机构。

二是采用强制性注册备案制。就 OTC 市场本身特点和我国国情而言,既不能对 OTC 市场准入环节放任不管,也不能管得太严。因此,可以借鉴国际上通行的 PE 监管措施并加以改进,OTC 市场准入程序可采取强制性注册备案制。

三是挂牌程序应合规顺畅。挂牌程序设计应该注重效率,尽可能减少时间成本,一般非上市公司挂牌程序应该经过以下流程:(1)挂牌公司聘请保荐人,对公司情况进行尽职调查,具体负责辅导公司进入市场;(2)向股交所提出挂牌申请,提交相应的申请文件和资料;(3)股交所应先对提交的文件进行形式审查;(4)审查通过后将材料提交审核委员会审核;(5)审核机构通过后,则由

OTC 交易所进行复核,例如采用公司制股交所报送董事会决定,如果同意则将相关材料报送监管部门备案,挂牌公司股票即可以挂牌交易;如果不同意则退回审核机构重审。(6)如审核机构再审不过,则由股交所发出退函,拟挂牌公司可要求复议,审核机构也可复审;如果复审通过,则报请董事会表决;如果复审发现仍存在不宜挂牌的理由,则直接退回,并要求其在一定时间内不得再次提出挂牌申请。

二、市场交易制度方面

本书 OTC 市场交易制度部分比较和实证研究表明,做市商制度发展、演变和改进是 OTC 市场治理与监管制度的主轴。所以原则上,我国 OTC 市场应尽快全面引进做市商制度,并结合我国国情进行改进,目前可以暂时按照以做市商制度为主和竞价制度为辅的混合做市商制度进行设计与试点,待 OTC 市场发展成熟或规模扩大后,可以适当加大竞争机制作用,避免做市商困境在我国出现。为此本书建议:

其一,加快相关基础性立法步伐。OTC 市场的基础性法律是我国 OTC 市场健康发展最根本保证,目前急需两方面修改。一是对非上市公司股权及其衍生产品如私募基金份额等股权的交易或转让活动及其交易关系进行基础性立法。当务之急,就是要尽快制定全国性《场外交易市场监管条例》和《非上市公司监管条例》,以明确 OTC 市场、监管主体和相关交易所合法地位。二是对现行公司法和证券法有关规定进行及时修订。比如非上市公司的 200人限制问题;证券法有关 5% 大股东持股比例披露及内幕信息人范围的豁免制度设计问题,这样有利于做市商尤其混合做市商制度的引入。

其二,构建做市商基本制度框架。做市商制度虽在国际上比较成熟,但在我国还属新生事物。做市商基本制度框架构建应重点关注包括市场准入和退出等监管机制。关于准入机制。一是注册制规则。包括做市商最低注册资本和最低流动资本、从业人员资格、从业经历和公司治理结构等;二是分类管理规则。对做市商治理结构和市场表现包括做市规模、做市数量和持仓量等方面进行分类,以便定期或常态监督。关于退出机制。一是资格惩罚与退出,对资金规模达不到起始标准的做市商,弄虚作假、内幕交易和操纵市场等严重行为应进行处罚并吊销做市商资格;对未达到监管机构或专业资信机构评估要求的,应撤销其做市资格;二是行为惩罚与退出,对不积极履行义务或无力经营的做市商给予退出处罚,或建议退出。

鉴于我国做市商制度刚刚起步,参与交易的做市商较少,初期市场准入条件可适当降低,待做市商队伍建立起来,可考虑提高标准。同时,监管机构要从政策上鼓励券商、保险机构和基金公司参与 OTC 市场,允许其成为做市商,放宽其在 OTC 市场投资范围和品种,逐步建立以优质券商为核心的做市商制度,扩大市场影响力。

其三,完善并推广天交所做市商制度。鉴于天交所做市商制度已初步成型,且市场运行绩效良好,做市商制度建设可在天交所基础上总结和完善。一是逐步从目前天交所的做市商制度过渡到附带流动性混合型做市商制度。二是建立全方位投资者询价体系,强调交易系统的议价功能。三是在系统中要设置论坛、投资者和做市商对话空间等互动交流模式。

其四,完善做市商配套制度构建。在加快相关基础性立法步伐、构建做市商基本制度框架和借鉴推广天交所做市商制度基础上，做市商补偿制度、股权拆细和标准化、做市商头寸调剂等配套机制设计也应跟上。但这方面制度技术性极强，不可能一蹴而就。

三、市场监管制度方面

首先，确立双层次多元监管机构。从行政理论和政府职能分工视角，国家发改委应负责对天津市金融改革创新或 OTC 市场先行先试情况进行检查与督促。从公共利益及经济规制理论讲，证监会也应主动介入我国现行 OTC 市场包括天交所在内场外交易所之试点监管。至于国家发改委等宏观经济调控部委与证监会等业务主管部门有关监管权之竞争与协调问题，需要从立法上根本解决。

国际 OTC 市场理论与实践表明，监管机构可分为他律监管与自律监管机构两部分。我国目前 OTC 市场之他律监管机构又可分为中央与地方两个层面。中央层面在金融大部制改革之前，仍以中国证监会监管为主，国家发改委、国资委、科技部和工信部等职能或行业部委监管为辅。由于非上市公司数量庞大、行业庞杂、经济成分复杂和对口管理部门众多等特点，OTC 市场理论和制度设计上必须遵循多元化原则，监管权共享与协调恐怕是常态。

地方 OTC 市场监管层面情况会更加复杂。OTC 市场区域龙头如天交所所在地方政府与其他地方政府在 OTC 市场发展中也存在监管权竞争与协调问题。由于历史和区域经济发展不平衡原因，各省市争办 OTC 交易所积极性空前高涨，既竞争又合作的局面还会持续。

其次，法定混合自律监管模式。早期，世界 OTC 市场监管机构可分为他律与自律监管机构，那么监管模式也可分为他律与自律两种。而介于他律和自律之间的混合监管模式，目前渐成趋势。

这种混合模式又可细分为偏向他律的混合他律监管模式和偏向自律的混合自律监管模式。

从实证分析看,目前我国天交所 OTC 市场实行自律为主、多主体共同参与的监管模式就是一种典型的混合自律监管模式,原因有三:第一,自律监管是国外 OTC 市场监管的主流方向,是同 OTC 市场本身特点相适应的;第二,天交所目前还处于试点阶段,同成熟 OTC 市场还有较大区别,天交所目前是一个以非上市非公众公司股权为主的场外交易市场,该特点决定了其市场监管基本上是完全市场化或自律化的;第三,任何证券市场治理与监管制度体系都是根据交易所市场性质和需要建立起来的。因此,在我国 OTC 市场发育成熟和相应监管体系建立完善之前,自律监管仍将是最主要的监管方式。

目前我国之所以确立自律监管模式是同 OTC 市场本身特点相适应的,OTC 市场同交易所市场相比,具有分散性、开放性和局域性的特点,交易采取做市商制度,市场参与者以机构为主,融资以私募为主。市场分散性、开放性使集中统一监管非常困难,或者说成本高昂;而市场局限性决定了股权无论在一级市场发行还是在二级市场流转,均在小范围投资者之间进行,且交易方式为私下交易。而市场之所以以自律监管为主,还有一个重要原因,OTC 市场是一个高风险同时也是一个高成长市场,市场不确定性非常大。严格集中统一监管很难使 OTC 市场变成信息透明度高和市场风险低的市场,而且会使 OTC 市场及其市场活力下降。所以,我国以混合自律监管为 OTC 市场监管模式,应是最佳选择。

再次,多元弹性监管体系。在市场监管体系构建方面,全国各地尤其北京中关村 OTC 市场可以借鉴天交所市场多元弹性监管体系。全国性 OTC 市场可依托地方政府支持,与相关证券交易服务机构紧密合作,努力探索建立以自律为主、多主体共同参与的OTC 市场监督体系。企业挂牌、融资须在天津市金融办、企业所在地金融办和相关监管部门备案,并持续接受监管机构与天交所的监管。在监管制度方面,目前我国天交所已建立起较为完善的规则体系,包括对挂牌企业挂牌和融资监管、信息披露与规范治理监管,对做市商报价以及投资者交易行为实时监管等强制性或半强制性规则;同时还要注重软性交易规则(或软法)的建设,如监管备忘录和战略合作伙伴协议等,比如天交所目前已与山东、河北、河南、安徽、内蒙古等 10 余个省份签订监管备忘录和战略合作伙伴协议。

最后,宽严相济监管原则。OTC 市场市场准入、市场交易和信息披露等方面,除参照前文论述市场监管三原则外,还应根据OTC 市场发展阶段和层次结构,可分别选择"低门槛严监管"和"高门槛低监管"原则。本书建议,地方性或层次较低的小型 OTC市场如安徽科技板 OTC 市场可选择前者;全国性或层次较高的大型 OTC 市场如天交所市场,可选择后者(参见本书附录 E)。

第三节　本书的局限及后续研究展望

从公司治理尤其非上市公司治理角度对我国 OTC 市场准入与交易及监管制度进行研究,涉及法学、经济学和公司治理学等多学科或多领域,是跨学科或多领域的研究尝试。由于涉及多领域多学科的交叉与融合,所以本书还有一些内容需要改进与完善。同时,由于我国多层次资本市场体系与制度体系宏伟工程之构建才刚刚开始,尤其是资本市场最低端的 OTC 市场本身及其治理与监管制度体系更是新生事物,我国 OTC 市场运行仍处于试点阶段,相关制度包括非上市公司、OTC 交易所、做市商和合格投资者等主体治理与监管制度,以及 OTC 市场准入、交易、退出和监管的治理与监管制度也处在创新与构建阶段。此外,相关研究文献,尤其从公司治理角度研究 OTC 市场准入与监管制度的文献资料更是匮乏,所以本书还存在继续研究与改进的空间,主要表现在:

第一,在理论研究方面。本书对在 OTC 市场治理与监管相关理论方面分析介绍比较充分,但与实证研究的结合还不够紧密。本书理论创新部分即公司治理法律制度和非上市公司治理与监管机制选择模型,虽有一定理论意义,通过有限检验与实证,结论也基本符合。但是,是否适用所有 OTC 市场之非上市公司治理与监管,还有待进一步深入研究。但前提是,我国 OTC 市场有更进一步发展,市场规模有进一步扩大,笔者期待这一天早日到来。

第二,研究方法方面。本书比较注重制度尤其 OTC 市场准入与交易制度比较分析,尽管也尽量结合部分 OTC 市场样本进行实证研究,但研究还不够深入,结论还需要实践进一步检验。研究视角方面,本书力求把公司治理理论与证券市场监管理论结合起来,并达到一定预期目的。但两者结合仍显力道不够,还有进一步改进的空间。

第三,研究内容方面。本书以非上市公司为视角,对典型 OTC 市场样本之市场准入和市场交易之治理与监管制度以及监管制度体系进行了较为深入的研究。但有关 OTC 市场退出及信息披露的治理与监管制度,限于篇幅没有进行专章探讨,这是以后研究应予关注的。

主要参考文献

（一）中文文献

1. 刘春长著:《中国 OTC 市场监管制度及其变迁研究》,中国金融出版社 2010 年版。

2. 万国华主编:《证券法学》,清华大学出版社 2010 年版。

3. 中国证监会:《中国资本市场战略性问题研究（下）》,中信出版社 2010 年版。

4. 高峦主编:《中国场外交易市场报告（2009—2010）》,社会科学文献出版社 2009 年版。

5. 李维安著:《公司治理学》,高等教育出版社 2009 年版。

6. 李维安:《公司治理评论》,经济科学出版社 2009 年版。

7. 李文涛著:《私募以有限合伙基金法律制度研究》,知识出版社 2009 年版。

8. 范建、王建文著:《公司法》,法律出版社 2008 年版。

9. 张新、朱武祥著:《证券监管的经济学分析》,上海三联出版社 2008 年版。

10. 何自力著:《比较制度经济学》,高等教育出版社 2007 年版。

11. 王保树、崔勤之著:《中国公司法原理》,社会科学文献出版社 2006 年版。

12. 邹德文等著:《中国资本市场的多层次选择与创新》,人民出版社 2006 年版。

13. 万国华著:《国有企业监事会机制的市场化构建》,中国方正出版社 2005 年版。

14. 滨田道代、吴志攀著:《公司治理与资本市场监管》,北京大学出版社 2003 年版。

15. [波]米哈乌·费德罗维奇等著:《转型经济和政治环境下的公司治理:制度变革的路径》,罗培新译,北京大学出版社 2007 年版。

16. [加]布莱恩 R·柴芬斯著:《公司法:理论、结构和运作》,林华伟、魏旻译,法律出版社 2004 年版。

17. [法]伊夫·居荣著:《法国商法》,罗结珍等译,法律出版社 2004 年版。

18. [美]理查德·T·德·乔治著:《经济伦理学》,李布译,北京大学出版社 2002 年版。

19. [美]罗伯特·W·汉密尔顿著:《公司法概要》,李存捧译,中国社会科学出版社 2002 年版。

20. 保定金融高等专科学校课题组:《经理股票期权制度在非上市公司的应用》,载《金融教学与研究》2004 年第 2 期。

21. 蔡国喜、徐光:《金融危机下关于我国场外金融衍生产品市场发展的思考》,载《中国货币市场》2009 年第 12 期。

22. 蔡双立、张元萍:《基于资本市场多层次框架下 OTC 市场的构建:美国的经验及其对中国的借鉴》,载《中央财经大学学报》2008 年第 4 期。

23. 蔡莉:《股权、产权流动信息披露探讨》,载《中国经贸导刊》2010 年第 16 期。

24. 陈欣:《美国金融改革方案对金融衍生品市场的监管反思》,载《河北法学》2009 年第 27 卷第 11 期。

25. 陈宗胜、沈扬扬:《有效监管与私募股权基金的发展》,载《中国金融》2010 年第 17 期。

26. 邓峰:《中国公司治理路径的依赖》,载《中外法学》2008 年第 1 期。

27. 邓汉慧、张子刚:《企业核心利益相关者共同治理模式》,载《科研管理》2006 年第 27 卷第 1 期。

28. 傅明:《非上市公司如何设立独董》,载《上海国资》2008 年第 8 期。

29. 高扬:《公司治理绩效如何评价》,载《商界》2004 年第 4 期。

30. 顾功耘等:《解读上海市产权交易市场管理办法》,载《上海国资》2004 年第 2 期。

31. 晋入勤:《论股票场外交易市场制度的构建原则》,载《金融教学与研究》2009 年第 6 期。

32. 过文俊:《台湾发展 OTC 市场的经验及其对大陆的启示》,载《当代亚太》2005 年第 12 期。

33. 郭燕琳:《我国上市公司治理法律制度缺陷分析》,载《法治与社会》2008 年第 4 期。

34. 韩贵义:《我国国有企业公司治理诊断模型与评价研究》,载《中国科技论坛》2010 年第 10 期。

35. 何维玲、李培民、宋琦等:《公开募股非上市公司的监管对策研究》,载《西南民族大学学报·人文社科版》2004 年第 5 期。

36. 黄建华、徐达、银路:《股份期权——我国股权激励的一种可行形式》,载《统计与决策》2005 年第期。

37. 黄修寅:《非上市公司也应建立独立董事制度》,载《浙江财税与会计》2002 年第 8 期。

38. 侯水平、周中举、王远胜:《非上市公司问题与对策》,载《天府新论》2007 年第 1 期。

39. 晋入勤:《股票 OTC 市场的制度构建应遵循五项原则》,载《当代经济管理》2010 年第 3 期。

40. 蒋琰:《论以投资者保护为出发点的公司治理结构选择》,载《当代财经》2004 年第 3 期。

41. 李维安:《证券交易市场自身首先要构建现代治理结构》,载《南开管理评论》2008 年第 2 期。

42. 李维安、张国萍:《经理层治理评价指数与相关绩效的实证研究——基于中国上市公司治理评价的研究》,载《经济研究》2005 年第 11 期。

43. 李维安、张国萍:《公司治理评价指数:解析中国公司治理现状与走势》,载《经济理论与经济管理》2005 年第 9 期。

44. 李维安、唐跃军:《上市公司利益相关者治理评价及实证研究》,载《证券市场导报》2005 年第 3 期。

45. 李维安、牛建波:《中国上市公司经理层治理评价与实证研究》,载《中国工业经济》2004 年第 9 期。

46. 李维安等:《公司治理研究的新趋势:国际趋势与中国模式》,载《南开管理评论》2010 年第 6 期。

47. 李维安:《突破外部治理困境:长效制度建设是关键》,载《南开管理评论》2009 年第 12 卷第 2 期。

48. 李维安:《公司治理:规则　合规　问责》,载《企业家信息》2007 年第 1 期。

49. 李金凤、王轶楠,雷禹:《基于多层次资本市场框架构建中国 OTC 市场》,载《中央财经大学学报》2010 年第 2 期。

50. 李建伟、姚晋升:《非上市公众公司信息披露制度及其完善》,载《证券市场导报》2009 年第 12 期。

51. 李建伟、潘巧红:《英美非上市公众公司信息披露制度及其启示》,载《中州大学学报》2010 年第 27 卷第 4 期。

52. 李东升:《中国企业治理转型的演进路径研究》,载《首都经济贸易大学学报》2010 年第 2 期。

53. 李强:《法律、制度与上市公司最佳股权结构》,载《财贸研究》2008 年第 3 期。

54. 李敦黎:《信息、公司治理结构与制度多样性——论青木昌彦的公司治理结构理论》,载《浙江社会科学》2003 年第 6 期。

55. 李太勇:《美国电子通讯网络(ECNs)的发展状况及对证券交易市场的影响》,载《国际金融研究》2002 年第 4 期。

56. 刘俊海:《证券交易所的公司化趋势及其对中国的启示(之一)》,载《甘肃政法学院学报》2005 年第 4 期。

57. 刘星、薛宇:《股权结构对公司外部治理的影响分析》,载《重庆大学学报(自然科学版)》2004 年第 27 卷第 11 期。

58. 卢紫珺:《优化我国 OTC 市场监管的探讨》,载《特区经济》2010 年第 8 期。

59. 鲁阳:《非上市公司股权转让场所应定位在产权市场》,载《产权导刊》2006 年第 2 期。

60. 罗培新:《美国公司治理评级的法律与政策之反思——兼及对我国公司治理法律制度的影响》,载《法学》2009 年第 11 期。

61. 兰春华:《股权激励是否普遍适用——与非上市公司相关的方案设计和分析》,载《经营管理者》2003 年第 3 期。

62. 林建:《纳斯达克的超级蒙太奇》,载《IT 经理世界》2003

年第 5 期。

63. 吕厚军:《私募股权基金治理中的反向代理问题研究》,载《现代管理科学》2007 年第 12 期。

64. 吕秀芝:《公司治理框架下的内部控制研究》,载《当代经济研究》2010 年第 7 期。

65. 马连福、张耀伟:《董事会治理评价指数实证研究》,载《经济与管理研究》2004 年第 5 期。

66. 南开大学公司治理评价课题组:《中国上市公司治理状况评价研究——来自 2008 年 1127 家上市公司的数据》,载《管理世界》2010 年第 1 期。

67. 牛建波、李胜楠:《对公司治理评价的评价》,载《财经科学》2004 年第 2 期。

68. 任胜利:《对非上市公司股权流转的监管模式研究(上)》,载《产权导刊》2008 年第 1 期。

69. 任胜利:《对非上市公司股权流转的监管模式研究(下)》,载《产权导刊》2008 年第 2 期。

70. 任胜利、黄卓:《非上市公司股权转让的制度安排》,载《产权导刊》2006 年第 6 期。

71. 施东晖、司徒大年:《值得企业家关注的公司治理评价体系》,载《国际经济评论》2003 年第 3 期。

72. 谭燕芝、熊慧、颜霁:《国际金融衍生品交易机构投资者的内部治理》,载《湘潭大学学报(哲学社会科学版)》2008 年第 32 卷第 1 期。

73. 唐跃军、张贻燊:《利益相关者治理评价和治理指数》,载《OTC 市场导报》2007 年第 5 期。

74. 万国华:《国企整体上市中出资人监督机制应解决的几个

问题》，载《经济与管理研究》2010 年第 1 期。

75. 万国华：《从公司治理视角看 IMF 机制改革——以国际金融危机为背景》，载《公司治理评论》2010 年第 9 期。

76. 万国华：《从公司治理法律制度角度探寻反商业贿赂路径》，载《南开学报》2006 年第 5 期。

77. 万国华：《论破解公司僵局之路径选择及其对公司治理的影响》，载《河北法学》2007 年第 4 期。

78. 万国华、王玲：《中国 OTC 市场治理缺位》，载《董事会》2011 年第 1 期。

79. 王申：《中国法学会民法学经济法学研究会 2000 年年会综述》，载《法学》2000 年第 11 期。

80. 王荣珍：《民营企业公司治理结构的规范与公司法的修改》，载《江西社会科学》2004 年第 2 期。

81. 王丽敏、王世权：《中国民营上市公司监事会治理评价及实证分析》，载《经济问题探索》2007 年第 11 期。

82. 王保树：《非上市公司的公司治理实践：现状与期待——公司治理问卷调查分析》，载《当代法学》2008 年第 22 卷第 4 期。

83. 王保树：《从法条的公司法到实践的公司法》，载《法学研究》2006 年第 6 期。

84. 王保树：《上市公司的公司治理实践》，载《当代法学》2008 年第 4 期。

85. 吴淑琨、李有根：《中国上市公司治理评价体系研究》，载《中国软科学》2003 年第 5 期。

86. 韦国宇：《论我国产权交易市场对非上市公司外部治理机制的支持》，载《企业科技与发展》2008 年第 18 期。

87. 徐振斌：《国有股权激励需要解决的几大问题》，载《职业》

2006 年第 3 期。

88. 邢会强：《有限合伙制私募股权基金上市的法律问题》，载《中外法学》2010 年第 1 期。

89. 杨涤：《股权托管为非上市公司股权流动提供规范服务》，载《产权导刊》2005 年第 3 期。

90. 袁鲲、段军山：《海外交易所衍生产品市场的发展态势及经验借鉴》，载《金融市场》2010 年第 2 期。

91. 袁建岐：《加强对非上市股份公司监管的思考》，载《陕西省行政学院陕西省经济管理干部学院学报》2002 年第 16 卷第 1 期。

92. 叶陈刚、王海菲：《公司内部治理质量与内部控制互动性研究》，载《经济与管理研究》2010 年第 8 期。

93. 赵晓丽、邓荣霖：《交易成本经济学理论与企业的制度变迁》，载《经济问题》2006 年第 11 期。

94. 张朝阳：《强化董事管理和国有非上市公司董事会职能》，载《现代企业》2010 年第 7 期。

95. 张辉：《从资本市场看公司治理法制的趋同现象》，载《西南民族大学学报（人文社科版）》2008 年第 6 期。

96. 张小凤：《国有非上市公司实行股票期权激励的制度环境和障碍》，载《经济研究参考》2006 年第 95 期。

97. 张运生、曾德明、欧阳慧等：《中国上市公司高层管理团队治理评价研究》，载《财经研究》2005 年第 31 卷第 3 期。

98. 张宗新、徐冰玉：《上海 OTC 市场发展模式与路径》，载《新金融》2010 年第 1 期。

99. 周江洪、范晓宇：《构建有效的中国公司治理结构——从法学与经济学的角度考察》，载《兰州大学学报（社科版）》2001 年

第 29 卷第 4 期。

100. 周茂清:《我国非上市公司的产权交易》,载《当代财经》2003 年第 12 期。

101. 中山大学管理学院课题组:《控股股东性质与公司治理结构安排——来自珠江三角洲地区非上市公司的经验证据》,载《管理世界》2008 年第 6 期。

102. 朱民:《危机后的全球金融格局十大变化》,载《国际金融研究》2010 年第 1 期。

103. 万国华、王玲:《中国 OTC 治理缺位》,截《董事会》2011 年第 1 期。

104. 万国华:《有限合伙制私募股权基金公司治理的法律机制构建》,载《理论探索》2012 年第 2 期。

(二)外文文献

1. Amina Benjelloun, Moroco: Public Policy Framework, Corporate Governance of Non-Listed Companies in Emerging Markets, 2006.

2. Andrew Ang, Assaf A. Shtauber and et al, The Cross Section of Over-the-Counter Equities , Available at SSRN: http://ssrn. com/abstract=1715463,2010-11-26.

3. An Agenda for Improving Corporate Governance of Unlisted Companies, Finland central chamber of commerce, 2006.

4. Amy K. Edwards, M. Nimalendran and Michael S. Piwowar, Corporate Bond Market Transparency: Liquidity Concentration, Informational Efficiency, and Competition, April 2006.

5. Anthony Uccellini, The Effect of Disclosure Regulation on

M&A Activity: Evidence from the Over-the-Counter Market, Available at SSRN: http://ssrn. com/abstract = 1032798, 2007 - 5 - 1.

6. Aggarwal, Reena and Williamson, Rohan G. Did, New Regulations Target the Relevant Corporate Governance Attributes? Available at SSRN: http://ssrn. com/abstract = 891411,2006.

7. Barboza and David, N. A. S. D. Chief Makes Bold Move As Markets Combine , New York Times, July 24, 1998.

8. Baron Buysse, Corporate governance Recommendations for non-listed enterprises, Committee on corporate governance for non-listed enterprises, 2005.

9. Becker, A Theory of Competition among Pressure Groups for Political Influence, Vol. 98, Quarterly Journal of Economics, August 1983.

10. Brian J. Bushee and Christian Leuz, Economic consequences of SEC disclosure regulation: evidence from the OTC bulletin board, Vol. 39, Journal of Accounting and Economics, 2005.

11. Christopher G. Lamoureux and Gary C. Sanger, Firm Size and Turn-of-the-Year Effects in the OTC/NASDAQ Market , Vol. 44, No. 5, The Journal of Finance, 1989.

12. C. -F. Wu, The Study of the Relations among Ethical Considerations, Family Management and Organizational Performance in Corporate Governance , Vol. 68, No. 2, Journal of Business Ethics, 2006.

13. Chan-Wung Kim and In-Moo Kim, Information versus Contagion: International Transmission of the NASDAQ, JASDAQ, and KOSDAQ Market Returns, EFMA 2003 Helsinki Meetings.

14. Christian A. Johnson, Minimizing the Risks of OTC Derivatives through Loan Documentation , Vol. 66, Tennessee Law Review, 1998.

15. Chairman Mary L. Schapiro, Testimony Concerning the Over-the-Counter Derivatives Markets Act of 2009, Before the House Committee on Agriculture, September 22, 2009.

16. Chung, Kee H. , Chuwonganant, Chairat. Tick size, order handling rules, and trading costs, Financial Management, March 22, 2004.

17. Corporate governance: New guidance for owner-managed, joint venture and other unlisted companies, http://www. shoosmiths. co. uk/news/3062. asp, 2010-6-3.

18. Cristian Perretta , Applicability of the OECD Principles of Corporate Governance to Italian Non-Listed Companies, Available at SSRN: http://ssrn. com/abstract = 1600416. asp, 2010-5-4.

19. Dan Awrey, The FSA, Integrated Regulation and the Curious Case of OTC Derivatives , Vol. 61, Oxford Legal Studies Research Paper, 2010.

20. Dayanand Arora and Francis Xavier Rathinam, OTC Derivatives Market in India: Recent Regulatory Initiatives and Open Issues for Market Stability and Development, ICRIER Working Paper No. 248, 2010-5-15.

21. Darrell Duffie, Ada Li and et al, Policy Perspectives on OTC Derivatives Market Infrastructure, Federal Reserve Bank of New York Staff Reports, No. 424, 2010-3.

22. Diego Valiante, Shaping Reforms and Business Models for

the OTC Derivatives Market Quo vadis, No. 5, ECMI Research Report, 2010.

23. Darrell Duffie and Nicolae Garleanu, Over-the-counter markets, Vol. 73, No. 6, Econometrica, 2005.

24. Donghua Chen, Ming Jian and et al, Dividends for tunneling in a regulated economy: The case of China, Vol. 17, Pacific-Basin Finance Journal, 2009.

25. Darrell Duffie, Nicolae G Arleanu and Lasse Pedersen, Valuation in Over-The-Counter Markets, Vol. 20, Review of Financial Studies, 2007.

26. David R. Kuipers, Darius P. Miller and et al, The legal environment and corporate valuation: Evidence from cross-border takeovers, Vol. 18, International Review of Economics and Finance, 2009.

27. Dino Falaschetti, Fred Karlinsky and et al, Dodd-Frank and Board Governance: New Political-Legal Risks to Monetary Policy and Business Judgments, Forthcoming in the Banking & Financial Services Policy Report, Aspen Publishers, Available at SSRN: http://ssrn.com/abstract=1686030,2010-10-1.

28. Erik P. M. Vermeulen, The Role of the Law in Developing Efficient Corporate Governance Frameworks, Corporate Governance of Non-Listed Companies in Emerging Markets, 2006.

29. Ekaterina E. Emm and Gerald D. Gay, The Global Market for OTC Derivatives: An Analysis of Dealer Holdings, Vol. 25, No. 1, The Journal of Futures Markets, 2005.

30. EcoDa (European Confederation of Directors' Associations),

Corporate Governance Guidance and Principles for Unlisted Companies in Europe-An initiative of ecoDa, www. ecoda. org, 2010-3.

31. Franklin A. Gevurtz, Corporation Law, West Group, 2000.

32. Gary C. Sanger and John J. McConnell, Stock Exchange Listings, Firm Value, and Security Market Efficiency: The Impact of NASDAQ, Vol. 21, No. 1, The Journal of Financial and Quantitative Analysis, 1986.

33. Guo Li, Peking University Journal of Legal Studies, Peking University Press, 2008.

34. Gurbandini Kaur and Richa Mishra, Corporate Governance-Regulatory & Cultural Issues, Available at SSRN: http://ssrn. com/abstract=1474584,2009-9-17.

35. Henry T. C. Hu and Bernard S. Black, Equity and Debt Decoupling and Empty Voting II: Importance and Extensions, University of Pennsylvania Law Review, 2008.

36. Huntington S. P. , the Marasmus of the ICC: the Commission, the Railroads, and Public Interest , Vol. 61, No. 4, The Yale Law Jounal, 1952.

37. Institute of Directors, Corporate Governance Guidance and Principles for Unlisted Companies in the UK, www. iod. com, 2010-11.

38. IC-A (Instituto de Consejeros-Administradores), Self-Evaluation Questionnaire on Good Corporate Governance for Unlisted Companies Spain, http://www. iconsejeros. com, 2008-7.

39. Jerry W. Markham, Merging the SEC and CFTC-A Clash of Cultures. FIU Legal Studies Research Paper Series, Research Paper.

40. John C. Coffee and et al, Federal Securities Laws, Foundation Press, 2008.

41. Ji-Chai Lin and John S. Howe, Insider Trading in the OTC Market, Vol. 45, No. 4, The Journal of Finance, 1990.

42. Jens Nystedt, Derivative Market Competition: OTC Markets versus Organized Derivative Exchanges, IMFWorkingPaper WP/04/61, Available at SSRN: http://ssrn. com/abstract = 878884, 2004-4.

43. Jeffery D. Bauman, Corporations and other Business Associations Statutes, Rules and Forms, Thomson West, 2008.

44. Jonas V. Anderson, Regulating Corporations the American Way: Why Exhaustive Rules and Just Deserts are the Mainstay of U. S. Corporate Governance, Vol. 57, Duke Law Journal, 2008.

45. Jong, A. de, Jong, D. V. de, Mertens and et al, The role of self-regulation in corporate governance: evidence and implications from The Netherlands, Vol. 11, No. 3, Journal of Corporate Finance, 2001.

46. Joseph A. McCahery and Erik P. M. Vermeulen, The Corporate Governance Framework of Non-listed Companies, In: Corporate Governance of Non-Listed Companies: Chapter One, Oxford University Press, 2008.

47. Juan Javier, Corporate governance of non-listed companies in Argentina, Paper for the Seventh Meeting of the Latin American Corporate Governance Roundtable, 2006-6-22.

48. Jose M. Mendoza, Securities Regulation in Low-Tier Listing Venues: The Rise of the Alternative Investment Market, Vol. 13,

No. 2, Fordham Journal of Corporate &Financial Law, 2008.

49. John F. Gould and Allan W. Kleidon, Securitie Litigation Reform: Market Maker Activity on NASDAQ: Implications for Trading Volume, Stanford Journal of Law, Business & Finance, 1994.

50. Kate Litvak, Summary Disclosure and the Efficiency of the OTC Market: Evidence from the Recent Pink Sheets Experiment, A-vailable at SSRN: http://ssrn. com/abstract=1443595, 2009-3-3.

51. Karen Flannery, Corporate Governance Principles for Unlisted Companies: the recent EcoDainitiative, http://www. charteredaccounta-nts. ie/Members/Technical1/Corporate-Governance/Corporate-Govern-ance-Articles/Corporate-Governance-Principles-for-Unlisted-Compa-nies- the-recent-EcoDa-initiative—Karen-Flannery-FCA/, 2010- 6-1.

52. Klaus J. Hopt, Comparative Corporate Governance: The State of the Art and International Regulation, Vol. 59, American Jour-nal of Comparative Law, 2011.

53. Karla Hoff and Joseph E. Stiglitz, Obstacles to the Emergence of the Rule of Law in Post-Communist Societies, The World Bank De-velopment Research Group policy research woring paper, 2001.

54. Laurent Fresard and CarolinaSalva, The value of excess cash and corporate governance: Evidence fromUS cross-listings , Vol. 98, Journal of Financial Economics, 2010.

55. Lynn A. Stout, Jean Helwege and et al, Regulate OTC De-rivatives by Deregulating Them , Vol. 32, No. 3, Regulation, 2009.

56. Lynn A. Stout, Why the Law Hates Speculators: Regulation and Private Ordering in the Market for OTC Derivatives , Vol. 48, No. 4, Duke Law Journal, 1999.

57. Luca Cazzulani, Vladimiro Ceci and et al, A Front Office and Risk Management Tool for Pricing OTC Derivatives, Available at SSRN: http://ssrn. com/abstract=283729, 2001-9-17.

58. Luzi Hail and ChristianLeuz, Cost of capital effects and changes in growth expectations around U. S. cross-listings, Vol. 93, Journal of Financial Economics, 2009.

59. Manmohan Singh, Collateral, Netting and Systemic Risk in the OTC Derivatives Market, IMF Working Paper WP/10/99, 2010-4-19.

60. Marcel Kahan and Edward B. Rock, Hedge Funds in Corporate Governance and Corporate Control , Vol. 155, No. 5, University of Pennsylvania Law Review, 2007.

61. Mark Yallop, White Paper: The Future of the OTC Markets, November10 ,2008.

62. Mary L. Schapiro, Testimony Concerning the Over-the-Counter Derivatives Markets Act of 2009, Before the House Committee on Agriculture, September 22, 2009.

63. Matthias Kohler, Corporate Governance and Current Regulation in the German Banking Sector: An Overview and Assessment, ZEW D iscussion Paper No. 10 - 002, Available at SSRN: http://ssrn. com/abstract=1551270,2010-2-12.

64. Mahmoud Al-Akra, Muhammad JahangirAli and et al, Development of accounting regulation in Jordan , Vol. 44, The International Journal of Accounting, 2009.

65. Marina Brogi, Regulation, Corporate Governance and Risk Management in Banks and Insurance Companies, 18th AFIR Colloqui-

um: Financial Risk in a Changing World, 2008.

66. Mark Wahrenburg, Trading system competition and market-maker competition, Working Paper Series: Finance and Accounting, November 2001.

67. Michael Greenberger, Out of the Black Hole: Regulatory Reform of the Over-the-Counter Derivatives Market , University of Maryland Legal Studies Research Paper, No. 2010-51.

68. Margaret M. Blair and Erik F. Gerding, Sometimes Too Great a Notional: Measuring the "Systemic Significance" of OTC Credit Derivatives , Vol. 1, No. 11, Lombard Street, 2009.

69. Meier, K. J. , Regulation: Politics, Bureaucracy, and Economics, New York: St. Martin's Press, 1985.

70. Nicolas P. B. Bollen and William G. Christie, Market microstructure of the Pink Sheets , Vol. 33, No. 7, Journal of Banking & Finance, 2009.

71. Nisar A Khan and Saghir Ahmad Ansari, Application of New Institutional Economics to the Problems of Development: A Survey , Vol. 10, Journal of Social and Economic Development, January-June 2008.

72. North, Douglass C. , New Institutional Economics and Development, 1993 working paper.

73. OECD, Corporate Governance of Non-Listed Companies in Emerging Markets, 2006.

74. Omari Simmons, Corporate Reform as a Credence Service , Vol. 5, No. 1, Journal of business & technology law, 2010.

75. Orly Lobel, Crowding Out or Ratcheting Up? Fair Trade Sys-

tems, Regulations and New Governance, Legal Studies Research Paper Series Research Paper No. 10-023, 2010-5.

76. Peer Zumbansen, Corporate Governance, Capital Market Regulation and the Challenge of Disembedded Markets, Vol. 6, No. 6, CLPE Research Paper 24/2010, 2010.

77. Peer Zumbansen, The Next 'Great Transformation' of Markets and States in the Transnational Space: Global Assemblages of Corporate Governance & Financial Market Regulation , Vol. 5, No. 2, CLPE Research Paper 09/2009, 2009.

78. Prachi Deuskar, Anurag Gupta and et al, Liquidity Effect in OTC Options Markets: Premium or Discount. Journal of Financial Markets, Forthcoming , Available at SSRN: http://ssrn. com/abstract=923905, 2010-8-20.

79. Paul Latimer, Regulation of over-the-counter derivatives in Australia, Vol. 23, Australian Journal of Corporate Law, 2009.

80. P. M. Vasudev, Stock Market, Corporations and their Regulation: A Few Glimpses into Reality, Vol. 4, No. 1, CLPE Research Paper 02/2008, 2008.

81. Peer Zumbansen, 'New Governance' in European Corporate Law Regulation as Transnational Legal Pluralism, Vol. 4, No. 3, CLPE Research Paper 15/2008, 2008.

82. Posner R. A. , Theories of Economics regulation, Vol. 5, Bell Journal of Economics, 1974.

83. Paul G. Mahoney, Securities Regulation by Enforcement: An International Perspective ,The Yale Journal on Reg. 305, 1990.

84. Peltzman, Toward a More General Theory of Regulation,

Journal of Law and Economics, August 19, 1976.

85. Peter. Chapman, Against the Tide, Options Exchanges Strive to Capture Blocks from OTC Market, Traders Magazine, August 6, 2009.

86. Rainer Jankowitsch and Amrut Nashikkar, Price dispersion in OTC markets: A new measure of liquidity, Vol. 35, Journal of Banking & Finance, 2011, Available at ScienceDirect, 2010-8-21.

87. Ricardo Lagos, Guillaume Rocheteau and et al, Crises and Liquidity in Over-the-Counter Markets, AFA 2011 Denver Meetings Paper, Available at SSRN: http://ssrn. com/abstract = 1481979, 2010-3-17.

88. Reena Aggarwal and James J. Angel, The Rise and Fall of the Amex Emerging Companies Marketplace, Journal of Financial Economics, 1999.

89. Ricardo Lagos, Guillaume Rocheteau and Pierre-Olivier Weill, Crises and Liquidity in Over-the-Counter Markets, October 2, 2009.

90. Robert W. Hamilton, The Law of Corporations, West Group, 2002.

91. Rainer Jankowitsch, Amrut J. Nashikkar and et al, Price Dispersion in OTC Markets: A New Measure of Liquidity, NYU Working Paper No. FIN-08-013, Available at SSRN: http://ssrn. com/abstract = 1354501, 2009-3-9.

92. Richard Nixon, Statement on Signing the Securities Investor Protection Act of 1970, December 30, 1970.

93. Regulating-unlisted-companies, http://economictimes. indi-

atimes. com/opinion/Regulating-unlisted-companies/articleshow/ 5824069. cms, 2010-4-17.

94. Steven M. Davidoff, Paradigm Shift: Federal Securities Regulation in the New Millennium, Wayne State University Law School Research Paper No. 08 - 05, Available at SSRN: http://ssrn. com/abstract=1080087,2010-7-27.

95. Sarah Wharmby, The foreign exchange and over-the-counter derivatives markets in the United Kingdom, Bank of England Quarterly Bulletin, 2001.

96. Sloan and Allan, NASDAQ Goes Upscale, Forbes, December 21, 1981.

97. Suraj Srinivasan and Joseph D. Piotroski, Regulation and Bonding: The Sarbanes-Oxley Act and the Flow of International Listings, Rock Center Working Paper No. 11, available at SSRN: http://ssrn. com/abstract=956987,2008-1.

98. Stephen J. Choi and A. C. Pritchard, Securities Regulation , Foundation Press, 2008.

99. Stuart L. Gillan, Recent Development in Corporate Governance: An Overview, Vol. 12, No. 3, Journal of Corporate Finance, 2006.

100. Thomas Lee Hazen, The Law of Securities Regulation , Thomson West, 2006.

101. Willa E. Gibson, Clearing and Trade Execution Requirements for OTC Derivatives Swaps Under the Frank-Dodd Wall Street Reform and Consumer Protection Act, University of Akron Legal Studies Research Paper No. 10-12.

102. Viral V. Acharya and Alberto Bisin, Counterparty risk externality: Centralized versus over-the-counter markets, Available at SSRN: http://ssrn. com/abstract = 1573355,2010-6.

103. Willa Gibson, OTC Derivatives Trading Under the Financial Reform Bill: Is It Tough Enough, University of Akron Legal Studies Research Paper No. 10-03, Available at SSRN: http://ssrn. com/abstract = 1582639,2010-3-31.

104. Takeshi Jingu,Current State of and Challenges Facing China's OTC (Third Board) Market , Vol. 1, No. 3, Nomura Journal of Capital Markets, 2009.

105. Venkatesh Panchapagesan and Ingrid M. Werner, From Pink Slips to Pink Sheets: Market Quality Around Delisting from Nasdaq, EFA 2004 Maastricht Meetings Paper.

106. Valentina, Stijn Claessens, Bruno Corporate governance and regulation: Can there be too much of a good thing, Vol. 19, J. Finan. Intermediation, 2010.

107. Vivienne Bath, The Company Law and Foreign Investment Enterprises in the People's Republic of China-Parallel Systems of Chinese-Foreign Regulation, Vol. 30, No. 3,University of New South Wales Law Journal, 2007.

108. Wyatt Wells, The Remaking of Wall Street, 1967 to 1971, Business History Review, Oct. 2, 2000.

109. William Taft Lesh, Federal Regulation of over-the-Counter Brokers and Dealers in Securities , Vol. 59, No. 8, Harvard Law Review, 1946.

附录 A 我国 OTC 市场相关法律法规目录

年份	发布机关	文件名称	内容提要
1995	天津技术产权交易所	《天津市产权交易管理暂行规定》	产权交易应当遵循的原则，经纪机构需要向管委会提交的相关文件
1998	国务院	《国务院办公厅转发证监会清理整顿证券交易中心方案的通知》	清理整顿场外非法股票交易，指定专门机构，彻底清理整顿本地区场外非法股票交易活动，证监会和国务院有关部门密切配合
2001	中国证券监督管理委员会、国家经济贸易委员会、对外经济贸易合作部、国家工商行政管理总局和国家外汇管理局	《国有企业境外期货套期保值业务管理办法》	境外期货业务资格的取得方法，境外期货业务的基本规则，外汇的管理，以及监督管理
2001	证监会	《关于未上市股份公司股票托管问题的意见》	证券经营机构不得从事未上市公司股份托管业务。部分已开展的，限期剥离
2001	中国证券业协会	《证券公司代办股份转让服务业务试点办法》	证券公司从事代办股份转让服务业务，应当报经中国证券业协会批准，并提交相关文件

续表

年份	发布机关	文件名称	内容提要
2001（2005 年修订）	北京市人民政府	《北京市产权交易管理规定》	在产权交易中禁止的行为,产权交易方式和程序
2003	渝经委	《重庆市非上市股份有限公司股权登记托管实施办法(试行)》	股权基本登记业务的各种情况以及注意事项
2004	中国人民银行	《全国银行间债券市场债券买断式回购业务管理规定》	如何规范买断式回购业务,以达到保护市场参与者合法权益的目的
2004	上海市人民政府	《上海市产权交易市场管理规定》	产权交易市场的性质,产权交易市场的交易活动
2005	上海产管办	《关于印发〈上海市非上市股份有限公司股权托管试行规则〉的通知》	如何规范上海市非上市股份有限公司的股权托管行为。包括初始托管登记,股权过户登记,股权质押登记等等
2005	上海产管办	《关于印发〈上海市非上市股份有限公司股权转让试行规则〉的通知》	如何规范上海市非上市股份有限公司的股权转让行为。股权转让的程序,争议如何解决以及违规的处理方法
2005	中国人民银行	《全国银行间债券市场债券远期交易管理规定》	如何规范债券远期交易,以达到维护市场参与者合法权益的目的
2005（2011 年修订）	中国银行业监督管理委员会	《金融机构衍生产品交易业务管理暂行办法》	如何对金融机构衍生产品的交易进行规范管理,包括市场准入管理,风险管理等等

续表

年份	发布机关	文件名称	内容提要
2006	中国建设银行股份有限公司	《中国建设银行中关村科技园区非上市股份有限公司股份报价转让业务投资者结算账户管理规则》	如何规范中关村科技园区非上市股份有限公司股份报价转让投资者银行指定结算账户的管理,明确参与各方的权利义务,防范资金结算风险
2007	中国人民银行	《中国人民银行关于银行间外汇市场开办人民币外汇货币掉期业务有关问题的通知》	在银行间外汇市场开办人民币外汇货币掉期业务的有关注意事项
2008	天津股权交易所	《天津股权交易所非上市股份公司股权挂牌交易规则》(简写版)	定价与成交的原则,集合竞价规则,以及交易信息的揭示
2009	国务院国有资产监督管理委员会	《关于进一步加强中央企业金融衍生业务监管的通知》	认真清理组织工作,严格执行审批程序,严守套期保值原则,切实有效管控风险,规范业务操作流程,建立定期报告制度
2009	中国证券业协会	《证券公司代办股份转让系统中关村科技园非上市股份有限公司股份报价转让试点办法(暂行)》	非上市公司申请股份在代办系统挂牌须具备的条件,如何申报,如何成交以及结算
2009	天津股权交易所	《天津股权交易所挂牌公司信息披露指导意见》	如何促进挂牌公司加强和规范信息披露,切实做好投资者服务工作
2009	天津股权交易所	《天津股权交易所挂牌公司信息披露指导意见(2009年第2号)》	如何进一步促进挂牌公司加强和规范信息披露,切实做好投资者服务工作

年份	发布机关	文件名称	内容提要
2009	天津股权交易所	《关于近期披露工作的指导意见》	如何加强天交所市场对挂牌企业的培育和规范功能,向广大投资人和其他资本市场提供和输送治理健全、运营高效的各类优质企业
2009	天津股权交易所	《关于建立诚信档案制度的通知》	如何加强天交所市场主体的诚信建设,完善市场诚信体系,树立市场主体在投资人心目中的诚信形象
2009	中国证券业协会	《主办券商推荐中关村科技园区非上市股份有限公司股份进入证券公司代办股份转让系统报价转让的挂牌业务规则》	如何规范主办券商推荐中关村科技园区非上市股份有限公司股份进入证券公司代办股份转让系统挂牌业务,并且明确主办券商职责
2009	中国证券业协会	《股份进入证券公司代办股份转让系统报价转让的中关村科技园区非上市股份有限公司信息披露规则》	如何指导股份进入证券公司代办股份转让系统报价转让的中关村科技园区非上市股份有限公司做好信息披露工作
2010	天津股权交易所	《天津股权交易所投资者权益保护指导意见》	如何加强天交所市场主体的诚信建设,完善市场诚信体系,树立市场主体在投资人心目中的诚信形象
2010	天津股权交易所	《天津股权交易所挂牌企业内部控制制度指导意见》	如何推动天交所挂牌企业建立健全内部控制制度,提升公司风险管理水平,确保公司行为合法合规,保护投资者的合法权益

续表

年份	发布机关	文件名称	内容提要
2010	天津股权交易所	《关于做市商做市行为的监管意见》	为了监管要杜绝哪些现象以及所要给予的处分和处罚
2010	天津股权交易所	《关于近期保荐监督工作的指导意见》	对于天交所保荐机构的工作的一些建议
—	北京产权交易所	《北京产权交易所股权交易规则（试行）》	受理转让申请的注意事项,登记受让意向的方法等等
—	天津技术产权交易所	《天津技术产权交易所交易规定》	委托受让企业产权应提供的资料。技术产权交易可采取的方式
—	北京股权登记管理中心	《北京股权登记管理中心股权托管业务规则》	股权托管变更登记,股权托管注销登记,股权托管服务业务的内容等等
—	中国证券业协会	《主办报价券商尽职调查工作指引》	如何指导主办报价券商做好对拟在代办股份转让系统挂牌报价转让的中关村科技园区非上市股份有限公司的尽职调查工作
2011	国务院	《关于清理整顿各类交易场所切实防范金融风险的决定》	防范金融风险,规范市场秩序,维护社会稳定,清理整顿各类场外交易场所
2012	中国证监会	《非上市公众公司监督管理办法（征求意见稿）》	规范非上市公众公司股票转让和发行行为,保护投资者合法权益,促进多层次资本市场协调发展

资料来源:作者根据公开信息整理

附录 B　天交所挂牌非上市公司控股股东持股比例

简称	代码	企业全称	控股股东	控股比例（%）	实际控股人
旺达股份	837001	淄博旺达股份有限公司	贾保华	30.04	贾保华
博特精工	000020	山东博特精工股份有限公司	博特投资	31.99	李保民
富基材料	000021	晋城市富基新材料股份有限公司	李军虎	43.25	李军虎
丰泽股份	000022	丰泽工程橡胶科技开发股份有限公司	孙诚	43.64	孙诚
瀚源环保	000023	惠州瀚源环保投资管理股份有限公司	张华伟	48.5	张华伟
佳先助剂	000025	安徽佳先功能助剂股份有限公司	蚌埠热电有限公司	65.7	蚌埠投资集团有限公司
益丰股份	000026	河南益丰高温材料股份有限公司	—	—	白周义、白兴、白周峰
中航重科	000027	中航重科（北京）环保科技股份有限公司	李宝花	54.39	李宝花
富士电梯	000028	湖南富士电梯股份有限公司	陈美良	19.27	陈美良

续表

简称	代码	企业全称	控股股东	控股比例（%）	实际控股人
千手缘	000029	山东千手缘数字商务酒店股份有限公司	卢健友	55.35	卢健友
绿博特	012001	天津绿博特环保设备制造股份有限公司	张宝忠	51.67	张宝忠
盛大矿业	337001	山东盛大矿业股份有限公司	青岛东裕	51	青岛东裕
鲁兴钛业	337002	临沂鲁兴钛业股份有限公司	山东兴盛矿业股份有限公司	54.54	李运德
沧运物流	613001	河北沧运物流股份有限公司	沧州运输集团有限公司	61.9	曹永堂
中海股份	613002	河北中海钢管制造股份有限公司	孙丕海	60.58	孙丕海
石兰电力	613003	石兰电气股份有限公司	石兰亭	81.98	石兰亭
万家福	622001	吉林万家福食品股份有限公司	周德斌	47.5	周德斌
青然食品	635001	福建省青然食品股份有限公司	冯智伟	77.01	冯智伟
淄博高新	637002	淄博高新技术风险投资股份有限公司	淄博高新技术产业开发区国有资产经营管理公司	80.5	—
松竹铝业	637003	山东松竹铝业股份有限公司	淄博达隆制药科技有限公司	16.8	王荣海
泰达汽车	637005	淄博泰达汽车销售服务股份有限公司	淄博远方汽车贸易有限公司	63.41	王亮方

续表

简称	代码	企业全称	控股股东	控股比例(%)	实际控股人
昆仑瓷器	637006	山东昆仑瓷器股份有限公司	任峰	75.05	任峰
鲲鹏科技	637007	山东鲲鹏新材料科技股份有限公司	李军远	37.91	李军远
山东世拓	637008	山东世拓高分子材料股份有限公司	刘清祥	38	刘清祥
金鲁科技	637009	山东金鲁生物科技股份有限公司	李金花	65.03	李金花
先河机电	637010	山东先河悦新机电股份有限公司	张辉新	25.5556	张辉新
星之联	637011	山东星之联生物科技股份有限公司	朱军	58.67	朱军
博洋新材	637012	山东博洋新材料科技股份有限公司	商冲	29.59	商冲
通力机电	637013	山东通力五金机电股份有限公司	胡安岫	46.64	胡安岫
齐赛科技	637015	山东齐赛创意动漫科技股份有限公司	王世坤	29.33	王世坤
联盟卫材	641001	焦作联盟卫生材料股份有限公司	通化修正实业有限公司	17.5	—
安瑞高材	641002	河南安瑞高温材料股份有限公司	梁德安	69.92	梁德安
金宝药业	722001	吉林金宝药业股份有限公司	孙军	51.5	孙军
起凤建工	737001	山东起凤建工股份有限公司	张会亭与山东盛华董事长宋元桐	19.82	张会亭与山东盛华董事长宋元桐
齐泰股份	737002	山东齐泰实业集团股份有限公司	田承海	9	田承海

续表

简称	代码	企业全称	控股股东	控股比例(%)	实际控股人
塔山集团	737003	山东烟台塔山企业集团股份有限公司	曹庆礼	14.09	曹庆礼
山东新城	737004	山东新城建工股份有限公司	耿玉金	21.64	耿玉金
汉镒资产	812001	汉镒资产管理股份有限公司	—	—	—
会友线缆	813001	沧州会友线缆股份有限公司	李文志	20.91	李文志
三井酒业	813002	河北三井酒业股份有限公司	祁建发	24.0437	祁建发
乾成钢管	813003	沧州乾成钢管股份有限公司	彭文政	79.26	彭文政
天成药业	813004	河北天成药业股份有限公司	王振刚	55.31	王振刚
新启元	813006	河北新启元能源技术开发股份有限公司	北京瑞龙鼎策投资管理有限公司	56.47	王振华
蓝鸟家具	813007	河北蓝鸟家具股份有限公司	贾然	68.77	贾然
新大地	815001	内蒙古新大地建设集团股份有限公司	—	—	—
顶金设备	821001	大连顶金通用设备制造股份有限公司	—	—	—
哈飞模具	823001	哈尔滨哈飞模具股份有限公司	陈长志	30.663	陈长志
恒阳牛业	823018	黑龙江恒阳牛业股份有限公司	陈阳友	47.37	陈阳友
灵芝稀土	837002	淄博包钢灵芝稀土高科技股份有限公司	内蒙古包钢稀土高科技股份有限公司	36.05	内蒙古自治区人民政府

简称	代码	企业全称	控股股东	控股比例（%）	实际控股人
宝源股份	837003	山东宝源化工股份有限公司	巩子连	20.622	巩子连
正华助剂	837004	淄博正华助剂股份有限公司	侯永正	32.81	侯永正
华旅股份	837005	山东华旅旅游发展股份有限公司	淄博博山隆泰置业有限公司	56.85	房利军
仁丰股份	837006	山东仁丰纸业股份有限公司	宋佃凤	42.02	宋佃凤
三明林业	837007	东营三明林业发展股份有限公司	刘景明	65.22	刘景明
大地肉牛	837008	山东大地肉牛清真食品股份有限公司	成德英	50.5	—
耀微科技	837009	山东耀微玻璃纤维科技股份有限公司	帅雪忠	22.426	帅雪忠
美航股份	837011	烟台美航股份有限公司	王爱英、朱文龙	90.22	—
天安化工	837012	山东天安化工股份有限公司	冯如泉	32.8	冯如泉
济海医疗	837013	山东济海医疗科技股份有限公司	胡庆国	23.7	胡庆国
天宇建机	837016	山东天宇建设机械股份有限公司	姜尔栋	39.0296	姜尔栋与邵兰英
东方土工	837018	德州东方土工材料股份有限公司	田宝东	64	田宝东
万达建安	837019	山东万达建安股份有限公司	万达控股集团有限公司	74.0625	尚吉永
沃得格伦	837020	山东沃得格伦中央空调股份有限公司	单伟坤	86.36	单伟坤

续表

简称	代码	企业全称	控股股东	控股比例(%)	实际控股人
淼雨饮品	841001	河南省淼雨饮品股份有限公司	王三星	52.61	王三星
鑫诚股份	841002	河南鑫诚耐火材料股份有限公司	张国平	43.84	张国平
伊赛牛肉	841003	河南伊赛牛肉股份有限公司	买银胖、丁云	58.95	买银胖、丁云
天园有机	841005	郑州市天园农业生态循环股份有限公司	王水章	68.76	王水章
九发高导	841009	河南九发高导铜材股份有限公司	常富鼎	50	常富鼎
神州康达	841066	河南神州康达科技发展股份有限公司	杨赟	47.53	杨赟、王影
金泰粮油	843001	湖南金泰粮油股份有限公司	周金泉	43.63	周金泉
洞庭黄龙	843002	湖南洞庭黄龙原生态水产股份有限公司	杨新民	81.39	杨新民
天欣科技	843006	湖南天欣科技股份有限公司	王五星	50.5	王五星

资料来源:作者根据天交所网站(http://www.tjsoc.com/web/default.aspx)信息和内部资料整理

附录 C 天津市交易所监督管理暂行办法(草案)

第一章 总 则

第 1 条 为规范本市交易所的设立、运营及交易活动,保护交易各方的合法权益,防范并化解市场风险,健全市场经济管理体制和市场经济运行机制,依据国家相关法律、法规、行政规章和政策,制定本办法。

第 2 条 本办法所称交易所是指在本市依法登记设立的,为交易各方及其相关产品入场交易提供相关服务,并进行自律监管的事业法人或企业法人。

第 3 条 交易所的设立、运营及交易活动应遵循公开、公正、公平的原则。

第 4 条 国有独资及国有控股的企业或事业单位应入场交易,鼓励和引导国有参股企业或事业单位、民营企业和外商投资企业入场交易。

第 5 条 天津市政府设立交易所市场监督管理委员会,依法对交易所的设立、运营及交易活动实行集中统一监督管理。天津市政府金融办负责交易所市场监督管理委员会的日常管理工作。

第二章 交易所的设立、变更与终止

第 6 条 交易所须经交易所市场监督管理委员会对其设立的风险性进行评估,在交易所市场监督管理委员会出具可行性意见(或同意函)后方可设立。

交易所设立时应当向交易所市场监督管理委员会备案,并报送下列文件:

(一)设立申请书;

(二)法人营业执照;

(三)出资人协议及交易所章程;

(四)高级管理人员名单及简历;

(五)场地、设备、资金证明文件及情况说明;

(六)交易所交易规则及相关操作细则;

(七)交易所市场监督管理委员会规定的其他文件、材料。

第 7 条 交易所组织形式一般应为依法设立的股份有限公司或有限责任公司及其他法人组织。

第 8 条 交易所变更名称、住所、注册资本、法定代表人、股权结构或股东,调整董事、监事或高管人员,制定或修改章程、交易规则、管理制度,增加、取消或恢复交易产品,需经交易所市场监督管理委员会同意。

交易所的合并、分立,需经交易所市场监督管理委员会同意。

第 9 条 交易所经营管理和财务已经或者可能发生危机,严重影响交易所正常运营的,交易所市场监督管理委员会可以建议该交易所接受行政接管,并为其指定接管机构,确定接管期限。

第 10 条 交易所出现《公司法》及相关法律法规之解散事由

的,应向交易所市场监督管理委员会提出申请,并附解散理由和债务清偿计划。经交易所市场监督管理委员会同意后解散。交易所市场监管委员会对交易所清算过程进行监督。

第 11 条　交易所不能支付到期债务,经交易所市场监督管理委员会同意,由人民法院依法宣告其破产。交易所被宣告破产的,由人民法院组织交易所市场监督管理委员会等有关部门和有关人员成立清算组,进行清算。

第 12 条　交易所市场监督管理委员会根据宏观经济调控和社会管理需要,必要时可以直接决定交易所的解散和破产。

第三章　交易所运营管理

第 13 条　交易所应严格遵守国家法律法规,自觉接受交易所市场监督管理委员会的监督管理。

交易所应建立规范运作和健康发展的内部管理制度和自我约束机制,组织市场交易和运营活动。

交易所依法履行自律管理职责,对市场各交易方及中介机构实施监督管理。对各种可能出现的风险及违规行为应制定处置预案和处理办法。

第 14 条　交易所出资人应为合资质的法人和自然人,具备相应的出资能力、风险识别和风险承受能力。

交易所出资人主要以货币形式出资,必要时也可用实物、知识产权、土地使用权等可以用货币估价并可以依法转让的非货币财产作价出资。出资人需保证其出资来源真实合法。禁止交易所出资人虚假出资、抽逃出资、匿名出资、代理出资。

第 15 条　交易所应建立科学规范的法人治理结构和治理机

制,股东会、董事会、监事会和高级管理人员应依法行使权利和履行义务。

交易所董事会应下设风险控制、交易规则、提名与薪酬、审计等专业委员会。

高级管理人员应具备与履行职责相适应的专业知识和经验。交易所应组建能够满足市场交易需要并具备一定专业知识和从业经验的专业技术团队。

第 16 条　交易所及其股东不得直接或者间接从事下列行为:

(一)以任何方式操纵交易品种及其价格;

(二)直接或间接参与本交易所内交易产品的交易;

(三)为交易各方提供担保;

(四)未经相关主管机构同意的其他行为。

第 17 条　交易所应建立规范完善的产品技术研发体系和自主管理体系,保护交易所自主知识产权和核心技术。

交易所当建立交易产品上市备案或审查制度,交易产品上市前向有关监管部门备案。股权交易所应制定企业挂牌标准,设立专家审核委员会对申请挂牌的企业进行审查,审查通过后向有关监管部门备案。

第 18 条　交易所应当建立科学规范的交易制度,按照不同交易产品的特性,研究制定符合国内外同类产品运行规律的上市、定价、交易、交割程序和规则,在交易过程中确保各方合法权益不受侵犯。

交易所应制定、发布并组织执行交易规则,明确交易品种、最低数量要求、交易时间、申报方式、申报内容、费率标准等。

第 19 条　交易所应建立先进适用和运行可靠的电子信息系统。交易所应自主开发交易系统软件,掌握运营交易系统开发设计的源代码技术,具备升级交易管理系统软件的能力。硬件和软件应满足最大交易量等容量要求,确保交易稳定、安全。

第 20 条　交易所应建立合资质投资人入市标准和注册审查制度,对投资人的资质进行审查,设定入市资金门槛。法人应具备良好的财务状况和盈利能力;自然人应具有一定的资金实力、风险识别能力和风险承受能力。严禁不适格的投资人参与交易。

第 21 条　交易所实行做市商交易制度的,应制定适格做市商注册标准,对做市商的资产规模、从业人员资质作出明确规定。

交易所应对做市商的做市业务进行日常检查监督,防止做市商操纵市场的行为。

第 22 条　交易所实行交易商注册制度,交易商必须在交易所直接独立注册,不得发展下级交易商;交易商不得通过发展客户收取会费和佣金。

交易所要按照合理需求审慎发展交易商,严格控制交易商规模,提高交易商质量。

第 23 条　交易所筹备期间股东应将注册资本金划入有关监管部门指定的专门账户,并制定有效的办法,在股东的监督下管理和使用,完成工商注册登记后划入交易所账户。

交易所应当在交易所网站上公开账户,严格限定开设账户数量,不得多开账户,严禁转移、隐匿保证金。

交易各方的资金存储在委托执行第三方存管的银行所开立的专用资金账户,交易所经营者不得侵占、挪用账户中的资金。第三方存管银行必须具备证券投资基金托管人资格,并向有关监管部门备案。

第 24 条　交易所应当严格保证金管理,保证金应与交易所自有资金分开存放,实行专户管理。

交易所向交易商收取的保证金属于交易商所有,除用于交易结算外严禁挪作他用。

第四章　交易所交易管理

第25条　交易标的物是指交易所依据国家法律法规和交易所市场定位允许入场和开发设计的交易产品。交易标的物须向交易所市场监督管理委员会备案。交易标的物的主要类型包括:

(一)商品,包括但不限于大宗商品、生产资料、贵金属、文化艺术品等现货商品;

(二)产权,包括但不限于股权、知识产权、排放权、矿业权等产品。

(三)金融资产,包括但不限于信贷资产、保险资产、租赁资产、信托资产、基金份额及相关金融衍生产品。

(四)其他权益,包括交易所依法设计和法人、自然人自愿参与的其他权益产品交易。

第26条　交易所应按照交易市场定位设计科学合理的交易方式。交易的主要方式包括:

(一)连续竞价现货交易。交易所开发设计交易标的物标准合约、使用电子计算机网络交易、实行时间优先和价格优先原则组织交易的方式。连续竞价现货交易需满足贸易和投资需求,生成和发现价格,掌握相关交易标的物的话语权和定价权。

(二)协商议价交易。交易所开发设计的标的物标准合约在一家卖方和一家买方的条件下,由买卖双方协商并达成一致价格,形成书面协议,经交易所审核认定的交易方式。

(三)公告挂牌竞买交易。交易所开发设计的标的物标准合约在一家卖方和多家买方的条件下，由交易所组织竞买并按交易所规定的交割方式交割的交易方式。

（四）做市商交易。由具备一定实力和信誉的经营法人作为特许交易商，依靠公开、有序、竞争性的报价驱动机制，实行双向报价，并在该价位上接受交易者的买卖要求，以其自有资金进行交易的交易方式。

不同类型的交易所应当按各自标的物标准合约的具体情况，依据交易所管理制度、交易规则组织实施不同的交易方式。

交易所开展大宗商品交易应采取现货交易方式，不得进行期货或变相期货交易。

第 27 条 交易所应在交易规则中限定单笔买卖的最低额和最高额。根据交易标的物或标准合约的交易需求量和交易商的交易资金规模，确定交易商的最大买入申报量和最大持仓量。

交易所连续竞价现货交易，实行涨跌停板制度。不同类型交易所的不同类型标的物或标准合约在交易规则中设定不同的涨跌停板幅度。

交易所实行保证金交易方式的，应规定最低保证金比例标准，规范保证金缴纳形式。买卖双方应当于订立合同当日一次性交纳该保证金。买方交纳的交易保证金必须以现金形式缴纳；卖方以货币资金交纳的部分不少于保证金总额的 50%，以现货仓单冲抵的部分不超过保证金总额的 50%，仓单冲抵保证金的数额按照不超过冲抵日前一交易日该仓单对应品种最近交货月份合同结算价的 80% 计算。

实行现货全额交易方式的，买方应将全额交易资金存入交易所指定账户，卖方应在登记机构办理交易标的物的登记，交易完成后办理清算交收变更登记。

交易所应建立信息统计制度,定期公开发布统计资料。交易所对本交易所产生的各种信息享有所有权,有权对交易信息进行分类、整理,通过市场信息网络平台发布。

第 28 条　交易所根据交易标的物或标准合约所涉及的国家相关法律、法规制定登记管理办法,建立登记管理制度。登记内容包括:

（一）标的物或标准合约的类型;

（二）标的物或标准合约所有人名册;

（三）标的物或标准合约所有人持有该标的物或标准合约的数量。

登记形式包括:

（一）初始登记;

（二）交易变更（过户）登记;

（三）质押登记;

（四）注销登记。

不同类型交易所依据不同类型标的物或标准合约应在其登记托管细则中对登记内容和形式予以规定。

第 29 条　涉及大宗商品交易的交易所应当设置商品现货交收仓库,按照交易合约办理商品交收。大宗商品的交收应在交易所自有或签订第三方协议的交收仓库进行,无交收仓库不得进行交易。

交易所应建立交易商品足额交收制度,在交易所专门机构的监督管理下进行商品交收,确保参与交易各方权益得到保障。

第 30 条　交易所应当遴选符合资质的结算机构或银行,办理交易标的物或标准合约的结算。

承担结算服务的清算机构或银行必须建立可靠的电子结算管

理系统和相应的结算台账管理制度、保证金管理制度和风险基金管理制度等制度，为交易所的各项交易提供结算服务。

第 31 条　交易所应建立规范的信息披露制度，及时发布交易产品、交易即时行情、交易数据等需要公开的信息，保障参与者有平等机会获取真实、充分的信息。

交易所应制定并严格执行信息披露制度，规定各类信息披露主体，要求信息披露主体对所披露信息承担真实性、准确性、全面性的责任并制定违规处罚措施。

第 32 条　交易所应建立投资人保护制度，充分保护投资人的合法权益。禁止内幕交易等违法交易行为。

交易所交易的非大宗商品（包括艺术品、贵重物品），应完善确权、专业鉴定、维护管理等措施，确保交易真实、权属清晰合法，保护投资人权益。

第 33 条　交易所应制定风险提示和风险警示制度，通过培训和风险提示等方式对投资者进行风险教育，提高投资者风险意识。

第五章　交易所监督管理

第 34 条　交易所市场监督管理委员会对交易所及交易活动实行监督管理。

委员会成员由市金融办、市发改委、市经信委、市国资委、市商务委、市科委、市法制办、市财政局、市国土房管局、市工商局、中国人民银行天津分行、天津银监局、天津保监局、天津证监局等部门派员担任，由市政府分管领导负责。

交易所市场监督管理委员会在市金融办下设办公室，履行日常工作职责；根据交易所交易标的物和经营特点的不同，由相应的业务主管部门履行业务监管职责。

第 35 条　交易所市场监督管理委员会应履行下列日常管理职责：

（一）对各类交易所的设立条件、股权结构、出资情况、公司章程、治理结构及高管成员进行备案、监管；

（二）对各类交易所的交易品种、交易方式、登记结算、信息发布等相关制度以及配套细则进行备案、监管；

（三）对各类交易所的创新衍生交易品种及其管理办法进行备案、监管；

（四）对各类交易所的风险防范措施和应急预案进行备案、监管；

（五）其他需要交易所市场监督管理委员会处理的事项。

第 36 条　交易所应向交易所市场监督管理委员会履行下列报告义务：

（一）常规事项报告。交易所应当在每一月份结束后 5 个工作日内向交易所市场监督管理委员会报告交易行情和成交情况；在每一年度结束后 30 日内就国家有关法律、法规的执行情况和经营情况等向交易所市场监督管理委员会提交年度工作报告；在每一年度结束后 4 个月内向交易所市场监督管理委员会提交经有资质的会计师事务所审计的财务报告。

（二）重要问题报告。交易所发现市场运营存在或者可能存在潜在风险、参与交易的各方主体及工作人员存在或者可能存在严重违反国家有关法律、法规的行为，国家有关法律、法规未作明确规定，但可能会对市场交易产生重大影响的事项、发生影响或者可能影响市场运营管理、风险控制指标或者客户资产安全的重大事件等重要问题，应当及时向交易所市场监督管理委员会报告。

（三）其他需要报告的事项。

第 37 条　公民、法人或其他组织可以向交易所市场监督管理委员会举报交易所的违法违规行为,交易所市场监督管理委员会根据举报情况组织相关部门对交易所进行核实检查。

第 38 条　交易所市场监督管理委员会对治理结构不健全、内部控制不完善、市场管理混乱或者违反本办法及有关规定、拒不执行监督管理决定的交易所,应当责令其限期整改;情节严重,造成不良社会影响和重大经济损失的,按照相关规定追究有关责任人员责任;构成犯罪的,应依法追究刑事责任。

第六章　附　　则

第 39 条　本办法实施之前,已经设立的交易所继续有效,但应在交易所市场监督管理委员会规定的时间内完成申请或备案手续。不符合本法规定的组织形式和管理要求等规定的,应在交易所市场监督管理委员会规定的时间内进行调整。

第 40 条　本办法由交易所市场监督管理委员会或授权天津市政府金融办公室负责解释。

第 41 条　本办法自发布之日起施行。

资料来源:作者受天津市人民政府金融办和法制办委托主持起草的地方法规草案(内部资料)

附录 D 英国非上市公司治理准则

第一条 股东应该为公司建立合适的体制性公司治理结构。

第二条 每个公司都应当努力去建立有效力的董事会,董事会集体对公司的长期成功运营负责,包括对公司战略的规定。然而,从一个临时性的步骤发展成为一个强有力(独立的)的董事会也许是公司顾问委员会的发明。

第三条 董事会的规模和构成应该反映公司活动的规模和复杂程度。

第四条 董事会必须经常性地进行足够的会见以履行职责,并且要及时定期地获取相关信息。

第五条 报酬的水平应该足以吸引、保留和激励高级管理者和为公司成功运营所需要的非管理层的其他高水平员工。

第六条 董事会对风险监督负有责任,它应该维持一个健康的内部控制系统来保护投资者的投资和公司资产。

第七条 董事会和股东之间应该有建立在对公司目标的共同理解上的对话。董事会整体有责任保证这样一个令人满意的与股东间对话的举行。董事会不应忘记所有股东都需要被平等对待。

第八条 所有董事会成员都应参加董事会会议并经常性地更新他们的技能和知识。

第九条 家族企业应该建立家族管理机制来促进合作和家庭

成员之间的相互理解,以及组织家族治理和公司治理之间的关系。

　　第十条　董事会运营和公司生意的经营应该有一个责任的明确区分,没有任何个人能有无拘无束的决策自由。

　　第十一条　所有董事会都应包含有着充分能力和经验的董事。不能有任何个人(或者个人团体)控制董事会的决策。

　　第十二条　董事会应当建立适当委员会以此允许更加有效的职责履行。

　　第十三条　董事会应当承担对董事会和各位董事表现的周期性评价。

　　第十四条　董事会应该为外部利益相关者提出一个对公司的状况和前景的平衡、可理解的评估,并建立适当的利益相关者参与的程序。

资料来源:作者根据相关文献翻译整理,参见 Corporate governance principles applicable to all unlisted companies in UK

附录 E 天津 OTC 市场监管 制度体系模式

监管主体	监管对象	监管内容
天津市金融办	天交所运营及市场规范运作	天交所市场发展规划的制定与实施； 天交所市场建设过程中的重大事项、市场创新； 天交所市场制度、规则体系的制定与完善； 天交所市场风险控制、稳定运行、功能提升； 企业挂牌、融资、摘牌等重大事项备案。
天交所	挂牌企业、保荐机构、做市商、中介机构、投资者	天交所市场的运行与管理机构和市场监督活动的主要组织者，负责对天交所市场各类主体参与市场、从事相关业务的活动进行日常、直接监管； 制定天交所市场监管制度体系； 对企业进入天交所市场挂牌、融资活动进行实质性审查监督； 对挂牌企业信息披露、公司治理进行实时、动态监督； 对天交所市场交易活动进行实时监督； 对保荐机构遵守天交所市场管理制度、规范从事挂牌企业做市业务进行实时、动态监督； 对会计师事务所、律师事务所等中介机构进行实时、动态监管。

监管主体	监管对象	监管内容
非上市公司所在地政府职能部门	本地非上市公司 本地保荐机构 本地做市商 本地中介机构 本地投资者	对区域内企业在天交所挂牌与融资活动进行备案； 对挂牌企业重要信息披露文件进行审核备案； 配合天交所对区域内挂牌企业公司治理进行监督； 配合天交所区域内保荐机构、做市商、会计事务所、律师事务所等中介机构进行监督。
保荐机构、做市商与中介机构	挂牌企业	保荐机构职责：辅导企业了解市场运作规则，为企业提供市场运作方面顾问服务；对挂牌公司进行辅导并完善治理结构；及时、充分和完整地进行信息披露，协助企业进行投资者关系管理；帮助企业寻找战略投资者；对挂牌公司不规范行为进行提示，对违规行为上报监管机构；定期向交易所提交有关挂牌公司行为书面报告。 做市商职责：为企业股权提供做市服务；对市场交易情况进行实时监督；调节市场供求关系维持市场稳定。 会计师事务所、律师事务所职责：对企业在会计与法律等方面的规范性进行尽职调查并提交报告。

资料来源：作者整理

附录 F　非上市公众公司监督管理办法
（征求意见稿）

第一章　总　　则

第一条　为了规范非上市公众公司股票转让和发行行为,保护投资者合法权益,维护社会公共利益,根据《证券法》、《公司法》及相关法律法规的规定,制定本办法。

第二条　本办法所称非上市公众公司(以下简称"公司")是指有下列情形之一且其股票不在证券交易所上市交易的股份有限公司:

(一)股票向特定对象发行或者转让导致股东累计超过二百人;

(二)股票以公开方式向社会公众公开转让。

第三条　公司应当按照法律、行政法规、本办法和公司章程的规定,合法规范经营,主营业务明确,公司治理机制健全,履行信息披露义务。

第四条　公司股票应当在中国证券登记结算公司集中登记存管,公开转让应当在依法设立的证券交易场所进行。

第五条　为公司出具专项文件的证券公司、律师事务所、会计师事务所及其他证券服务机构,应当勤勉尽责、诚实守信,认真履行审慎核查义务,按照依法制定的业务规则、行业执业规范和道德准则发表专业意见,保证所出具文件的真实性、准确性和完整性,并接受中国证券监督管理委员会(以下简称"中国证监会")的监管。

第二章　公司治理

第六条　公司应当依法制定公司章程。

中国证监会依法对公司章程必备条款做出具体规定,规范公司章程的制定和修改。

第七条　公司应当建立兼顾公司特点和公司治理机制基本要求的股东大会、董事会、监事会制度,明晰职责和议事规则。

第八条　公司的治理结构应当确保所有股东,特别是中小股东享有平等地位,充分行使法律、行政法规和公司章程规定的合法权利。

第九条　股东按其持有的股份享有平等的权利,并承担相应的义务。股东对法律、行政法规和公司章程规定的公司重大事项,享有知情权和参与权。公司应当建立和股东沟通的有效渠道。

第十条　股东大会、董事会、监事会的召集、提案审议、通知时间、召开程序、授权委托、表决和决议等应当符合法律、行政法规和公司章程的规定;会议记录应当完整并安全保存。

股东大会的提案审议应当符合程序,保障股东的知情权、参与权、质询权和表决权;董事会应当在职权范围和股东大会授权范围内对审议事项作出决议,不得代替股东大会对超出董事会职权范围和授权范围的事项进行决议。

第十一条　董事会应当对公司的治理机制是否给所有的股东提供合适的保护和平等权利等情况进行充分讨论、评估,并将讨论和评估结果以合适方式告知所有股东。

第十二条　公司应当强化内部管理,按照相关规定建立会计核算体系、财务管理和风险控制等制度,确保公司财务报告真实可靠及行为合法合规。

第十三条　公司进行关联交易应当遵循平等、自愿、等价、有偿的原则,保证交易公平、公允,维护公司的合法权益,根据法律、行政法规、中国证监会的规定和公司章程,履行相应的审议程序。

第十四条　公司应当采取有效措施防止股东及其关联方以各种形式占用或者转移公司的资金、资产及其他资源。

第十五条　公司应当视实际情况在章程中约定建立表决权回避制度。

第十六条　公司应当在章程中约定纠纷解决机制。股东有权按照法律、行政法规和公司章程的规定,通过仲裁、民事诉讼或者其他法律手段保护其合法权益。

第三章　信息披露

第十七条　公司及其他信息披露义务人应当按照法律、行政法规和中国证监会的规定,真实、准确、完整、及时地披露信息,不得有虚假记载、误导性陈述或者重大遗漏。公司及其他信息披露义务人应当向所有投资者同时公开披露信息。

公司的董事、监事、高级管理人员应当忠实、勤勉地履行职责,保证公司披露信息的真实、准确、完整、及时。

第十八条　信息披露文件主要包括公开转让说明书、定向转让说明书、定向发行股票预案、发行情况报告书、定期报告和临时报告等。具体的内容与格式、编制规则及披露要求,由中国证监会另行制定。

第十九条 公司应当在每一会计年度的上半年结束之日起二个月内披露记载中国证监会规定内容的半年度报告,在每一会计年度结束之日起四个月内披露记载中国证监会规定内容的年度报告。年度报告中的财务会计报告应当经具有证券、期货相关业务资格的会计师事务所审计。

股票向特定对象转让导致股东累计超过二百人的公司,应当在每一会计年度结束之日起四个月内披露记载中国证监会规定内容的年度报告。年度报告中的财务会计报告应当经会计师事务所审计。

第二十条 公司董事、高级管理人员应当对公司定期报告签署书面确认意见;对报告内容有异议的,应当单独陈述理由,并与定期报告同时披露。公司董事、高级管理人员不得以对定期报告内容有异议为由影响定期报告的按时披露。

公司监事会应当对董事会编制的公司定期报告进行审核并提出书面审核意见,说明董事会对定期报告的编制和审核程序是否符合法律、行政法规、中国证监会的规定和公司章程,报告的内容是否能够真实、准确、完整地反映公司实际情况。

第二十一条 证券公司出具的推荐报告、律师事务所、会计师事务所及其他证券服务机构出具的文件和其他有关的重要文件应当作为备查文件,予以披露。

第二十二条 发生可能对公司股票转让价格产生较大影响的重大事件,投资者尚未得知时,公司应当立即将有关该重大事件的情况报送临时报告,并予以公告,说明事件的起因、目前的状态和可能产生的法律后果。

第二十三条   公司涉及收购、重大资产重组事项的,应当按照法律、行政法规、中国证监会的规定和公司章程,履行相应的程序并按照有关规定及时披露。

第二十四条   公司应当制定信息披露事务管理制度并指定具有相关专业知识的人员负责信息披露事务。

第二十五条   除监事会公告外,公司披露的信息应当以董事会公告的形式发布。董事、监事、高级管理人员非经董事会书面授权,不得对外发布公司未披露的信息。

第二十六条   公司及其他信息披露义务人依法披露的信息,应当在中国证监会指定的信息披露平台公布。公司及其他信息披露义务人可在公司网站或者其他公众媒体上刊登依本办法必须披露的信息,但披露的内容应当完全一致,且不得早于在中国证监会指定的信息披露平台披露的时间。

股票向特定对象转让导致股东累计超过二百人的公司可以在公司章程中约定其他信息披露方式;在中国证监会指定的信息披露平台披露相关信息的,应当符合本条第一款的要求。

第二十七条   公司及其他信息披露义务人应当将信息披露公告文稿和相关备查文件置备于公司住所供社会公众查阅。

第二十八条   公司应当按照有关规定,建立健全财务、会计的核算和内部监督制度,真实、客观地反映公司的财务状况和经营成果,保证财务信息的真实、完整。

公司应当配合对其财务会计报告进行审计的会计师事务所的工作,按要求提供所需资料,不得要求会计师出具与客观事实不符的审计报告或者阻碍其工作。

第四章　股票转让

第二十九条　公司申请其股票向社会公众公开转让的,董事会应当依法就股票公开转让的具体方案作出决议,并提请股东大会批准,股东大会决议必须经出席会议的股东所持表决权的三分之二以上通过。

董事会和股东大会决议中还应当包括以下内容:

(一)按照中国证监会的相关规定修改公司章程;

(二)按照法律、行政法规和公司章程的规定建立健全公司治理机制;

(三)履行信息披露义务,按照相关规定披露公开转让说明书、年度报告、半年度报告及其他信息披露内容。

第三十条　申请其股票向社会公众公开转让的公司,应当按照中国证监会有关规定制作公开转让的申请文件,申请文件应当包括公开转让说明书、律师事务所出具的法律意见书,具有证券、期货相关业务资格的会计师事务所出具的审计报告,证券公司出具的推荐文件,证券交易场所是否同意挂牌的审查意见。公司持申请文件向中国证监会申请核准。

公开转让说明书应当在公开转让前披露。

第三十一条　股票向特定对象转让导致股东累计超过二百人的公司,应当自上述行为发生之日起三个月内,按照中国证监会有关规定制作申请文件,申请文件应当包括定向转让说明书、律师事务所出具的法律意见书,会计师事务所出具的审计报告。公司持申请文件向中国证监会申请核准。在提交申请文件前,公司应当将相关情况通知所有股东。

在三个月内股东人数降至二百人以内的,可以不提出申请。

股票向特定对象转让应当以非公开方式协议转让。申请股票向社会公众公开转让的,按照本办法第二十九条、第三十条的规定办理。

第三十二条　中国证监会受理申请文件后,根据申请文件中公司治理和信息披露内容是否符合相关法律法规和本办法的规定,作出是否核准的决定,并出具相关文件。

第三十三条　公司及其董事、监事、高级管理人员,应当对公开转让说明书、定向转让说明书签署书面确认意见,保证所披露的信息真实、准确、完整。

第五章　定向发行

第三十四条　本办法所称定向发行包括向特定对象发行股票导致股东累计超过二百人,以及股东人数超过二百人的公司向特定对象发行股票两种情形。

前款所称特定对象的范围包括下列机构或者自然人:

(一)公司股东;

(二)公司的董事、监事、高级管理人员;

(三)符合投资者适当性管理规定的自然人投资者、法人投资者及其他经济组织。

公司确定发行对象时,符合本条第(三)项规定的投资者合计不得超过三十五名。

投资者适当性管理规定由中国证监会另行制定。

第三十五条　公司应当对发行对象的身份进行确认,有充分理由确信发行对象符合本办法规定的条件。

公司应当与发行对象签订包含风险揭示条款的认购协议。

第三十六条 公司董事会应当依法就本次股票发行的具体方案、本次募集资金使用的可行性作出决议,并提请股东大会批准,股东大会决议必须经出席会议的股东所持表决权的三分之二以上通过。

申请向特定对象发行股票导致股东累计超过二百人的公司,董事会和股东大会决议中还应当包括以下内容:

(一)按照中国证监会的相关规定修改公司章程;

(二)按照法律、行政法规和公司章程的规定建立健全公司治理机制;

(三)履行信息披露义务,按照相关规定披露定向发行股票预案、发行情况报告书、年度报告、半年度报告及其他信息披露内容。

第三十七条 公司应当按照中国证监会有关规定制作定向发行的申请文件,申请文件应当包括定向发行股票预案、律师事务所出具的法律意见书,具有证券、期货相关业务资格的会计师事务所出具的审计报告,证券公司出具的推荐文件。公司持申请文件向中国证监会申请核准。

第三十八条 中国证监会受理申请文件后,根据申请文件中公司治理和信息披露内容是否符合相关法律法规和本办法的规定以及发行对象是否符合投资者适当性管理规定,作出是否核准的决定,并出具相关文件。

第三十九条 公司申请定向发行股票,可申请一次核准,分期发行。自中国证监会予以核准之日起,公司应当在三个月内首期发行,剩余数量应当在十二个月内发行完毕。超过核准文件限定的有效期未发行的,须重新经中国证监会核准后方可发行。首期发行数量应当不少于总发行数量的百分之五十,剩余各期发行的数量由公司自行确定,每期发行后五个工作日内将发行情况报中国证监会备案,并予以披露。

第四十条　公司定向发行后股东累计不超过二百人的,或者公司在十二个月内发行股票累计融资额低于一千万元的,豁免向中国证监会申请核准,但发行对象应当符合本办法第三十四条的规定,并在每次发行后五个工作日内将发行情况报中国证监会备案,并予以披露。

第四十一条　股票发行结束后,公司应当按照中国证监会的有关要求编制并披露发行情况报告书。申请分期发行的公司应在每期发行后按照中国证监会的有关要求进行披露,并在全部发行结束或者超过核准文件有效期后按照中国证监会的有关要求编制并披露发行情况报告书。

豁免向中国证监会申请核准定向发行的公司,应当在发行结束后按照中国证监会的有关要求编制并披露发行情况报告书。

第四十二条　公司及其董事、监事、高级管理人员,应当对定向发行股票预案、发行情况报告书签署书面确认意见,保证所披露的信息真实、准确、完整。

第六章　监督管理

第四十三条　中国证监会会同国务院有关部门、地方人民政府,依照法律法规和国务院有关规定,各司其职,分工协作,对公司进行持续监管,防范风险,维护证券市场秩序。

第四十四条　中国证监会及其派出机构依法履行对公司股票转让、定向发行、信息披露的监管职责,有权对公司、证券公司、证券服务机构采取《证券法》第一百八十条规定的措施。

第四十五条　中国证券业协会应当发挥自律管理作用,对从事公司股票转让和定向发行业务的证券公司进行监督,督促其勤勉尽责地履行尽职调查和督导职责。发现证券公司有违反法律、行政法规和中国证监会相关规定的行为,应当向中国证监会报告,并采取自律管理措施。

第四十六条　中国证监会可以要求公司及其他信息披露义务人或者其董事、监事、高级管理人员对有关信息披露问题作出解释、说明或者提供相关资料,并要求公司提供证券公司或者证券服务机构的专业意见。

中国证监会对证券公司和证券服务机构出具文件的真实性、准确性、完整性有疑义的,可以要求相关机构作出解释、补充,并调阅其工作底稿。

第四十七条　证券公司在从事股票转让、定向发行等业务活动中,应当按照中国证监会的有关规定勤勉尽责地进行尽职调查,规范履行内核程序,认真编制相关文件,并持续督导所推荐公司及时履行信息披露义务、完善公司治理。

第四十八条　证券服务机构为公司的股票转让、定向发行等活动出具审计报告、资产评估报告或者法律意见书等文件,应当严格履行法定职责,遵循勤勉尽责和诚实信用原则,对公司的主体资格、股本情况、规范运作、财务状况、公司治理、信息披露等内容的真实性、准确性、完整性进行充分的核查和验证,并保证其出具的文件不存在虚假记载、误导性陈述或者重大遗漏。

第四十九条　中国证监会依法对公司进行监督检查或者调查,公司有义务提供相关文件资料。对于发现问题的公司,中国证监会可以采取责令改正、监管谈话、责令公开说明、出具警示函、计入诚信档案等监管措施;涉嫌违法、犯罪的,应当立案调查或者移送司法机关。

第七章　法律责任

第五十条　公司以欺骗手段骗取核准的,公司报送的申请文件有虚假记载、误导性陈述或者重大遗漏的,公司或者其董事、监事、高级管理人员的签字、盖章系伪造或者变造的,除依照《证券法》有关规定进行处罚外,中国证监会可以采取终止审查并自确认之日起在三十六个月内不受理公司的股票转让和定向发行申请的监管措施。

第五十一条　未按照本办法第三十条、第三十一条、第三十七条规定,擅自转让或者发行股票的,按照《证券法》有关规定进行处罚。

第五十二条　证券公司出具有虚假记载、误导性陈述或者重大遗漏的推荐材料,证券服务机构未勤勉尽责,所出具的文件有虚假记载、误导性陈述和重大遗漏的,除依照《证券法》及相关法律法规的规定处罚外,中国证监会可视情节轻重,自确认之日起采取三个月至十二个月内不接受该机构出具的相关专项文件,三十六个月内不接受相关签字人员出具的专项文件的监管措施。

第五十三条　公司向不符合本办法规定条件的投资者发行股票的,中国证监会可以责令改正,并自确认之日起在三十六个月内不受理其申请。

第五十四条　公司、证券公司在通过中国证监会指定的信息披露平台发布信息之前,以其他方式进行公告或者变相公告的,责令改正;情节严重的,处以警告、罚款。

第五十五条　信息披露义务人及其董事、监事、高级管理人员,公司控股股东、实际控制人,为信息披露义务人出具专项文件的证券公司、证券服务机构及其工作人员,违反《证券法》、行政法规和中国证监会相关规定的,中国证监会可以采取责令改正、监管谈话、出具警示函、记入诚信档案、认定为不适当人选等监管措施;应当给予行政处罚的,中国证监会依法处罚;情节严重的,中国证监会可以对有关责任人员采取证券市场禁入的措施。

第五十六条 公司及其他信息披露义务人未按照规定披露信息,或者所披露的信息有虚假记载、误导性陈述或者重大遗漏的,依照《证券法》第一百九十三条规定进行处罚。

第八章 附 则

第五十七条 公司向不特定对象公开发行股票的,应当遵守《证券法》和中国证监会的相关规定。

第五十八条 本办法自 年 月 日起施行。

（中国证监会,2012 年 6 月 15 日发布）

后　记

本书是在我的博士论文基础上修改而成。本书能够出版，与老师的悉心指导、同学朋友的无私帮助、家庭亲人的全力支持等因素息息相关。

首先，要感谢我的导师李维安教授。在我不惑之年，承蒙导师厚爱收我为徒并从事公司治理法律制度的相关研究。攻博期间，我作为南开公司治理团队成员深受"团队、严谨、细节和创新"的团队精神感染与鼓舞，并把这种团队精神不自觉地融入我的学术研究及教学中。同时，导师精深的学术功底和成就以及大师级的风范成为我学习的榜样。更重要的是，李老师为人谦和，他对学术及研究极为认真的态度，是本书得以顺利完成的重要保证。所以，我要在此对导师李维安教授表示诚挚的谢意与感激。

其次，要感谢我的好友及同事武立东教授。是他在我徘徊的时候，给我勇气与鼓励。尤其令我感动的是，立东教授在我研究进行的关键时刻给予点拨。所以，本书的顺利完成与立东教授的帮助是分不开的。

再次，感谢好友韩忠雪博士，他在我博士论文的写作过程中也给予了帮助；同时还要感谢我的学生王玲，她在我研究过程中帮我做了大量文献收集、整理和一些基础性或事务性的工作。

最后，要特别感谢的是我的妻子赵忠菊女士。在我论文写作或研究过程中，她不仅承担了所有家务并给予我无微不至的关怀，还时刻督促我的写作进程。另外，我的小孩万昊先生对我的写作也给予很大帮助，也很感谢他。总之，没有家人的鼓励与帮助，本书是不可能完成的。

在此，要特别感谢我的师弟、深圳同创伟业创业投资有限公司董事长郑伟鹤先生对本书出版给予的襄助。

此外，我还要特别感谢人民出版社的编辑，没有你们的帮助，也不会有本书的顺利出版。

万国华

2012 年 7 月于南开园

责任编辑:姜冬红

图书在版编目(CIP)数据

我国 OTC 市场准入与监管制度研究——基于非上市公司治理
 视角/万国华 著. -北京:人民出版社,2012.9
ISBN 978－7－01－011014－1

Ⅰ.①我…　Ⅱ.①万…　Ⅲ.①资本市场-市场准入-研究-中国
②资本市场-监管制度-研究-中国　Ⅳ.①F832.5

中国版本图书馆 CIP 数据核字(2012)第 150851 号

我国 OTC 市场准入与监管制度研究
WOGUO OTC SHICHANG ZHUNRU YU JIANGUAN ZHIDU YANJIU
——基于非上市公司治理视角

万国华　著

人民出版社 出版发行
(100706　北京市东城区隆福寺街 99 号)

北京市文林印务有限公司印刷　新华书店经销

2012 年 9 月第 1 版　2012 年 9 月北京第 1 次印刷
开本:880 毫米×1230 毫米 1/32　印张:8.875
字数:200 千字　印数:0,001-3,000 册

ISBN 978－7－01－011014－1　定价:20.00 元

邮购地址 100706　北京市东城区隆福寺街 99 号
人民东方图书销售中心　电话 (010)65250042　65289539